조직을 민첩하고 유연하게 바꾸는

애자일 전략

DOING AGILE RIGHT : Transformation Without Chaos
by Darrell Rigby, Sarah Elk, Steven H. Berez

조직을 민첩하고 유연하게 바꾸는

애자일 전략

대럴 릭비 외 지음

안희재 감수 | 이영래 옮김

알에이치코리아

일러두기

본문의 용어 설명은 모두 옮긴이 주입니다.

'훌륭한 기업은 더 나은 사람을 만들어내야 한다'는
우리의 믿음을 공유하는 모든 분들,
그리고 우리의 일과 성장을 완벽하게 수행해내는
동료와 클라이언트 여러분께.

애자일 전략은
과연 한국 기업에도 유효한가?

한국의 경제성장을 주도했던 전통적 기업들(특히 대기업)의 경영자에게 최근의 상황은 그 어느 때보다 당황스럽다. 기존 사업 부문은 시장이 더 이상 성장하지 않거나 중국 기업과의 경쟁으로 인해 매출을 유지하는 것조차 벅찬 실정이다. 기업들은 신제품이나 신규 서비스를 개발하고 론칭하지만 업계를 넘나드는 경쟁으로 인해 성공률은 예전보다 훨씬 낮다. 신성장 동력을 찾기 위해 다양한 신사업을 검토하고 있지만 매력적인 신사업들은 아직 시장이 개화 전임에도 불구하고 이미 많은 기업들이 투자하고 있어서 진입조차 쉽지 않다.

언론의 스포트라이트를 받고 있는 스타트업들과 비교해보면 상대적 박탈감은 더욱 크다. 스타트업들은 새로운 서비스를 론칭해서 빠르게 고객을 모으고, 이를 통해 엄청난 규모의 투자를 받고 있다. 스타트업의 경영자와 직원들이 (일부지만) 큰 규모의 인센티브를 받았다는 소식도 심심치 않게 들린다. 한 발 빠른 제품과 서비스 출시, 기업가 정신을 가지고 열성을 다해 일하는 직원 등 경영자로서는 매우 부러운 특징을 가지고 있지만 이런 방식은 기존 기업의 조직체계로는 도저히 따라가기 어려운 모델로 보인다.

그렇다면 과연 한국의 전형적인 대기업들이 고객의 변화에 대응해 민첩하게 변화하며, 직원들이 적극적으로 참여하게 만드는 것은 불가능한가? 사실 한국 기업들은 이미 오래 전부터 고객 중심의 경영, 직원의 주인의식, 빠른 실행력 등을 얻기 위해 많은 노력을 해왔다. 하지만 변화의 수준은 미미하다. 기존 기업들이 민첩하게 변화하기 위한 방법은 무엇인가? 애자일로 일하는 방식은 관료제적 기업들에게도 솔루션이 될 수 있을 것인가?

우선 기존 관료주의적 기업의 일하는 방식과 애자일 기업의 일하는 방식이 구체적으로 어떻게 다른지 살펴보자. 두 방식은 완전히 다른 방식이기도 하지만 동시에 아주 미묘한 차이이기도 하다. 따라서 사례를 살펴보는 게 이해에 도움이 될 것이다.

제과기업 A제과가 있다고 가정해보자. A제과는 다양한 종류의 스낵과 초콜릿바 등을 생산하고 있다. 과자에 대한 고객의 니즈는 빠르게 변하기 때문에 A제과 성장의 가장 중요한 요인은 트렌드에 맞는 신제품의 성공적 개발이다. 이와 같은 신제품 개발이나 신규 서비스 개발에 있어서 애자일 방식은 매우 효과적이다. 물론 애자일 방식은 기존 제품 및 서비스의 지속 업데이트가 필요한 영역에서도 효과를 나타낸다.

관료제 조직의 신제품 개발

A제과는 매년 약 다섯 가지의 신제품을 출시하고 있다. 최근 식품 안정성에 대한 논란이 되면서, 유아를 위한 유기농 과자에 대한 관심이 높다는 트렌드를 파악했다. A제과는 이 트렌드에 맞춰 유아용 유기농 과자인 '오가닉X'를 개발하기 위한 프로젝트를 시작했다. 신제품을 기획하기 위해 제품기획팀 실무자들은 고객 조사를 실시하고, 심층 인터뷰를 통해 고객의 취향을 분석하였다. 이를 기반으로 신제품 기획서를 작성한 후 담당 임원과 경영진에게 보고하고 피드백을 받아 제품기획서를 수정하였다. 임원과 경영진 보고 일정을 기다리고 기획서를 다듬느라 시간이 좀 걸렸지만, 이 과정을 통해 신제품 기획은 구체화되었다. 기획이 구체화되면서 다양한 선택 사항이 발생한다. 맛은 좀 더 달아야 할지, 크기는 더 작아져야 하는지, 포장지는 붉은 색 또는 오렌지 색으로 할지 등등이다.

이 모든 선택지가 고객 조사에서는 확인되지 않았기 때문에 이 같은 선택은 내부 논의를 통해 결정하였다. 실무자들이 우선 제안을 했지만, 몇 번의 보고 과정을 거쳐 결국은 임원 및 경영진의 취향(정확히는 '임원 및 경영진이 상상하는' 고객의 취향)에 맞도록 기획안이 수정되었다. 실무진도 고객 취향을 정확히 알지 못하므로,

경험 많은 임원 및 경영진의 의견을 따르게 되었다. 일부 선택은 고객 설문조사 결과를 반영했지만, 이것도 고객 취향을 정확히 반영했다고는 자신할 수 없었다. 예를 들면 과자의 크기는 고객들이 실제 눈으로 보고, 손으로 만져보기 전까지는 고객의 선호도를 정확히 파악하기 어렵기 때문이다. 한 번도 보지 못한 과자의 크기가 3센티미터가 적당한지, 5센티미터가 적당한지에 대해 명확히 답변할 수 있겠는가? 이와 같은 세부 사항에 대한 의사결정 프로세스를 반복해 약 3개월 경과 후에 제품에 대한 기획안이 완성되었다. 기획 실무자 입장에서는 고객 인터뷰에서 시작했지만 보고 과정을 거치면서 고객의 니즈가 반영되었다고 확신할 수 없어졌다. 하지만 어차피 담당 임원과 CEO가 결정한 사항이므로 그들의 판단을 믿고 기획안을 연구소로 전달하였다.

기획안을 전달받은 연구소에서는 3명의 연구원이 '오가닉X'의 제품 개발에 배정되었다. 이들은 고객 니즈에 맞는 과자 개발에 대해서는 생각해볼 필요가 없었다. 제품기획팀에서 충분히 고민했을 터이므로, 기획안에 명시된 사양에 맞는 과자를 개발하는 것이 연구원의 임무였기 때문이다. 개발을 하다 보면 기획안의 요구 조건대로 만들기 어려운 사항들이 종종 발생했다. 재료를 구하기 어렵거나 규정 외의 색깔을 요구하는 경우가 발생했다. 연구원들은 제품기획부서로 기획안 수정을 요청했고 기획부서는 다시 수정안을 만든다. 이와 같은 과정을 반복하다 보니 제품 개발까지 5개월이 경과했다.

더구나 이 연구원들은 오가닉X뿐 아니라, 새로운 영양 초콜릿 바도 동시에 개발하고 있다 보니, 오전에는 영양 초콜릿바 팀과 회의를 하고, 오후에는 오가닉X 개발에 투입되었다.

　연구원들은 업무 처리를 하느라 밤늦게 퇴근했지만, 어떤 일도 마무리하지 못했다는 생각에 마음이 무거웠다. 또 오가닉X가 성 공할 수 있을지에 대해 걱정도 있었다. 자신이 생각하기에 이 유 기농 과자는 너무 크고 달았지만, 자신들의 업무가 아니므로 기획 안대로 만드는 데 집중했다. 이 같은 과정을 거쳐 오가닉X 제품이 완성되었지만, 다시 생산부서와 마케팅부서와 동일한 프로세스를 거쳐야 했다. 초기 단계부터 생산 및 마케팅부서와 협의를 거쳤어 도, 이 단계에 오면 항상 다양한 선택에 직면하기 때문이다.

　이러한 단계들을 거쳐 A제과는 최초 시작부터 1년이 경과한 시 점에 오가닉X를 출시할 수 있었다. 하지만 트렌드가 시작된 지 이 미 1년이나 지났기 때문에, 편의점의 매대는 경쟁사들의 유기농 과자들로 채워져 있었다. 더구나 오가닉X는 너무 달고 크기가 너 무 커서 아이가 먹기에 적합하지 않다는 후기들이 인터넷에 올라 왔다. 오가닉X는 결국 그저 그런 판매량을 기록하는 또 하나의 신 제품에 그치고 말았다. 그러나 조직 내에서는 누구도 이를 자기 책임이라고 느끼지 않았다. 기획부서는 충실히 기획안을 작성했 으며 의사결정은 임원과 CEO가 내린 것이라고 생각했고, 연구원 들 역시 정해진 사양에 따라 개발을 했으므로 자신은 책임이 없다 고 생각했다.

애자일 기업의 신제품 개발

그렇다면 애자일 기업에서 일하는 방식은 어떻게 다른가? A제과의 경쟁사인 B제과의 CEO는 최근 반복되는 신제품 실패를 만회하기 위해 애자일 방법으로 유기농 과자를 개발해보기로 결정하였다. 우선 제품기획자, 연구원, 마케터 등 8명으로 구성된 애자일팀을 만들었다. 기존 태스크포스팀과 유사하지만, 다른 점은 애자일팀은 유기농 과자 개발에 대한 모든 권한을 가졌다는 점에서 차별점이 있었다. 과거 태스크포스의 각 팀원은 기획팀장, 마케팅팀장, 연구소장에게 별도로 보고하고 승인을 받았다면 실무진으로 이루어진 애자일팀은 모든 결정을 할 수 있도록 권한을 부여받았다.

B제과의 애자일팀 역시 고객 설문조사와 심층 인터뷰로 시작했다. 인터뷰에는 기획실무자 뿐 아니라 연구원을 포함한 팀원 모두가 참여했다. 시작한 지 2주 후에 고객에 대한 이해를 기반으로 애자일팀 내의 열띤 논의를 통해 제품 사양을 결정했다. 보고서를 정리할 필요도 없고, CEO에게 보고하는 일정을 기다릴 필요도 없어서 시간이 오래 걸리지 않았다. 2주가 더 지나자 부족하지만 시제품을 만들 수 있었다. 연구소에 요청할 필요 없이, 팀에 소속된 연구원이 주도해 아주 간단히 재료를 배합해 만들었기 때문에 빨리 만들 수 있었다. 통상의 제품 개발 프로세스인 성분 분석 및 제과장비 사용은 시간을 줄이기 위해 생략했다. 제과장비 대신 연구원 집에 있는 가정용 오븐을 사용했으며, 성분 분석은 최종 제품

이 나오면 하기로 했다.

시제품 개발 속도가 빨라질 수 있었던 것은 의사결정 시간이 단축되고, 보고를 준비할 필요가 없었기 때문이었다. 기존에는 과자 크기가 3센티미터인지 5센티미터인지를 놓고 많은 회의를 하고, 상사에게 왜 5센티미터가 적합한지 설명하기 위해 이유를 생각해내느라 많은 시간을 썼다. 하지만 이번에는 고민하지 않고 5센티미터 크기로 시제품을 만들기로 했다. 고객이 시식해본 후에 의견을 듣고 반영하면 되기 때문이다. 만약 너무 크다고 하면 다음번에는 더 작게 만들면 되었다.

시작한 지 4주 후, 애자일팀은 고객 10명을 초청해서 시제품을 맛보고 의견을 듣는 스프린트 리뷰 미팅을 개최했다. 참석한 고객들은 과자 크기가 너무 크고 너무 달지만, 식감은 마음에 든다는 의견을 주었다. 실제 리뷰에는 5살 아이도 참여했는데, 아이가 먹으려고 할 때마다 과자가 쉽게 부서져 잘 집지 못한다는 점도 관찰되었다. 애자일팀은 그 결과를 바탕으로 과자 크기를 3센티미터로 줄이고, 당도를 낮추고, 강도를 높이기로 결정하였다. 다시 2주 뒤에는 다른 고객 10명이 참석해 의견을 공유했다. 너무 작아서 집기 어렵다는 의견도 있었고, 모양이 이상하다는 의견도 있었다. 애자일팀은 이를 반영해 수정한 시제품을 다시 만들었다. 몇 번의 스프린트 리뷰 미팅을 반복하면서 신제품은 고객 의견이 반영된 형태로 변경되었다. 3개월이 지나 완성 단계에 이르자 최초 기획안과는 확연히 다른 제품이 나왔지만 애자일팀은 고객이 현재 버전을 훨씬 더 좋아한다고 확신할 수 있었다. 고객 피드백의 빈도frequency와 질quality이라는 관점에서 초기 시제품에 비해 월등히 잘 반영되었기 때문이다.

B제과 신제품은 프로젝트가 시작된 지 4개월 후에 출시되었다. 고객이 여러 번에 걸쳐 직접 눈으로 보고, 먹어본 다음 준 피드백을 반영했으므로 출시 후에도 고객 평가가 매우 좋았다. 또한 경쟁사에 비해 빠르게 제품을 출시했기 때문에 고객 인지도도 높이고 매대도 선점할 수 있었다.

신제품을 개발하는 3개월 동안 임원과 CEO는 신제품의 크기, 맛, 색에 대해 자신들의 의견은 전혀 제시하지 않았다. 이들은 종종 스프린트 리뷰에 참석해 고객들이 어떤 피드백을 주는지 주의 깊게 들었다. 또한 애자일팀의 고민(예를 들어 시제품 제작을 위한 제과 기계의 사용, 새로운 원재료의 조달)을 해결해주는 것에 집중하였다. 실무진들이 올바른 의사결정을 할 수 있을지 우려가 많았지만, 실제로 결정된 사항은 실무진의 판단이라기보다는 고객 의견에 가까웠기 때문에 신뢰할 수 있었다.

애자일팀의 팀원들의 만족도 역시 매우 높았는데, 특히 제품을 개발하는 연구원의 만족도가 매우 높았다. 과거 자신의 미션은 서류로 정해진 사양대로 개발하는 것이었다면, 애자일팀에서는 직접 고객을 만나 고객이 원하는 것을 이해하고 개발하는 것이었기 때문이다. 기획 단계에 참여했기 때문에 과거라면 개발 단계에서 거절될 사항(예를 들면 규정 외의 색소로만 구현 가능한 색깔)을 사전에 반영해서 시제품 개발의 속도를 높일 수 있었다. 또한 과거에는 당연히 거절했을 사항에 대해서도 그것이 고객의 중요한 니즈라면 어떻게든 반영할 수 있도록 대안을 찾으려 노력했다. 이번에는 제품의 처음부터 끝까지 참여했기 때문에 제품의 성공이 절실했던 것이다. 이 제품이 인기를 끌고 높은 판매량을 기록하자 이 연구원은 과거에 경험하지 못한 성취감을 느낄 수 있었다.

애자일 기업을 위한 선결 과제

묘사한 바와 같이 애자일 방식은 명확한 장점을 가지고 있다. 고객 니즈의 최적 반영, 신속한 혁신 추진, 몰입에 따른 생산성 개선, 구성원의 성취감 고취 등의 특징은 기존 관료주의적인 기업들이 추구해야 하는 중요한 가치이다. 사례로 든 바와 같이 1개의 애자일팀을 운영하는 것은 매우 명확해 보이지만 실제 실행을 위해서는 다양한 조직적 문제들을 해결해야 한다. 더구나 이를 전사적으로 확대하는 것은 훨씬 어려운 작업이다. 인사 배치 및 평가, 예산배분, 조직구조 등의 전반적 인프라의 변화가 필요하다. 특히 관료제 중심의 국내 대기업은 조직문화의 관점에서 애자일 확장에 주요한 걸림돌이 존재한다. 이를 해결하지 못하면 애자일 방식의 도입은 불가능하다.

구체적 의사결정에 대한 권한 위임

대부분 국내 기업에서 '우수한 리더'란 맡은 업무를 상세히 챙기고, 팀이 혼란을 겪을 때 자신의 경험을 기반으로 해답을 제시해야 한다. (실제로 이는 관료제 조직 내에서 효율적인 리더의 정의이다.) 하지만 애자일 조직에서는 리더들은 전략과 자원 배분에 집중하고, 구체적 의사결정은 실무자들에게 권한을 위임해야 한다. 국내 기업의 경영진들은 이러한 권한 위임은 리더의 업무 태만이며 실무진의 의사결정은 신뢰하기 어렵다는 생각을 가지고 있다.

하지만 시장은 점점 더 빨리 변하고 있고, 관리자인 리더들이 고객의 니즈를 밀착 이해하는 것은 불가능한 것이 현실이다. 실무자들은 고객과 시간을 보내고 피드백을 시제품에 반영함으로써, 누구보다도 정확히 고객 니즈에 맞는 의사결정을 할 수 있다. 임원, 경영진들이 권한 위임에 완전히 동의하지 않았던 애자일 시도는 대부분 실패했다는 점을 꼭 기억해야 한다.

실패를 용인하는 조직문화

대부분의 기업에서 신규 프로젝트를 위해서는 CEO 승인을 받기 위한 상세한 기획안을 작성한다. 기획서가 상세할수록 높은 평가를 받는다. 승인 후에는 기획의 진척도에 따라 실행에 집중하되 기획이 수정되거나 취소되는 경우는 극히 드물다. 이러한 계획 수정 및 취소는 담당자의 무능으로 인식되기 때문이다.

애자일 조직에서는 상세한 기획서에 시간을 쓰기보다 시제품을 만들어서 고객의 반응을 테스트한다. 어떤 경우에는 일부 사양을 조정하면 되지만, 어떤 경우에는 고객 반응이 좋지 않아 프로젝트 자체를 철회해야 하는 경우도 있다. 시제품 개발 등을 위해 집행했던 투자비는 사라졌지만 회사로서는 '좋은 시점의 실패'라고 볼 수 있다. 만약 기존 방식으로 프로젝트를 진행해 완제품을 시장에 출시해 실패했다면 몇 배의 손실이 발생했을 것이기 때문이다.

하지만 기업에서는 어떤 종류의 실패이건 담당자의 커리어에 치명적인 오점으로 남는 경우가 대다수이다. 이런 상황에서는 담당 임원들은 애자일 방식보다는 보고서를 작성해 CEO의 결재를 받는 것을 선호하게 된다. 프로젝트가 실패하더라도 CEO의 의사결정임을 내세울 수 있고, 최악의 경우에도 실패가 시장에서 증명될 때까지 자신은 몇 년의 시간을 벌 수 있기 때문이다. 결국 현재와 같이 실패를 용인하는 조직문화를 갖추지 못하면 애자일 방식은 작동하지 않게 된다.

구성원들의 적극적 참여와 주인의식

한국의 기업들은 오랫동안 관료제 방식으로 성장해왔다. 대부분의 구성원은 상사의 지시에 따라 업무를 수행하는 것에 편안함을 느끼고, 스스로 결정해야 하는 상황에 부담감을 느낀다. 실제 국내 기업에서 애자일팀을 운용해보면, 팀원의 절반은 업무에 대한 성취감을 느끼고 만족하는 반면, 절반 정도는 부담감 때문에 기존 방식대로 일하기를 희망한다. 구성원들이 의견을 제시하고, 그 의견들이 사업에 반영되는 것을 즐길 수 있는 조직문화로의 변화는 애자일 방식의 전제조건이자 결과이기도 하다.

애자일 전략은 만병통치약이 아니며, 더구나 모든 기업과 업무에 적합한 방식도 아니다. 하지만 제품이나 서비스 개발, 프로세스 개선 등 기존과는 다른 혁신 업무에서 훨씬 더 효율적으로 고객 니즈를 반영하고 신속하게 솔루션을 제시할 수 있다. 특히 급변하는 시장 상황에서 느린 혁신의 속도, 구성원의 책임감 저하로 고민하는 국내 기업들에게는 매우 효과적인 솔루션이 될 수 있다.

이 책은 IT 기업이 아닌 기존의 관료주의적 기업들이 어떻게 애자일 방식을 도입할 수 있는가에 대한 방법론이다. 다양한 케이스 스터디, 메타연구와 베인앤드컴퍼니가 직접 경험한 실제 사례들을 기반으로 애자일 도입 과정에서 발생할 수 있는 모든 경우의 수를 정리하고, 그 해결 방안을 제시하였다. 이 책을 통해 많은 국내 기업들이 더 빠르고 창의적인 의사결정을 하고, 직원들이 성취감을 가질 수 있는 기업으로 탈바꿈하기를 기대해본다.

베인앤드컴퍼니 파트너

안희재

목차

균형 잡힌 애자일 기업으로
나아가기

애자일agile(혁신을 목표로 빠르게 움직이는 자율경영팀에 의존하는 경영 철학)은 이미 공식적으로 기업 경영의 주요한 방식으로 사용되고 있다. 오늘날 거의 모든 대기업에는 고객 경험과 비즈니스 프로세스를 개선하기 위한 여러 개의 애자일팀이 있다. 존 디어John Deere는 애자일 방식을 사용해 새로운 기계를 개발하고 있고, USAAUnited Services Automobile Association(미군공제조합)는 애자일을 통해 고객 서비스 부문에서 개혁을 꾀하고 있으며, 3M은 대규모 합병 후 통합 과정을 관리하고 있다. 보쉬Bosch는 애자일 원리를 채택해 회사의 단계적 조직 개편을 이끌고 있다.

아마존Amazon, 넷플릭스Netflix, 스포티파이Spotify와 같은 소위 디지털 네이티브들도 광범위한 혁신 활동에 애자일 방법Agile Methods

을 활용해왔다. 그러는 동안 수많은 혁신의 원천인 IT 부문은 사실상 애자일 방법이 지배적인 상황이 되었다. 최근의 통계에 따르면 소프트웨어 개발자의 85퍼센트가 업무에 애자일 기법을 활용하고 있다.[1]

애자일이 급속하게 확산되는 트렌드는 전혀 놀랍지 않다. 대부분의 대기업은 혁신하는 데 어려움을 겪는다. 대기업은 관료적 프로세스와 조직구조 때문에 새로운 변화가 매우 어렵다. 애자일은 그동안 조직구조에 억눌려 있던 혁신 정신을 해방시킨다. 애자일은 기업이 고객에게 제공하는 상품과 내부적인 운영방식 모두를 혁신하는 데 도움을 준다. 애자일은 업무 환경을 쇄신해 사람들이 일을 통해 더 많은 보상을 받도록 한다.

과장된 주장처럼 느껴지는가? 그렇지 않다. 많은 자료들이 이런 이야기를 뒷받침하고 있다. 계속된 연구들에서 애자일팀이 전통적인 방식으로 일하는 팀들보다 훨씬 더 성공적인 혁신을 이루어냈다는 것이 확실하게 증명되었다. 보다 적은 시간과 비용으로 개선이 이루어진다. 직원들의 만족감과 참여도가 높아진다. 뿐만 아니라 사업 부문을 별개로 분리시키거나, 경영진의 눈을 피해 비밀스럽게 실험을 하지 않고도 실행이 가능하다. 애자일팀은 효과가 있다고 생각되는 사업이나 기능 어디든지 배치할 수 있다. 물론 기업 본부도 해당된다. 기본을 익히면 얼마든지 확장해서 수백 개의 팀을 만들 수도 있고 거대한 프로젝트를 책임지기 위해 여러 하위 팀들을 거느린 상위 애자일팀을 만들 수도 있다. 사브Saab의 항공사업 부문에는 그리펜 전투기(세계에서 가장 복잡한 제품 중 하나임이 분명한 4,300만 달러짜리 아이템)의 소프트웨어, 하드웨어, 기체 부문을 넘나들며 일하는 100개 이상의 애자일팀이 있다. 군사 분석업체인 제인스Jane's는 이 그리펜이 세계에서 비용 효율이 가장 높은 전투기라고 평가했다.

이렇게 애자일은 확산 일로에 있으며 대개의 애자일팀들은 목표 달성에 성공하고 있다. 이것만 보면 애자일은 매력적인 비전임이 분명해 보인다. 그런데 정말 이 그림에는 아무런 문제가 없을까?

기본적인 아이디어에는 잘못된 것이 전혀 없다. 경영 컨설턴트로서 우리는 전 세계에 걸친 수백 개의 기업에서 애자일의 역량과 잠재력을 확인했다. 우리는 이런 많은 기업들이 애자일을 수행하도록 도왔다. 우리는 스스로를 애자일의 열렬한 지지자라 여긴다.

하지만 많은 좋은 아이디어의 긍정적 전망은 현실에서 거짓으로 드러나고는 한다. 애자일은 너무 급속히 확산된 나머지 통제 불능 상태가 될 위험에 처해 있다. 애자일을 효과적으로 이용하는 기업들이 있는가 하면, 이 아이디어를 잘못 이해하거나 잘못 사용하는 기업들도 있다. 몇몇 애자일 맹신자들이 장밋빛 미래를 약속하며 그들을 부추겼을 수도 있고, 어떤 일이 뒤따를지 알아보지도 않고 애자일을 통한 변화를 결정했을 수도 있다. 어쩌면 애자일과는 거리가 먼 목표를 애자일이라는 말로 위장하고 있는지도 모른다.

이런 오용의 결과, 많은 대기업이 건설적인 변화는커녕 오히려 혼란을 겪는 경우가 많다. 하지만 이러한 손해는 한 회사의 문제로 끝나지 않는다. 잘못 적용된 애자일은 대부분 나쁜 결과로 이어진다. 형편없는 결과는 만족하지 못한 고객과 불평하는 직원, 액티비스트activist investor(활동주의 투자자, 회사 내에서 변환을 꾀하기 위해 이 사회의 의결권을 확보하려고 하는 개인 혹은 단체)로 이어지고, 결국 경영진 교체 압력으로 이어진다. 교체된 경영진은 전임자들을 물러나게 만든 전략에 회의적일 수밖에 없다. 그들은 애자일팀을 해체하고, (아마도) 한 차례 인력 감축을 시작할 것이다. 그레셤의 법칙Gresham's law(가치가 낮은 것이 가치가 높은 것을 몰아내는 현상)이 적용되는 셈이다. 즉 잘못된 애자일이 올바른 애자일을 몰아내는 것이다. 이런 일이 자주 일어나다 보면 애자일에 대한 믿음에 금이 갈 것이다. 그리고 비즈니스 세계는 출발점으로 돌아가, 거대한 조직 구조를 가진 관료주의적 기업들이 급속하게 변화하는 시장에서 뒤처지지 않기 위해 가망 없는 노력을 이어가게 될 것이다.

이 책에서 우리는 흥분과 과도한 이상주의에서 벗어나 올바른 애자일과 잘못된 애자일을 구분해보려고 한다. 도입부에서는 기업들이 애자일을 오해하고 오용하고 있는 방식들, 즉 잘못된 생각, 싱크홀, 함정에 초점을 맞출 것이다. 우리는 이런 가르침과 경계의 메시지가 애자일이 마법 같은 즉효약이라는 오해를 막는 예방접종 역할을 해주길 바란다. 또한 애자일을 올바르게 수행할 방법을 알려주는 다음 장들에 대한 몇몇 아이디어들을 소개할 것이다. 그 내용에 대한 로드맵을 제공하고 이 책의 근간을 이루는 연구들에 대해서도 요약할 것이다. 올바른 애자일에는 잘못된 애자일보다 많은 시간과 실험이 필요할 수도 있다. 하지만 이 애자일 철학이 약속하는 결과를 얻기 위한 길은 그것뿐이다.

잘못된 애자일의 오용

영화 〈프린세스 브라이드The Princess Bride〉에서 검법 마스터인 이니고 몬토야는 교활한 비지니를 이렇게 꾸짖는다.

"너는 늘 그 단어를 사용하는데, 그건 네가 생각하는 그런 뜻이 아니야."

애자일도 마찬가지이다. 어떤 경영자들은 애자일이 어떻게 작동하는지, 어디에서, 왜 성공하는지 이해하지 못한다. 그런데도 그들은 끊임없이 애자일 관련 용어들을 함부로 사용하거나 애자일에 대해 사실과 다른 가정을 한다.

애자일 방법, 특히 애자일 혁신팀의 범위 및 규모 확장과 관련된 방법들은 아직까지는 비교적 새로운 것이고, 많은 기업 리더들이 그에 대해 잘 알지 못하기 때문에 이런 오해들이 빚어진다. 그 오해들 중 하나는 애자일이 훌륭하긴 하지만 기술 기반 혁신과 그런 혁신을 창출하는 IT부서에 국한된다는 것이다. 새로운 프로그램을 만드는 데 애자일 방법을 적용했던 미국공영라디오National Public Radio, 그리펜 전투기나 하이얼Haier의 가전제품을 개발한 사람들, 애자일을 이용해서 공급망을 재편한 많은 회사들이 들으면 의아하게 생각할 이야기이다. 역사적으로 애자일이 IT 분야에서 가장 급속하게 확산된 것은 분명하다. 하지만 애자일은 여러 다른 분야에서도 폭넓게 성공적으로 사용되고 있다. 그중에는 기술 기반 요소가 아주 적은 분야도 있다.

언급하고 싶지 않은 이야기지만, 애자일에 대한 오해는 기업 리더들의 냉소를 통해 드러나기도 한다. 2017년 시어스Sears의 CEO 에드워드 램퍼트Edward Lampert가 실시한 영악한 언론 발표를 생각해보자.

"고객의 경험에 초점을 맞추어 보다 애자일하고 … 혁신적인 소매업체가 되기 위해, 우리는 오늘 발표된 비용 감축 대상 외에도 전반적인 운영모델과 자본구조를 계속 점검해갈 것입니다."[2]

이 맥락에서의 애자일은 '해고'의 완곡한 표현이다. 램퍼트만이 아니다. 우리는 매달 그 같은 컨설팅을 여러 건 요청받는다. 요청서는 이런 식으로 시작한다. "프로젝트의 목표는 올해 운영비를 30퍼센트 감축하면서 애자일한 업무방식과 디지털기술로 조직을 변화시키는 것입니다."

이런 요청서를 만든 사람들은 대규모 해고와 애자일 사이에 근본적인 모순이 존재한다는 것을 알지 못한다. 우선 대규모 해고는 급작스러운 구조조정 정책이나 예산편성 사이클에 의해 일괄적으로 처리되는 경향이 있는데, 이는 애자일이 정의하는 지속적인 학습이나 적응과는 180도 다른 것이다. 또한 경영진들은 회의실 문

26

을 닫아걸고 해고를 계획한 뒤 새로운 조직구조와 목표를 들고 나타나는데, 이것은 일선 직원들에게 권한을 위임해 개선의 기회를 찾게 하는 애자일 원칙과 상반된다.

　무엇보다 나쁜 것은 애자일을 해고와 결합시키려 하는 리더들이 애자일과 반대되는 행동을 본보기로 삼는다는 점이다. 그들은 실험 – 학습을 통해 이루어지는 애자일 문화 대신 예측 가능한 지휘 – 통제 상황을 만들어낸다. 대량 해고는 위험회피 성향을 높이고 혁신의 속도를 늦춘다는 연구결과도 있다. 사람들은 허둥지둥 새로운 일을 배운다. 그들은 조직도에 개의치 않고 운영의 주요 의사결정에 대한 통제권을 두고 싸움을 벌인다. 그들은 또 다시 위기가 찾아올지 모를 다음 해에도 자리를 보전하기 위해 할 수 있는 모든 것을 한다. 대개 그들은 자신이 알고 있는 것과 똑같은 방법으로, 하지만 더 적은 인원으로 일을 해내려 한다. 이는 애자일이 확산될 수 있는 환경이 아니다.

　다른 종류의 잘못된 생각도 있다. 이 경우는 애자일에 대한 완벽한 무시나 비판에서 비롯된 것이 아니다. 이 잘못된 애자일은 좋은 의도를 가진 열정적인 애자일 지지자들에 의해 전파된다. 더 민첩하고 혁신적인 회사가 되기를 열렬히 바라지만, 애자일이 어떻게 작동하는지는 잘 모르는 리더십팀이 이런 잘못된 생각을 받아들인다. 수백 개의 기업과 수천 가지 애자일 프로젝트를 진행해오면서 우리는 흔히 세 가지 치명적인 실수를 발견했다.

관료주의에 대한 무분별한 애자일 적용

일부 애자일 전문가들은 애자일 접근법을 모든 곳, 즉 모든 회사, 모든 사업 부문, 모든 부서에서 관료주의를 대신할 만병통치약인 양 홍보한다.

매직애자일이라는 회사가 있다고 가정해보자.(실제 존재하는 회사이지만 리더들과의 대화가 기밀 사항이기 때문에 이름을 밝히지는 않는다.) 이 회사 사람들은 스포티파이같이 디지털 분야의 혁신적인 회사가 되기를 꿈꾸고 있었다. 스포티파이는 애자일 혁신팀 덕분에 많이 알려진 음악 스트리밍 업체이다. 그래서 매직애자일은 조직 전체에 애자일팀을 만들었다. 보다 개방적인 업무 영역을 위해 사무 공간도 새롭게 디자인했다. 고객이나 직원에 대한 처우도 전반적으로 혁신했다. 애자일 전도사들의 눈에 매직애자일은 전형적인 애자일 기업으로 보였다. 사실 2018년과 2019년 초에 주가가 절반 수준으로 폭락한 사실을 무시한다면 그렇게 볼 수도 있다.(어쩌면 당신은 정색을 하며, 혁신이 없었다면 상황이 그보다 심각했을 것이라거나 주가는 중요한 것이 아니라고 말할지도 모른다.) 하지만 매직애자일 리더십팀과의 회의에서 거의 모든 경영진은 성과가 눈에 띄지 않는 데 불만을 표했다. 그들은 이렇게 이야기했다.

"애자일은 리더십에 문제를 일으켰습니다. 규율도 체계도 사라졌어요. 완전한 혼돈입니다."

"도가 지나쳤어요. 모두들 서번트리더십과 심리적 안정psychological safety에 대해서만 얘기합니다. 관리자manager라는 단어는 아무도 사용할 수 없어요. 관리자들은 다 숨어버렸어요."

"손익에 대한 책임 소재가 불분명해졌습니다."

"사업 부문에 전략적 의사결정을 전달하려는 리더들에게 돌아오는 것은 비난과 무시뿐이에요."

"애자일 자체가 목표가 되었습니다. 주객이 전도되었습니다."

아무 데나 애자일을 들이대는 맹신자들은 오랜 시간에 걸쳐 입증된 관료주의의 장점들을 받아들이지 않는다. 하지만 변화와 혁신에 상반되는 개념으로 비난받는 그 관료주의는 사실 비즈니스 역사상 가장 위대한 혁신이었다. 관료주의의 특징인 리더십 체계, 노동의 전문화, 표준화된 운영프로세스를 통해 기업은 이전보다 훨씬 크게 성장할 수 있었다. 경영대학원과 기업 연수 프로그램은 관료주의의 원칙을 좋은 경영 관행으로 가르쳤다. 기업들은 예측 가능성과 계획의 장점을 배웠다. 강력한 관료들이 조직의 최고 지위에 올라섰다.

오늘날 우리는 관료주의의 한계를 잘 알고 있다. 독일의 위대한 사회학자 막스 베버Max Weber는 관료주의의 효율성을 파악하고 그에 대한 체계적인 설명을 최초로 제시했다. 그와 함께 그는 관료주의가 사람들을 비인간화 조직에 가두고 그들의 잠재력을 제한하는 삭막한 '쇠우리iron cage'를 만들어낼 수도 있다고 경고했다.[3] 그가 옳았다. 오늘날 관료체계 내에서 일하는 사람들 대부분은 직장에서 소외된 느낌을 받고 있다. 승진의 사다리를 오를 수 있는 대기업보다 스타트업이나 중소기업에 매력을 느끼는 젊은이들이 많아지는 상황은 관료주의의 이런 결함이 반영된 결과이다. 또한 관료주의는 혁신에 서투르다. 관료주의는 무엇을 어떻게 달성할 것인가 하는 조직적 과제가 명확하고 안정적이며 예측 가능할 때 작동한다. 정의에 따르면, 혁신은 이런 기준 중 어떤 것에도 부합하지 않는다. 관료주의는 이런 한계로 인해 혁신에는 적합하지 않다는 평판을 얻었으며 애자일 같은 반관료주의 접근법을 성장시켰다.

그러나 알아야 할 것이 있다. 식품이나 의약품의 안전, 차별 및 괴롭힘 금지 정책, 회계 기준, 항공기 안전, 품질관리, 제조 기준과 같은 영역을 생각해보자. 이런 영역에 광범위한 변화와 즉석에서 이루어지는 실험, 팀별 의사결정(이 모두가 애자일의 대표적 특질이다.)이 도입된다면 어떤 결과가 빚어질까? 모든 기업은 표준화된 상품을 출시하고 예측 가능한 서비스를 고객에게 전달하며 사업을 운영해야 한다. 그것을 정확히 해내기 위해서는 단계별 승인, 전문화된 업무 분장, 일반적인 운영 프로세스 등의 관료주의적 구조와 절차가 필요하다.

간단히 말해 모든 곳에서 관료주의를 애자일로 대체할 것이 아니라 둘 사이의 적절한 균형을 찾아야 한다. 모든 기업은 사업을 유지해야 하고, 그러기 위해서는 '운영'에 능숙해야 한다. 하지만 동시에 모든 기업은 기존 사업의 변화도 필요로 한다. 제품이나 서비스뿐 아니라 운영방식과 절차에도 지속적으로 새로운 것을 도입해야 한다. 이를 위해 기업은 '혁신'에도 능숙해야 한다. 이런 과제들은 각자 다른 기술을 필요로 하지만 그렇다고 서로 상충되는 것은 아니다. 그들은 보완적이고 독립적이며, 생존을 위해 서로를 필요로 하는 상호 유익한 역량이다. 혁신에 주력하지 않으면 변화 상황에 적응하지 못하는 정체된 기업이 되고 만다. 한편 운영에 소홀하면 혼란이 야기되어, 고객과 기업 모두에게 낮은 품질, 높은 비용, 위험 부담을 주게 된다.

오늘날 대부분의 대기업은 관료주의를 지나치게 고수해왔기 때문에 혁신에 굶주린 상태이다. 그들은 예측 가능한 결과를 내놓는 데 전념하는 정체된 조직을 만들어왔다. 애자일이 인기를 얻고 있는 것도 이 때문이다. 하지만 저울의 다른 방향으로 추를 다 옮기는 것은 해법이 아니다. 그보다는 관료주의적 규칙과 서열이 필요한 부분에서는 가급적 인간적인 방법으로 그것을 고수하면서, 동시에 어떤 부분에는 애자일의 건전한 혼합물을 적절히 주입하는 것이 답이다.

간단해 보이지만 쉬운 일이 아니다. 애자일과 관료주의는 기름과 식초에 비유할 수 있다. 잘 어울리지만 영 섞이지 않는다.(글리세롤과 질산처럼 반응할 수도 있다. 즉 폭발을 일으키는 것이다.) 애자일팀은 빠른 일 처리가 장점이다. 애자일팀은 종종 완성되지 않은 새로운 아이디어를 시도해보고 잠재 고객에게 적용해본다. 그들은 정해진 체계를 무시하며 세부적인 계획을 따르지 않는다. 그런 팀이 조직에서 성장하려면 많은 자유와 지원이 필요하다. 당연히 관료주의는 정반대이다. 관료들은 엄격한 통제 환경에서 두각을 드러낸다. 그들에게 엄격한 통제는 필수이다. 그들은 지금까지 팀이 해온 일이 무엇인지, 다음 12개월 동안 하려고 계획한 일은 무엇인지, 이 모든 일에 비용이 얼마나 들지를 정확히 알아야 한다. 전형적인 관료들에게 애자일팀은 유기체에 침투한 이물질처럼 느껴질 것이다. 면역체계의 T세포처럼, 관료들은 감염 요인을 제거하거나 피해를 최소화하는 것이 자신의 일이라 여길 때가 많다.

진정한 애자일 기업에서는 관료주의와 혁신이 동반자가 된다. 두 요소를 개선하여 각 진영의 사람들이 뛰어난 성과를 만들기 위해 협력하는 시스템을 만든다. 이 책을 통해 우리는 이 두 요소를 조화시키는 방법을 보여줄 것이다.

테일러주의자 리더의 맹점

프레드릭 테일러Frederick Taylor는 관료주의 경영을 기술에서 과학으로 전환시켜야 한다고 주장했다. 1911년 출판된 그의 책《프레드릭 테일러 과학적 관리법The Principles of Scientific Management》에 담긴 네 가지 기본 이론은 다음과 같다.

1. 관리자는 일을 계획하고, 근로자는 일을 수행한다.
2. 관리자는 근로자가 작업하기에 가장 효율적인 방법을 과학적으로 분석한다.
3. 관리자는 과학적인 방식으로 적합한 자리에 적합한 근로자를 선정하고 교육한다.

4. 관리자는 과업을 수행하는 근로자를 엄격하게 감시한다.[4]

당시 테일러의 방법은 인간을 기계처럼 취급한다는 혹평을 받았다. 하지만 그의 접근법은 인기를 끌었고 그의 사후에도 계속하여 적용되었다. 심지어 오늘날에도 많은 기업의 여러 관리자와 임원들이 은연중에 테일러의 이론을 따르고 있다. 그런데 문제는 테일러주의자들이 애자일을 실행할 때 발생한다.

이런 상황이 펼쳐진다. 경영진은 자신들이 아닌 부하직원들을 대상으로 하는 애자일 도입을 추진한다. 이를 위해 그들은 강력한 경영관리 부서를 신설한다. 이 경영관리 부서는 갠트차트Gantt Chart나 일명 신호등 보고 시스템stoplight report(과제와 그 진행 상황을 색으로 구분하는 보고서. 녹색은 완성된 과제, 노란색은 진행 중인 과제, 붉은색은 현 단계에서 진행이 불가능한 과제로 구분한다.)이 포함된 세부 예산과 주요 진행 단계, 실행 로드맵 등을 정하여 계획에 맞추도록 한다. 이 계획 실행을 위해 많은 애자일팀을 만드는데, 이들을 이끄는 것은 대개 이틀간의 애자일 교육을 이제 막 마친 테일러주의자들이다. 그들 중 한 팀이 미미한 성공이라도 거두면 경영관리 부서는 내외부의 이해관계자들에게 그 사실을 널리 알린다. 이 이니셔티브가 정확히 계획대로 진행되고 있다는 확신을 주려는 것이다. 한편 리더십팀은 대부분의 운영을 이전과 같은 방식으로 고수하면서, 애자일팀에 속해 있는 부하직원들을 감독하고 종종 세부 사항까지 통제한다. 이 리더들은 애자일팀에게 업무 내용은 물론 업무방식까지 지시하곤 한다. 그런 것이 경영진의 역할이라고 여기는 것이다.

하지만 상사로부터 세세하게 통제를 받으면 애자일은 열매를 맺지 못하고 죽고 만다. 자기 관리나 테스트, 학습 등의 애자일 개념은 모두 엉터리가 된다. 어떤 식이든 하향식 경영방식은 애자일 환경에서 효과를 내지 못한다. 관료주의의 판단 기준들은 특유의 환경을 벗어나면 무용지물이 된다. 예측을 바탕으로 한 계획들은 빗나가기 마련이다. 예상을 벗어나는 시스템 역학은 인지하지도 거기에 적응하지도 못하기 때문이다.

우리는 베인애자일지수Bain Agility Quote라는 설문을 이용해서 조직 내 애자일의 건전성과 성숙도를 진단한다. 테일러주의 접근법이 확산되어 있는 조직이라면 경영진과 애자일팀원 사이의 인식에 큰 격차가 있기 마련이다. 경영진은 회사의 애자일 도입이 성공을 거두고 있다며 만족스러워한다. 반면 현장에 있는 팀원들은 전형적인 태스크포스와 다를 게 없어 실망스럽고 혼란스럽다고 한다. 처음에는 임원들이 거짓말을 한다고 생각했다. 하지만 곧 그들이 상황을 잘 모르고 있다는 것을 깨달았다. 그들은 애자일 작업으로부터 너무 동떨어져 있어서 부하직원들이 하는 말만 들었고, 부하직원들은 그들이 듣고 싶어 하는 말만 해주었던 것이다.

테일러주의를 따르는 기업 중에도 성공하는 애자일팀이 분명 있다. 그들은 임원들의 레이더에서 벗어난 곳에서 성장한다. 경영진들 덕분이 아니라 그런 경영진임에도 불구하고 성공하는 것이다. 하지만 진정한 애자일 혁신을 이루려면 기업 리더들의 적극적인 참여와 지원이 필요하다. 진정으로 애자일의 확장을 원하는 임원이라면 부하직원들을 교육 세미나에 보내는 대신, 어떻게 해야 하는지 직접 시범을 보여야 한다. 그들 스스로 애자일을 이해하고 좋아해야 하며, 자기 팀 내에서 애자일 방법을 사용해야 한다. 간디Mahatma Gandhi는 이런 유명한 말을 남겼다.

"세상의 변화를 보고 싶다면 스스로 변화해야 한다."

애자일을 적용할 때도 마찬가지이다.

묻지 마 식의 조직구조 모방의 한계

급박한 전략적 위협에 맞닥뜨려 급진적인 변화가 필요한 몇몇 기업은 일부 사업 부문에서 모든 것을 단번에 바꾸는 폭발적인 애자일 변환을 추구했다. 예를 들어 2015년 ING네덜란드는 디지털 솔루션에 대한 고객 수요 상승과 핀테크라는 새로운 디지털 경쟁자의 급습을 예상하고 있었다. 경영진은 공격적으로 움직이기로 결정했다. 그들은 IT 개발, 제품관리, 채널관리, 마케팅 등 가장 혁신적인 기능부서의 조직구조를 해체했다. 사실상 모든 일자리를 없애는 것이었다. 그런 다음 작은 애자일 스쿼드squad들을 만들고, 약 3,500명의 직원들에게 새롭게 고안된 2,500개의 애자일팀 자리에 다시 지원하도록 했다. 그들 모두는 사고방식을 완전히 바꿔야 했고, 그중 40퍼센트는 새로운 일을 배워야 했다.[5]

경험적으로 봤을 때 이런 접근법에는 수많은 문제가 있다. 이 방법은 조직을 혼란과 충격에 빠뜨린다. 사람들은 어디로 가야 할지 어떻게 해야 할지 확신을 갖지 못한다. 대개는 애자일에 대한 지식이나 경험이 없는 수천 명의 사람들이 갑자기 애자일 원칙을 이해하고 거기에 따라 일해야 한다. 급진적인 변환을 추구한 사람들은 공개적으로 성공을 자랑했지만, 전반적인 결과는 기대에 부응하지 못했다. ING를 비롯하여 주가가 떨어지는 경우가 많았는데, 때로는 30퍼센트 이상 떨어지기도 했다. 결국 비공개적인 자리에서 경영진과 참모들은 보다 균형 잡힌 시각으로 전형적인 평가를 내놓는다.

"우리 리더들과 우리 문화는 그런 급진적인 변화에 준비되어 있지 않았습니다. '쇠뿔도 단김에 빼라'거나 '배수진을 치라'는 등의 판에 박힌 말들을 반복하면서 그에 대한 믿음이 강해진 겁니다. 하지만 우리 경영진 중 누구도 애자일 환경에서 일해본 적이 없어 의도치 않은 결과를 내다보거나 계획할 수 없었습니다. 오히려 우리는 그런 결과를 지적하려는 사람들을 방해꾼이라고 낙인찍어 몰아냈습니다. 애자일에 대한 우리의 접근법은 그리 애자일스럽지 못했습니다."

급조된 부서들로 이루어진 급진적인 변화보다 더 자주 등장하는 것이 있다. 관리자들이 가장 선호하는 혁신 방식은 남을 모방하는 것이다. 물론 임원들은 그에 대해 벤치마킹, 경쟁지능competitive intelligence, 패스트팔로어fast follower 같은 그럴듯한 말을 동원하지만 결국은 모방이다. 가장 인기가 많은 모방 대상은 스쿼드, 트라이브tribe, 길드guild 등의 독창적인 애자일 개념을 사용한 스포티파이이다. 일부 기업은 스포티파이를 모방한 기업을 다시 모방하기도 한다.

모방의 논리는 유혹적이다. 스포티파이 같은 애자일의 선구자들은 애자일 원리를 배우고 적용하는 데 여러 해를 보냈다. 그런 성공을 6개월 만에 복제할 수 있다면 마다할 이유가 있을까? 더 매력적인 아이디어는 선구자의 조직구조와 사무실 디자인만 모방하면 된다는 것이다. 상자 몇 개나 사무실 배치 몇 가지만 바꿔주면 사람들이 일에 접근하는 방법을 바꿀 수 있고, 일하는 방법이 바뀌면 산출물과 결과도 바뀔 거라고 생각한다. 아주 그럴듯하지 않은가?

하나하나 따져보자. 우선 회사 내 조직은 인체와 같이 복잡한 시스템이며, 이는 환경이 달라지면 다른 상호작용을 하는 변수들이 있다는 뜻이다. 어떤 환자에게는 효과가 있는 약물도 유전적 요인, 성별, 연령, 섭취한 음식이 다른 환자에게는 해로울 수 있다. 어떤 회사의 혁신부서 구조를 다른 기업 전반에 적용하면 의도치 않은 결과를 낳기 쉽다. 스포티파이는 이 점을 잘 알고 있다. 스포티파이는 특유의 문화에 적합한 엔지니어링 모델을 설계했고, 이 모델은 그 부서의 가치관에 내재된 신뢰와 협동심을 기반으로 한다. 스포티파이의 엔지니어링팀은 모듈형 제품 및 기술 아키텍처 덕분에 대개의 조직들보다 상호의존성이 낮다. 따라서 상호의존성의 세밀한 조정이 필요한 제품라인에 스포티파이의 엔지니어링 모델을 복제할 경우 혼란을 야기하는 트라이브tribe sturcture가 될 수 있다. 스포티파이의 엔지니어링 모델은 꾸준히 진화하고 있으며 다른 기업은 물론 자사의 다른 영역에도 복제할 수 없다고 단호하게 경고하고 있다. 그럼에도 모방은 계속되고 있다.

조직구조 모방의 두 번째 문제는 의도치 않게 사업 부문의 책임 소재가 불명확해지는 경우가 자주 일어난다는 것이다. 대기업들은 애자일팀 간의 사일로silo를 발생시킨다. 이들은 기능부서의 사일로와 마찬가지로 모든 면에서 통합을 어렵게 만든다. 한때 사업 부문 내의 CEO나 마찬가지였던 총괄매니저의 절충 권한이 갑자기 사라진다. 한 회사의 신용카드 사업 부문의 경우, 매출과 비용의 조절 권한이 사업 부문 리더의 영향권 밖에 있는 여러 다른 조직들에 분배되면서 심각한 재무실적 악화를 경험했다. 애자일팀은 적절하게 규정된 사업 부문, 즉 유의미한 손익에 책임을 지는 사업 부문에 힘을 실어주어야 한다. 이들을 무시하거나 위태롭게 한다면 책임 소재를 명확히 할 수 없게 된다.

세 번째 문제는 매트릭스 매니지먼트matrix management(전문 스태프가 현장의 여러 업무에 조언을 하면서 중앙 관리의 역할까지 맡는 조직 형태)가 예상 밖의 혼잡을 야기한다는 점이다. 애자일팀은 크로스펑셔널팀이다. 크로스펑셔널팀들은 매트릭스 조직(조직 구성원들이 원래 속해 있는 기능부서와 생산품과 용역의 부문별 팀에 동시 배치되면서, 두 상급자를 두게 되는 조직 설계 방식)을 필요로 한다. 서류상으로는 간단해 보일 수 있다. 그러나 우리는 수백 개의 애자일팀을 론칭시키고도 그에 따르는 영역 싸움은 예상치 못한 기업들에서 벌어진 일들을 수습하는 일을 수도 없이 해왔다. 팀 내에서의 책임자는 누구인가? 누가 추가로 팀을 론칭할 수 있는가? 기술 기반 애자일팀과 다른 모든 혁신팀을 위한 별도의 조직 단위가 필요한가? 이 팀들의 예산은 누가 결정하며, 의사결정권은 어떻게 작동하고, 팀의 실적에 대한 평가와 보상은 어떻게 이루어지는가? 조직도에는 이런 세부적인 사항들이 나타나지 않는다. 이런 점들은 간과하기 쉽고 다른 곳에 복제할 수 없다.

그런데 이런 모든 문제보다 가장 심각한 문제는 이런 모방 업체들이 애자일 성공의 핵심, 즉 지속적으로 배우고, 진화하고, 개선하고, 성장하는 능력은 배우지 못한다는 것이다. 과정을 단축시키려 하다 보니 운영 시스템의 요소들을 적응시키고 조정하고 융화시킬 기술을 개발하지 못하는 것이다.

애자일 전환은 끝나지 않는 여정이며, 복사해다 붙일 수 있는 프로젝트가 아니다. 사람들이 새로운 운영모델을 만들고 거기에 익숙해질 시간이 필요하다. 어떤 특정 변화가 조직에 영향을 줄지 정확하게 예측하는 것은 어렵다. 때문에 테스트하고 배우며 단계적으로 규모를 늘려나가는 과정이 반드시 필요하다.

다른 경영관리 방법들과 마찬가지로 애자일 방법에도 장점과 단점이 있다. 애자일 방법은 문제를 완전히 해결하지 못한다. 적합한 상황에서 적절히 사용하면 끔찍한 결과로 이어질 문제를 좀 더 바람직한 방향으로 바꾸어주는 것뿐이다. 소규모의 자율적인 애자일팀은 더 행복하고, 더 빠르고, 더 성공적이다. 하지만 보다 많은 조율과 보다 빈번한 기획과 예산편성 사이클 또한 필요하다. 또 애자일팀에서는 계층이 사라진다. 하지만 그것은 곧 직급의 변화나 승진의 기회가 드물다는 것을 의미한다. 그런 도전 과제를 사전에 예상하고 해결하지 못하면 팀원들이 실망하고 혼란에 빠지게 된다. 최선의 접근법은 다른 경영 접근법을 제쳐두고 애자일만 선택하는 게 아니라, 다른 방식들과 함께 어디에, 언제, 어떻게 애자일 접근법을 적용할지 배우는 것이다. 이것은 2300년 전 아리스토텔레스가 얘기한 중용의 추구와 일치한다. 그것이야말로 상황 이론contingency theory과 Y이론theory Y(적당한 여건과 보수가 주어지면 종업원은 자기 실현을 위해 일을 찾아다니고 자신이 설정한 목표를 향해 자기계발을 하며 책임감 있게 일을 한다는 이론)을 적용한 양면적인 조직을 이루는 현실적인 길이다.

애자일 전략의 A to Z

소프트웨어 개발자들이 소위 경량 개발 방식lightweight development methods을 약 10년 동안 실행하고 난 2001년, 17명의 실무자들이 모여 이 방식에 대해 배운 것들을 공유하는 자리를 가졌다. 그들은 경량 접근법에 새롭게 '애자일'이라는 이름을 붙이고 그 프로세스를 규정하는 일련의 간단한 원칙을 만들었다. 그들이 발표한

'애자일 소프트웨어 개발에 대한 성명Manifesto for Agile Software Development'은 수십만의 개별 소프트웨어팀이 애자일 방식을 채택하고 적용하는 데 도움을 주었다.

기업들이 약 10년에 걸쳐 애자일 확장 문제로 씨름해온 만큼, 우리도 이제 성공과 실패의 새로운 패턴을 분석할 수 있을 정도의 경험을 갖게 되었다. 따라서 잘못된 애자일이 올바른 애자일을 몰아내기 전에, 이 강력한 철학이 철 지난 경영관리 기법의 쓰레기 더미에서 비즈니스 프로세스 리엔지니어링과 품질 분임조quality circle(조직 구성원 스스로 품질과 관련된 문제를 찾아내고 해결하기 위한 목적으로 지속적 모임을 갖는 자주적 소집단)를 만나기 전에 애자일 확장에 대한 오해와 오용을 뿌리 뽑아야 한다.

이제 애자일 운동은 보다 합리적이고 실용적이며 조화로운 방향으로 나가야 한다. 그것이 이 책의 목적이다. 우리는 애자일이 혼란을 조장하는 유행이 아니라 가치 있고 현실적인 방식이 되기를 원한다. 우리는 애자일의 사고방식과 방법을 통해 조직 구성원들이 훨씬 더 행복해지고 성공할 것이라 믿는다. 그리고 독자들이 5~10년 동안의 애자일 변화를 실망감과 후회가 아닌 자부심과 충족감으로 돌아보기 바란다.

이 책이 어떤 사람들에게 유익할까? 우리는 몇 부류의 독자를 염두에 두고 있다. 우선 대기업, 특히 관료주의의 늪에 빠진 대기업 임원들은 관료주의적 병폐와 애자일에 대한 열망 사이의 간극을 좁힐 수 있을 것이다. 또한 애자일을 막 시작하는 사람이라면 앞서 설명했던 실수를 피하는 데, 또는 혼란이 아닌 지속가능한 결과를 만드는 애자일 마인드와 방식을 개발하는 데 도움이 될 것이다. 이미 잘못된 애자일 여정을 시작한 기업에게는 늦기 전에 함정을 인지하고 피하는 데 도움이 될 것이다. 애자일팀의 구성원이나 그들과 협력하는 다른 직원들이 실적을 높이는 데에도 유용할 것이다. 이미 애자일 방식이 자리 잡고 있는 스타트업에서도 성공적으로 규모를 키워가는 데 맞춰 균형적인 애자일 기업을 구축하는 것에 도움이 되기 바란다. 이 모든 경우에 독자들이 이 책을 통해 애자일 습관을 만들어서 실적을 개선하고 행복을 증진하기 바란다.

시간에 쫓기는 사업가들도 읽을 수 있는 간결한 지침서가 되도록 하기 위해 애자일 기업을 향한 여정의 논리적이고 지속가능한 단계에 맞추어 각 장을 구성했다.

1장 애자일 원리, 애자일은 어떻게 작동하는가?

실제로 활동하는 애자일팀을 지켜본 경험을 가진 경영진은 매우 적다. 애자일팀에 적극적으로 참여해본 사람은 더 적고, 애자일팀을 이끌어본 사람은 거의 없다. 이렇게 실제 경험이 없는 리더는 애자일이 도대체 무엇인지 이해하기 어려울 수밖에 없다. 1장에서는 실제로 애자일 활동이 어떻게 벌어지고 있는지 상세히 보여줄 것이다. 애자일 철학이 어디에서 비롯되었는지 설명하고, 애자일을 독특하고 유익한 혁신 방법으로 만드는 요소에 대해 전반적으로 설명할 것이다.

2장 애자일 기업을 향한 확장

애자일 확장은 상당히 어려운 작업이다. 하지만 이례적인 결과를 산출해낼 수도 있다. 어떤 조직들은 단순히 팀의 수를 늘리는 것으로 확장을 한다. 반면 어떤 조직들은 애자일팀을 폭넓게 활용하면서 일부 관료주의 기능을 결합시켜 두 가지가 조화롭게 운영되는 진정한 의미의 애자일 기업이 되는 것을 목표로 하기도 한다. 2장에서는 보쉬의 주목할 만한 애자일 변환을 소개하고, 기업이 애자일 조직을 만드는 과정에서 밟아야 할 단계를 설명한다.

3장 얼마나 민첩해질 것인가?

더 민첩하다고 더 좋은 것은 아니다. 각 기업, 혹은 기업 내 각각의 활동에 따라 그에 맞는 적절한 민첩성의 범위가 있다. 이 범위를 어떻게 정해야 할까? 기업은 정체와 혼란 사이의 적절한 균형을 찾아야 하고, 이를 위해서는 절충이 불가피하다. 따라서 기업에는 일련의 새로운 측정 지표들이 필요하다. 그것은 기업이 현재 얼마나 민첩한지, 목표는 무엇인지, 옳은 방향을 향하고 있는지, 앞으로의 진전을 방해하는 제약은 무엇인지를 보여주어야 한다. 3장에서는 애자일 방식을 사용해서 이런 문제들을 어떻게 해결하는지 살펴볼 것이다.

4장 애자일 리더십, 어떤 리더가 될 것인가?

보쉬의 임원인 헹크 베커Henk Becker가 말했듯이 애자일 기업을 이끄는 것은 전형적인 기업을 이끄는 것과는 다르다. 애자일 리더는 부하직원들의 업무를 검토하는 데 많은 시간을 할애하지 않는다. 그들은 기업 전략에 적응하고, 필수 애자일팀을 이끌고, 고객과 시간을 보내고, 개별 직원에 대한 멘토링 활동을 하고, 팀을 코칭하는 데 더 가치를 둔다.

자신의 행동 패턴을 바꾸고, 일상적 루틴을 재구축하고, 새로운 기술을 개발하는 것은 다른 사람들에게 할 일을 지시하는 것보다 더 어렵지만 훨씬 가치 있는 일이다. 4장에서는 그 방법을 보여준다.

5장 계획은 유연하게, 실행은 민첩하게

시스템의 기획, 예산, 리뷰는 기획 및 관리 환경의 핵심이다. 델Dell을 비롯한 애자일 기업들은 이러한 프로세스를 폐기하는 대신 민첩성을 접목했다. 이 기업들은 이 세 가지 프로세스 모두에 상향식 인풋을 최대한 반영하는 단기적이고 유연한 사이클로 운영한다. 그들은 긴급하고 중요한 전략적 과제를 우선 처리하지만, 미리 계획되지 않은 과제들도 환영한다. 이들은 정기적으로 실제 실적을 예상 실적과 비교해서 계획과 예산에 변화가 필요한지 판단한다.

6장 애자일 기업의 조직구조와 운영모델

새로운 구조가 큰 차이를 만들어낼 것이라는 생각 때문에 기업들은 종종 애자일 기업의 조직도를 모방하고 싶은 유혹에 빠진다. 하지만 이런 모방은 효과가 없다. 구조적 변화만으로는 사일로 문화와 계층적 구조를 무너뜨릴 수 없다. 애자일 기업은 종종 운영모델의 모든 요소, 즉 역할과 책임, 의사결정 권한, 채용과 인재관리 시스템 등을 재설계한다. 조직도까지 바꾸어야 할 수도 있다. 하지만 어떤 방식을 채택할지, 어떤 순서로, 어느 정도로 적용할지 결정하는 데에는 모방이 아닌 상당한 테스트와 학습, 균형, 조직별 특화가 필요하다.

7장 애자일 프로세스와 기술 혁신

애자일 기업은 내외부 고객에게 밀착 서비스를 제공한다. 애자일 기업은 고객 솔루션의 질과 양을 높이는 데 목표를 둔다. 하지만 고객 솔루션은 그것을 산출하는 비즈니스 프로세스의 수준을 넘어설 수 없고, 프로세스는 흔히 기술의 제약을 받는다. 프로세스를 지원할 기술이 준비될 때까지 애자일 변환을 망설이는 기업도 있다. 하지만 이는 수년이 걸릴 수도 있는 일이다. 이런 방법이 현명할까? 공연히 시작을 늦추고 있는 것은 아닐까?

8장 올바른 애자일은 모두를 위한 것이다

마지막 장에서는 전체 내용을 요약하면서 애자일을 일시적 유행으로 만들지 않기 위해 필요한 몇 가지 규칙을 제안하고, 성공적으로 애자일을 확장하는 데 꼭 필요한 역량에 대해 설명한다. 우리는 아마존의 숨은 이야기를 전할 것이다. 아마존은 고유의 효율적인 애자일 시스템, 애자일 툴, 애자일 업무방식을 만들어 세계적으로 높은 가치의 회사로 일구어냈다. 마지막으로 애자일 기업을 만들고 애자일 리더가 되는 데 필수적인 지침들을 간단한 목록으로 제시할 것이다.

우리는 애자일 기업이 어떻게 측정 가능한 개선을 최종결과로 내놓는지 보여주고자 한다. 그것은 단순한 재무실적의 개선만이 아니라 고객충성도와 구성원 참여, 사회적 유용성의 향상과 같은 성과를 말한다. 애자일 변환의 유일한 목적은 실적을 개선하고 기업 목표를 보다 효과적으로 달성하는 것이다.

애자일은 그 자체가 목표가 아니라, 목표를 위한 수단이다. 또한 애자일은 숫자뿐 아니라 사람에 대한 것이기도 하다. 애자일은 재능 있는 사람들이 즐거운 마음으로 일하는 조직, 관료주의라는 쇠우리의 창살을 구부려 그 안의 사람들이 자유로워지는 조직을 만들기 위한 것이다.

당신과 당신 팀이 애자일로 인해 즐겁지 않다면 올바른 애자일을 실행하고 있지 않은 것이다.

리서치에 대한 몇 가지 메모

애자일팀들의 스토리는 재미있고 설득력이 있다. 그런데 문제는 전문가가 강조하려는 논점에 맞춰 조작하기가 너무 쉽다는 데 있다.(믿어지지 않는다면 CNN과 폭스뉴스가 동일한 정치 스토리를 얼마나 다르게 보도하는지 보라.) 확증편향(자신이 듣고 싶은 것을 확인해주는 증거를 찾고 믿는 인간의 성향)은 진실을 찾는 과정에서 흔히 발생하는 문제이다. 그러므로 다음과 같은 질문을 던져야 한다. 그 스토리는 전형적인 사례인가, 아니면 통계상의 착오인가? 그런 일은 얼마나 자주 일어나는가? 사람들이 비슷한 일을 하고도 성공하지 못하고 실패하는 경우는 얼마나 되는가?

우리는 이 책 전체에 걸쳐 애자일에 대한 사례를 이용하면서 최대한 공정하고 통찰력 있게 전달하고자 했으며, 모든 사례들을 적절한 관점으로 보고자 했다. 애자일은 경험주의와 과학적 방법에 기반을 두고 있다. 마음을 끄는 이론이나 직감을 신뢰하기보다는 가설들을 실제적인 결과와 비교해 테스트할 것을 강조한다. 애자일이 유효하려면, 그 사례들에 대한 현실적인 통계 분석이 가능하게 해주는 경험적 데이터가 있어야 한다. 따라서 애자일이 어떻게 효과를 내는지 알아보기 전에 보다 근본적인 문제, 즉 애자일이 효과가 있는지 여부부터 언급할 것이다.

이 책을 쓰기 전에 최대한 많은 연구를 했다. 애자일 접근법의 결과에 대해 최대한 많은 연구를 찾아냈고, 수백 가지의 고객 사례를 비롯한 수많은 케이스를 검토했다. 또한 베인애자일지수를 사용하여 진행상황을 추적하는 수천 명의 애자일 실무자가 완료한 진단 설문조사의 상관관계를 조사했다. 가능한 객관적인 입장을 취하기 위해 저널 기사, 책, 정부문건, 학술논문, 회의록, 컨설팅 보고서, 기업연구보고서 등 70개의 제3자 연구보고서도 수집 분석했다.(보고서의 전체 목록은 부록 C 참조.) 일부 보고서들은 장기간에 걸쳐 정기적으로 업데이트되었다. 여러 연구자들의 연구결과를 분석한 연구도 있다. 비교적 더 엄정한 학술 연구들도 있다. 물론 우리가 빠뜨린 연구도 있을 것이다. 향후 데이터베이스를 계속 확장하고 업데이트할 것을 약속한다.

전반적으로 많은 경험적 데이터를 찾기 위해 노력한 결과, 애자

도표 P-1 각 질문을 다룬 연구보고서의 수

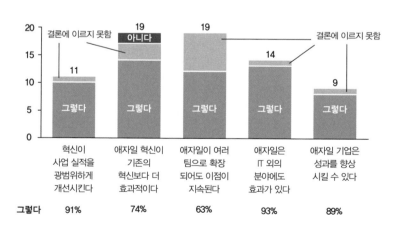

일 접근법이 팀, 성장, 기업 수준 등의 모든 면에서 결과를 개선한다는 확연한 증거를 발견했다.([도표 P-1]) 애자일 실행의 질을 통제하거나 불편한 데이터 포인트를 제거하지 않고도, 애자일 접근법이 평균적으로 결과에 부정적인 영향을 준다는 연구는 거의 찾을 수 없었다. 우리가 찾아낸 구체적인 결과들은 다음과 같다.

혁신이 사업 성과를 광범위하게 개선시킨다

회사의 성과가 실망스럽거나 약간 불균형하다고 느끼고 있다면, 혹은 혁신을 늘리는 방향과 줄이는 방향 중 어느 쪽으로 조직을 이끌지 고민하고 있다면, 더 많은 혁신이 해답일 가능성이 높다. 우리가 검토한 연구보고서의 90퍼센트 이상은 혁신이 사업 성과를 개선함을 보여주었다. 부정적 영향을 준다는 연구결과는 없다. 기업이 혁신을 과도하게 시행하여 수익 체감 지점에 이르는 경우는 거의 없다. 일부 연구는 주가가 혁신의 미래 가치를 반영하지 않을 수도 있다고 말한다. 하지만 주식시장은 단기간의 정확도보다는 장기적인 효율을 더 잘 측정한다.

애자일 혁신이 기존의 혁신보다 더 효과적이다

우리는 이 주제를 다루는 21개의 연구보고서를 찾아냈다. 그중 4분의 3은 애자일이 우월한 혁신 방법이라고 밝히고 있다. 단 10퍼센트만이 애자일이 도움이 되지 않는다는 결론을 내렸다. 여기에서 애자일 방법이 성공의 가능성을 높이기는 하지만, 성공을 보장하는 것은 아니라는 점을 지적하고 싶다. 가장 대중적인 보고서인 스탠디쉬그룹Standish Group의 카오스보고서CHAOS summary는 1994년부터 IT 프로젝트에 전형적인 접근법과 애자일 접근법을 적용했을 때의 성공률을 비교해왔다. 이 연구자들은 현재 5만 개가 넘는 프로젝트의 데이터베이스를 보유하고 있는데 이를 통해 애자일 프로젝트의 성공 확률이 3분의 2배 더 높고(42퍼센트 : 26퍼센트), 실패 확률은 3분의 1배 낮다(8퍼센트 : 21퍼센트)는 것을 발견했다. 인상적인 분석 결과이긴 하지만 42퍼센트의 성공률은 100퍼센트에 한참 못 미치는 것이다. 이런 비율은 당신이 대수의 법칙laws of large numbers을 적용할 수 있을 정도로 많은 애자일 프로젝트들을 실행하고 있을 때에만 유효하다.[6]

애자일이 여러 팀으로 확장되어도 이점이 지속된다

애자일은 개별적인 팀을 위해 고안되어 효과적으로 확장되기 어렵다는 우려가 있지만, 연구는 다른 결과를 보여준다. 규모가 크고 복잡한 문제는 전통적인 접근법을 사용하든 애자일 접근법을 사용하든 성공률이 떨어지지만, 사실상 문제가 복잡할수록 애자일은 전통적인 접근법에 비해 상대적으로 우월한 성과를 보인다.

애자일은 IT 외의 분야에도 효과가 있다

이미 언급했듯이 많은 사람들이 애자일은 IT에서 시작되어 그 분야에서만 효과가 있다고 믿고 있다. 두 가지 다 틀렸다. 애자일은 IT 외부에서 시작되었다. 인터넷이 확산되면서 기술 분야에서 빠른 성장을 이끈 것이다. 15개 연구보고서 중 14개는 애자일이 업계 전반과 그 업계 내의 다양한 기능부서에서 효과적으로 작동한다는 것을 보고했다.

애자일 기업은 성과를 향상시킬 수 있다

주의할 것은 이 영역의 연구는 아직 시작 단계라는 점이다. 아직까지 이에 대한 보고서는 9개에 불과하며 엄정한 게재 기준을 가진 학술저널들에는 아직 이런 주제의 논문이 오르지 않았다. 하지만 초기 결과는 고무적이다. 애자일 사고방식과 방법을 학계(테레사 애머빌, 스티븐 크레이머, 매리 샤피로, MIT집단지성센터 등)와 컨설팅기업(갤럽, 윌리스타워스왓슨, 에너지프로젝트 등), 기업(구글의 아리스토텔레스 프로젝트 등)의 사업 실적, 직원 참여, 성공적인 리더와 팀 등에 대한 연구를 비교한 결과 눈에 띄는 일관성을 발견했다. 이런 여러 연구들을 종합하면 올바른 애자일 실행을 통해 경영진이 목적과 목표 달성에 도움을 받고 있다는 것을 알 수 있다.

이제 애자일이 무엇이며 애자일 기업을 만들기 위해 무엇이 필요한지 자세히 알아보도록 하자.

1장

애자일 원리,
애자일은 어떻게
작동하는가?

HOW
AGILE
REALLY
WORKS

이야기를 시작해보자. 식품업체 '참스낵'의 프로
덕트오너PO, product owner(제품의 성과에 책임을 지고 구축, 개발, 운영을 추
진하는 사람) 브라이언은 흥분을 가라앉힐 수가 없었다. 하지만 그
는 짜증스럽게도 주기적으로 찾아오는 불안의 파도가 이런 흥분
을 차갑게 식히는 것을 느꼈다. 그는 혼자 이렇게 되뇌었다.

"엔지니어는 불안해하지 않는 법이야. 데이터는 데이터일 뿐. 너
는 그냥 처리만 하면 돼. 이건 그냥 또 하나의 프로젝트에 불과해."

맞는 말이다. 브라이언의 팀이 신제품 개발 프로그램을 시작한
지 6주가 지났다. 오늘은 세 번째 스프린트 리뷰sprint review(개발팀,
스크럼 마스터scrum master, 프로덕트오너, 이해관계인들이 참석하는 비공식 회
의. 제품 시연을 하고 완성된 부분과 그렇지 않은 부분을 확인한다.)가 있는

날이다. 팀원들은 '몸에 좋으면서도 맛있는' 뉴트리션바 신제품라 인을 대표하는 일곱 가지 시제품을 20명의 실제 고객에게 공개하 고 시식하는 자리를 만들 것이다. 이 과정을 지켜보기 위해 참스 낵의 모든 임원진이 총출동할 것이다. 브라이언은 이 새로운 애자 일 과정을 처음부터 공개적으로 반대했던 몇몇 임원들을 떠올리 며 움찔 얼굴을 찌푸렸다. 오늘로 성패가 갈린다. 그래서는 안 되 겠지만, 사실이 그렇다.

브라이언의 취미는 식도락이고 직업은 식품개발자이다. 하지만 최근까지는 중소기업에서만 일을 해왔다. 그가 '진뉴트리션' 사의 신제품 개발책임자가 된 것은 불과 2년 전의 일이다. 진뉴트리션 은 슈퍼마켓과 편의점의 과자 진열대를 갈아치우면서 빠르게 성 장하고 있는 젊은 기업이다. 그는 이상적인 직업이라고 생각했다. 날씨가 좋은 날엔 클리블랜드 교외에 있는 집에서부터 회사까지 자전거를 타고 갈 수도 있었다.

어느 날 갑자기, 대형 소비재 기업의 자회사로 제법 큰 가공식 품 회사인 참스낵이 진뉴트리션을 인수한다는 소식이 들려왔다. 인수 조건은 꽤 후했다. 진뉴트리션이란 작은 회사의 경영진들은 도둑이나 다름없었다. 회사는 큰돈을 벌었지만 직원들에게 나눠 진 수익은 정말 보잘것없었다. 게다가 인수는 해고와 공장 폐쇄, 슬픈 이별을 불러왔다. 다음엔 어떤 일이 일어날까? 브라이언은 업계 내 평판에 있어서는 아쉬울 것이 없었다. 업계에서 꽤나 알 려졌고 높은 평가를 받고 있기 때문이었다. 어디에서든 일자리는 구할 수 있을 거라 생각했다. 그렇지만 막상 닥치면 어디서 일자리를 구할지 걱정이 되긴 했다. 그때 참스낵의 수석 식품 개발자 중 한 명이 그에게 접근했다.

"당신들은 정말 발빠르게 움직이네요."

그 개발자가 브라이언에게 말했다.

"우리에게도 좀 가르쳐주세요. 획기적인 스타트업처럼 혁신하는 법을 배우고 싶어요. 우리와 함께 하시지 않을래요? 우리에겐 당신이 필요해요."

꽤 솔깃한 제안이었다. 작은 회사에서 일하던 브라이언 같은 사람에게는 특히 더 그랬다. '메이저리그로 진출하는 거야. 큰 무대에서 실력을 발휘해보는 거지.' 제안만으로도 우쭐해졌다. 급여나 복지 혜택이 그간 받던 것보다 많았다. 인센티브를 받으면 목돈을 모을 수도 있을 것이다.

그는 고민 끝에 제안을 수락하기로 했다. 그러나 일은 예상했던 것과 달랐다. 참스낵의 예산은 빠듯했다. 뭐라도 하려면 회사의 절차에 따라 대여섯 명의 결재를 받아야 했고, 그러느라 몇 주씩 걸렸다. 1년 반 동안 그는 끊임없이 계란으로 바위를 치고 있다는 느낌이 들었다. '인수를 통해 배우겠다고? 천만에. 경쟁자의 발목을 잡아 낡은 관료주의적 접근법에 대한 위협을 제거하려던 거였어.' 18개월간 불만이 쌓이고 좌절한 끝에 브라이언은 회사를 그만두기로 마음먹었다.

그런데 바로 그때 참스낵의 CEO 로리가 널찍한 사무실로 브라이언을 불렀다. 그녀의 말은 직설적이고 간단명료했다.

"우리 회사의 시장점유율이 지난 3년 동안 하락세를 보이고 있어요. 이런 상황이 계속되어서는 안 됩니다."

브라이언은 깜짝 놀랐다. 우선 로리가 예상보다 젊어서였다. 전에도 그녀를 본 적이 있긴 했지만 멀리서 보았을 뿐이었다. 가까이서 보니 그녀는 40대 초반으로 보였다. 임원실을 차지하고 있는 다른 나이든 사람들과는 큰 차이가 있었다. 그녀는 브라이언보다도 어렸다. 마흔아홉인 그는 이제 나이를 먹었다는 생각이 들기 시작하던 참이었다.

로리는 돌려서 말하지 않았다.

"우리 시장조사팀은 몸에 좋으면서도 맛있는 뉴트리션바가 시장성이 있다고 판단했어요. 그런데 제품개발팀이 말하길, 기존 제품에 그렇게 급격한 변화를 주려면 최소 24개월이 필요하다는 거예요. 솔직히 저는 그들이 이 프로젝트의 성공을 바라지 않는다는 생각이 드네요. 그들은 이것이 현재 수익성이 높은 초코바 제품라인의 매출을 감소시킬까 봐 겁먹고 있어요."

로리는 브라이언 쪽으로 몸을 숙이며 그의 눈을 똑바로 쳐다봤다.

"당신은 태도나 일하는 방식이 좀 다르다고 들었어요. 이 새로운 제품라인의 개발팀을 당신이 맡아주었으면 좋겠는데 어떻게 생각하세요?"

와우! 로리에 대한 소문이 진짜였다. 그녀는 무뚝뚝하게 느껴질 정도로 직설적이었다. 그녀의 CEO 선임이 충격적인 일이었다는 말을 들은 기억이 났다. 그녀가 뛰어난 마케터라는 것은 모두가 인정하는 사실이었지만, 참스낵의 나이 많은 최고경영진 중 몇몇은 그녀를 CEO로 추대한 이사회의 결정에 반발한다는 얘기도 들려왔다.

브라이언은 망설였다. '지금 농담하는 건가?' 잠시 생각한 그가 입을 열었다.

"제가 적임자일지 모르겠습니다. 이 조직에 대해 제가 갖고 있는 기억은 비난 받고 무시당했던 것들뿐이에요. 어쨌든 저를 생각해주셨다니 감사합니다."

그녀가 직설적으로 말했으니 그도 그럴 생각이었다. 로리가 웃었다.

"제가 생각했던 대로네요. 이 회사에 질려버렸다는 이야기를 들었어요. 그게 바로 이 회사의 문제죠."

그녀는 책상 바깥쪽으로 돌아 나와 브라이언 옆에 있는 의자에 앉으며 말을 이었다.

"거절하지 말아주세요. 성공하기 위해 필요한 것이 있다면 말씀하세요. 제 힘으로 할 수 있는 것이라면 도와드리겠습니다. 우리 같은 편이 되어보는 게 어떨까요?"

브라이언은 그날 밤 내내 고민했다. 아내와 이야기를 나눴고 사회생활 초기의 멘토와도 통화했다. 결론은 명확했다. 잃을 게 뭐 있어? 한번 해보는 거야!

3일 후 그는 활기찬 모습으로 로리의 사무실을 다시 찾았다. 그런 의욕 넘치는 모습이야말로 그가 회사에서 높은 평판을 쌓아온 비결이었다. 그는 로리 앞에서 입을 열었다.

"우리에게는 여러 분야를 망라하는 팀이 필요합니다. 제가 함께 하고 싶은 사람들을 말씀드리죠. 제품개발팀의 대니얼, 포장팀의 조던, 영업팀의 엘리, 마케팅팀의 알리사, 소비자통찰팀의 브라이언, 생산팀의 데이비드, 공급망팀의 개빈, 그리고 애자일팀을 코치해본 경험이 있는 리입니다. 모두가 애자일팀에서 상근으로 근무해야 합니다. 시간제 근무는 허용할 수 없습니다. 또 여러 개의 화이트보드가 있는 공간이 필요합니다. 우리 모두가 얼굴을 맞대고 함께 일할 수 있어야 합니다."

브라이언은 반응을 살피기 위해 로리를 보았다. 그녀는 계속하라는 의미로 고개를 끄덕였다.

"신규 소매체인과 잠재 소비자에게 직접적으로 접근할 권한이 필요합니다. 예산편성 기간이 막 마감되었기 때문에 우리에겐 예산이 없습니다. 따라서 예산조달에 대표님의 도움이 필요합니다. 보안, 규제, 법률, IT 분야의 지원이 필요한데, 저희에게는 순서를 기다릴 시간이 없습니다. 진뉴트리션을 운영했을 때처럼 이 프로그램을 운영한다면 18개월이 아니라 6개월 안에 시장에 최고의 제품을 내놓고 주요 소비자층을 정의할 수 있습니다. 본격적인 출시는 24개월이 아닌 12개월 안에 가능합니다. 팀이 꾸려지는 대로 바로 작업에 착수할 겁니다."

로리는 브라이언의 요구사항이 아주 길고 구체적이어서 조금 놀란 듯했다.

"그 밖에 다른 것은 정말 없습니까?"

그녀가 물었다. 그녀의 얼굴에는 옅은 미소가 스쳤다. 브라이언이 빙그레 웃었다.

"두 가지가 더 있습니다. 경영진의 참여가 필요합니다. 우리는 그들의 아이디어를 원합니다. 다만 사소한 부분까지 관리하려 드는 기존의 방법은 사양합니다. 그들의 제안을 가지고 무엇을 할지는 우리가 결정합니다. 무례하게 들릴지 모르겠지만, 스테이시나 켈리, 에릭과 같은 고집쟁이들에게 이 부분을 이해시키는 것이 특히 중요할 겁니다. 그들이 우리 팀의 직원들에게 지시를 내리기 시작하면 일이 제대로 돌아가지 않을 겁니다."

브라이언은 잠시 끊었다가 말을 이었다.

"마지막으로 제가 항상 추구해온 최종 목표는 모든 제품개발팀, 나아가 모든 혁신팀들이 이런 접근법의 가치를 확인하고 거기에 적응하는 것입니다. 한두 가지 제품의 성공으로는 우리가 필요로 하는 변화를 만들 수 없습니다. 우리에게 필요한 것은 한두 개의 애자일팀이 아니라, 애자일 기업입니다."

처음으로 로리가 끼어들었다.

"저도 새로운 제품들이 필요하다는 말씀에는 적극 공감합니다. 하지만 우리에게 완전히 새로운 시스템이 필요한지에 대해서는 확신이 없네요. 이 프로젝트가 어떻게 진행되는지 보고 나서 그 다음에 어디로 가야 할지 이야기해봅시다."

브라이언은 자신이 약간 흥분했다는 것을 깨달았다.

"좋습니다. 사실 그렇게 하는 것이 애자일 원리에 더 잘 부합되죠. 저는 그 과정에서 일어나는 일들에 주의를 기울이고 대표님께 제가 관찰한 것들을 알려드리겠습니다. 이 첫 번째 실험의 문제는 제가 성공을 확신하고 있다는 겁니다. 우리는 대표님의 영향력을 이용해서 거의 모든 일에서 우리 뜻을 관철시킬 수도 있고, 제도적인 장애물들을 해결할 방법을 만들 수도 있을 겁니다. 저는 이런 식으로 CEO가 애자일팀을 보호하는 것이 팀의 성공 가능성을 높이는 것을 이미 목격했습니다. 문제는 그렇게 해서는 수십, 수백 개의 팀으로 늘리는 데 필요한 학습 환경이나 조직 변화를 만들어낼 수 없다는 겁니다. 애자일팀에 대한 테스트는 모든 프로토타입 테스트가 그렇듯이 다양하고 현실적인 조건을 반영해야 합니다. 우리는 기존의 시스템에 대한 가장 큰 불만 사항을 찾아내 고쳐야 합니다. 적어도 열린 마음으로 귀 기울이겠다고 약속할 수 있겠습니까?"

로리는 그리 어려운 조건이 아니라고 생각했다. 브라이언이 요구하는 것은 미래의 일이고, 어쨌든 모든 것은 첫 번째 팀의 성과에 달려 있기 때문이다. 지금 하려는 일의 위험 부담이 크긴 하지만, 적어도 시간과 범위에 제한이 있다. 미래가 어떻게 될지는 지켜볼 일이다.

"좋습니다."

그녀가 말했다. 두 사람은 악수를 나눴다.

로리의 사무실을 나선 브라이언은 노트를 꺼내 빈 페이지를 펼쳤다. 그는 거기에 제목을 달고 한 가지 항목을 적었다.

애자일 확장

- 애자일팀 vs. 애자일 기업

첫 3개월은 정말 고통스러웠다. 로리는 CEO의 모든 권한을 이용해 적임자들을 확보해야 했다. 이전에는 새로운 프로젝트를 시작하는 것이 비교적 쉬웠다. 9명의 상근 직원이 필요하다면 업무 시간의 절반을 바로 투입할 수 있는 사람 4명, 25퍼센트를 투입할 수 있는 사람 10명, 10퍼센트를 할애할 수 있는 직원 40~50명으로 팀을 구성했다. 기능부서의 리더들이 반대하는 일은 거의 없었다. 팀원을 잃지도 않을 뿐더러 프로젝트팀에 투입한 팀원을 통해 그 업무에 대해서도 파악할 수 있기 때문이었다. 하지만 이미 맡은 역할이 있는 사람들 중에서 9명의 상근 직원을 뽑아내라니! 이건 정말 미친 짓이었다. 터무니없는 일이다 보니 충돌을 피할 수 없었다.

"대신 대럴은 어떨까요? 그는 시간이 많아요."

"데이비드는 이 애자일 어쩌구 하는 일을 하고 싶어 하지 않아요. 그는 이 일이 자신의 커리어를 망칠까 겁내고 있어요."

"대니얼의 시간을 25퍼센트만 사용하면 어떨까요? 항상 그런 식으로 해왔는데요. 그는 다른 핵심 프로젝트에 깊이 관여하고 있고 그 자리를 대신할 다른 사람이 없어요. 그를 빼내가는 건 우리더러 죽으라는 거예요."

하지만 로리는 단호했다. 브라이언은 단기간에 요청한 모든 인원을 영입할 수 있었다.

브라이언은 조직 내의 슈퍼스타를 요구한 게 아니었다. 그는 평범한 사람들과 해내지 못하면, 애자일을 수십 수백 개의 팀으로 확장할 수 없다고 생각했다. 하지만 그는 팀이 제대로 자리 잡고 팀원들이 완전히 전념할 수 있게 될 때까지 일을 시작하지 않았다. 그 과정에서 그는 노트를 펴 새로운 페이지에 2개의 항목을 적었다.

구조와 인력

- 인력 부족
- 애자일 커리어 경로

마침내 팀이 자리를 잡자 브라이언은 시간을 낭비하지 않고 일에 뛰어들었다. 팀원들은 3일 내내 함께 보냈다. 그들은 애자일 사고방식과 애자일 방법에 대해 배웠다. 그들의 프로그램을 위한 비전을 만들었다. 그들은 소비자 분석 보고서를 검토했다. 그들은 해결이 필요한 고객(소매점) 및 소비자(구매자)에 대한 백로그_{back-log}(우선순위가 정해져 있으며 차례로 배열된 할 일 목록)를 개발하고, 우선순위를 정한 다음 순서대로 배열했다.

또한 그들은 2주 단위로 스프린트 리뷰를 갖기로 결정했다. 이는 2주마다 프로그램 구성요소들에 대한 작업 버전을 제시하는 것을 의미했다. 프로그램의 구성 요소들이란 뉴트리션바, 새로운 포장지, 제조 공정, 마케팅 프로그램, 영업 자료, 매대 진열, 그리고 처음부터 끝까지의 구매 및 이용 경험 같은 기타 요소들을 포함한다. 첫 스프린트 리뷰에서 그들은 두 가지 버전의 새로운 뉴트리션바를 만들기로 했다.

제품개발팀에서 온 대니얼이 앞장섰다. 그는 이 프로젝트에 관심을 보이는 한 요리사에게 연락했지만, 그는 이미 4개의 다른 프로젝트에 관여하고 있어 시간이 별로 없었다. 브라이언은 자신의 노트에서 '구조와 인력'이라는 제목이 적힌 부분을 펴고 '인력 부족'이라는 항목 아래 하위 항목을 덧붙였다.

구조와 인력
- 인력 부족
  - 셰프
- 애자일 커리어 경로

마케팅팀 출신의 알리사는 시제품에 대한 빠른 피드백을 얻기 위해 200명의 소비자로 구성된 온라인 커뮤니티를 만들려 했다. IT 부서는 이 일에 최소 9개월이 걸린다고 답했다. 브라이언은 새

로운 페이지를 열어 '프로세스와 기술'이라고 적고 두 항목을 추
가했다.

프로세스와 기술

- 모듈형 기술 구조(서비스 지향적 구조와 마이크로서비스)
- 애자일 소프트웨어 개발

그는 외부업체와 일하는 것을 좋아하지 않았지만 즉시 제3의
공급업체와 계약을 하고 온라인 커뮤니티 플랫폼을 만들었다.

다음 문제는 참스낵의 식품안전부서에서 발생했다. 그들은 최
소 10주가 걸리는 전체 항목의 표준테스트가 완료될 때까지는 아
무도 시제품을 시식할 수 없다고 했다. 브라이언으로서는 이해할
수 없는 이야기였다. 그들이 요구하는 테스트는 연방 규제기관이
이런 유형의 제품에 요구하는 기준을 훨씬 넘어서는 것이었다. 식
품안전 책임자인 에린은 과거 발생했던 몇 가지 문제를 이야기하
면서 모든 신제품에 하나의 표준화된 시스템을 적용해온 이유를
설명했다.

브라이언은 진뉴트리션의 경우 기존 제품과 비교해 달라지는
재료의 양에 따라 다르게 적용되는 네 가지 테스트와 승인 프로세
스를 개발했다는 것을 설명했다. 그는 이번 제품의 경우 새로운
재료를 도입하지도 않았고 달걀과 같이 살모넬라균을 옮길 만한
위험한 재료도 없다는 것을 지적했다. 에린은 상부에 그 아이디어

를 보고하겠다고 말했지만 위에서 마음을 바꾸어줄지에 대해서는 낙관하지 못했다. 그러는 동안 브라이언은 몇 가지 차선책을 내놓았다.

"고속 승인 프로세스를 시도해보면 어떨까요? 그리고 우리 팀원들과 동의서에 서명한 내부 직원들이 함께 샘플 테스트를 할 수는 없을까요?"

식품안전부서가 이런 조치를 합법적이라고 확인해주었고 진행을 승인했다.

브라이언은 노트를 꺼내 '프로세스와 기술' 페이지를 열어 다른 항목을 추가했다.

프로세스와 기술

- 모듈형 기술 구조(서비스 지향적 구조와 마이크로서비스)
- 애자일 소프트웨어 개발
- 비즈니스 프로세스의 애자일화

프로젝트팀은 정말 열심히 일했다. 2주 후, 팀원들은 시제품을 손에 넣었고 발표할 생각에 들떠 있었다. 그러나 스프린트 리뷰에 나타난 사람은 10명의 경영진 중 CEO인 로리와 연구개발 부문 책임자인 켈리 둘뿐이었다. 태스크포스팀의 처음 몇 차례 리뷰가 향후의 작업 계획이나 발표하는 자리였던 것을 수년간 경험한 경영진들은 그런 리뷰에 참석하는 것은 시간 낭비라고 생각했던 것이다. 하지만 이번에는 그들의 생각이 틀렸다. 이 팀은 온라인 소비자 커뮤니티에서 얻은 정보를 기반으로 하여 이미 시제품들을 만들어둔 상태였다. 시식을 해보고 영양성분표를 본 로리는 활짝 웃었다.

"3개월도 안 되는 시간에 신제품 샘플을 만난 것은 처음이에요. 대개 6개월 정도가 소요됐죠. 여러분들은 그 일은 2주 만에 해내셨네요. 분명 미흡한 부분이 있어요. 모양도 약간 이상하고, 너무 구워졌어요. 하지만 여러분들이 추구하는 방향이 무엇인지는 알겠어요."

그녀는 잠깐 말을 멈추었다가 다시 입을 뗐다.

"마음에 들어요."

팀은 열의에 불탔다. 하지만 브라이언은 이것이 시작에 불과하다는 것을 알았다. 팀원들은 첫 스프린트 리뷰를 되짚어보고 백로그의 우선순위 변화를 검토해보기 위해 모였다. 그들은 시제품 제작 역량을 강화해야겠다고 생각했다. 소비자 커뮤니티는 팀이 처음 선택했던 두 가지보다는 다섯 가지 맛을 내놓는 것이 좋겠다고 제안했다. 그 정도의 다양한 제품을 소비자 시식이 가능할 정도로 만드는 것은 실험실 주방 설비만으로는 불가능한 일이었다. 빠른 시간 안에 시제품 제조라인이 필요했다. 생산팀에서 온 데이비드는 그런 실험용 라인은 없다고 말했다. 참스낵에는 그런 것이 필요치 않았던 것이다. 그는 빠른 제품 교체가 가능하면서도 잘 사용되지 않는 소규모 생산라인을 찾았다. 하지만 25만 달러, 혹은 그 이상의 비용이 필요했다. 브라이언은 재빨리 예산 지원을 요청했다.

브라이언이 생각했던 것보다 훨씬 더 거북한 대화가 펼쳐졌다. 최고재무책임자CFO인 콜린은 실험을 좋아하지 않았다. 그는 바로 거절했다.

"브라이언, 우리는 올 한 해를 참 힘들게 보내고 있습니다. 이건 예산에 포함되지 않은 항목 아닙니까? 다음 주기의 운영계획에 포함시킬 수 있을 때까지 다른 방법을 찾아봐야 할 겁니다."

브라이언은 어이가 없었다.

"물론 이건 예산에 들어 있지 않습니다. 하지만 여기에서 나올 매출도 거기 포함되어 있지 않죠. 어쩌면 비용의 50배가 될지도 모르는 수익도요. 우린 그렇게 오래 기다릴 수 없습니다."

콜린은 꿈쩍도 하지 않았다.

"비용은 확실한 것이지만 매출이나 수익은 그렇지 않잖아요? 모두들 당신처럼 일한다면 회사가 완전히 혼란에 빠질 겁니다. 나는 주주들이나 예산을 지키려는 회사 내의 다른 사람들에게서 위임받은 책임이 있습니다."

브라이언은 비장의 카드를 꺼내들었다.

"저도 이렇게까지 하고 싶지는 않지만, 이 문제는 대표님에게 이야기해야 할 것 같네요."

콜린은 "마음대로 하세요!" 하고 쏘아붙이더니 책상 위에 있는 서류로 시선을 돌렸다. 브라이언은 나오자마자 곧바로 로리의 사무실로 향했다. 로리는 CFO의 결정을 뒤집는 일을 좋아하지 않았지만 그 프로젝트에 대한 예산조달을 약속했기 때문에 즉시 문제를 해결했다. 브라이언은 추가 예산 요청이 필요하리란 점을 알고 있었기 때문에 노트를 꺼내 빈 페이지에 이렇게 적었다.

기획과 예산조달
- 보다 빈번하고 유연한 기획과 예산편성

브라이언의 팀은 계속해서 장애물들을 돌파해나갔다. 소비자들은 제품이 보이는 투명한 포장을 선호했다. 반면 포장부서는 투명 포장이 유통기한을 줄이지 않을까 우려했다. 팀원들은 스타트업 경쟁사들이 오래전부터 투명 포장을 사용해왔다는 것을 알고 있었다. 그래서 그들은 신소재를 이용해 유통기한의 문제를 해결한 공급업체를 찾아내 공급 자격을 부여했다.

또한 소비자들은 피스타치오, 크랜베리, 코코아 등이 많이 들어간 제품을 원한다는 의견을 전해왔다. 이런 재료를 얻기 위해 새로운 공급업체를 찾아 공급 자격을 부여해야 했고, 새로운 재료는 보다 광범위한 안전 테스트를 필요로 했다. 브라이언과 팀원들은 좀 더 지연되더라도 안전 여부를 확인하는 시간은 충분히 가치가 있다는 데 동의했다. 그들은 병목 현상이 생기지 않도록 업무구조를 재조정했다.

애자일팀의 성과에 대한 소문이 점차 퍼져나갔다. 참여를 원하는 사람들의 수도 늘어났다.

두 번째 스프린트 리뷰에는 경영진 전체가 참석해 다섯 가지 새로운 시제품들을 검토했다. 하지만 브라이언이 우려했던 일이 그대로 벌어졌다. 관리 지향적인 경영진 몇몇이 문제를 일으키기 시작한 것이다. 그들은 자신들이 놓쳤던 스프린트 리뷰의 보완 세션을 요구했다. 애자일팀에 소속되어 있는 부하직원들에게 지시를 내리기 시작했다. 그들은 주요 스프린트 리뷰가 있기 전에 자신에게 미리 내용을 보고하라고 강요했다. 팀원들은 상관의 명령을 따르지 않았다가 경력에 문제가 생길까봐 걱정했다. 이 프로젝트가 끝나면 이전의 자리로 돌아가야 하기 때문이었다. 브라이언을 할 수 없이 경영진과의 자리를 마련하여 애자일 프로세스를 설명하고, 경영진의 역할은 지시를 내리는 것이 아니라 업무의 장애물을 없애는 것이라고 설명했다.

다시 한 번 로리가 브라이언의 메시지에 힘을 보탰다. 그녀의 직접적인 개입으로 대부분의 문제에 대해 일시적인 대안을 찾을 수 있었다. 브라이언은 계속해서 노트를 채워나갔다. 빈 페이지를 열어 '리더십과 문화'라는 범주를 만든 후 몇몇 항목을 추가했다.

리더십과 문화

- 신뢰와 권한 부여 vs. 지시와 통제
- 애자일팀을 운영하는 리더들

- 관리자들이 자신의 역할을 보는 관점
- 업무 장애물의 제거

다른 범주 아래의 항목들도 늘어났다. 그는 '구조와 인력' 범주에 세 가지 항목을 추가했다.

구조와 인력
- 인력 부족
  - 셰프
- 애자일 커리어 경로
- 성과관리
- 직책, 역할, 의사결정 권한
- 비즈니스 정의 및 손익 오너십

'프로세스와 기술' 범주에도 계속 항목을 추가했다.

프로세스와 기술
- 모듈형 기술 구조(서비스 지향적 구조와 마이크로서비스)
- 애자일 소프트웨어 개발
- 비즈니스 프로세스의 애자일화
- 대규모의 복잡한 프로젝트를 작은 모듈로 분할
- 모든 업무에서 고객의 니즈에 집중

세 번째 스프린트 리뷰는 애자일 프로세스의 공감대와 추진력을 만들 가능성도 있지만, 회의적인 임원들에게 프로젝트를 무산시킬 빌미를 줄 가능성도 있었다. 브라이언은 새로운 제품 리뷰를 시도해보기로 했다. 이제까지 참스낵은 제품 리뷰를 제3의 기관에 맡겨왔다. 거기에는 합리적인 이유가 있었다. 그들은 숙련된 퍼실리테이터facilitator(제품에 대한 소비자의 인식 등 정성적인 정보를 파악하기 위해 좌담회나 심층 면접 등을 계획하고 진행하는 사람)이며 완벽하게 객관적인 데다 방어적이지도 않기 때문이다. 하지만 브라이언은 팀원들이 고객들과의 친밀도를 높이기 원했다. 또 외부 기관이 리뷰에 대한 말끔한 보고서를 전달할 때까지 2~3주를 기다리고 싶지 않았다. 이런 종류의 일을 해본 팀원은 거의 없었다. 그들은 대개 경영진에게 어떤 평가를 받을지 신경을 곤두세우고 있었다.

　오늘 각 5명으로 이루어진 소비자 그룹들이 중앙의 관찰실을 둘러싼 4개의 회의실에 자리하고 있다. 10명의 경영진도 모여들었다. 몇몇은 한 그룹에 주의를 집중하고, 다른 몇몇은 여러 그룹을 돌아가며 피드백을 들었다. 그들은 소비자 의견을 어떻게 해석할지 자기들끼리 이야기를 나눴다.

　팀원의 시각에서 볼 때 그 리뷰는 성공적이었다. 일곱 가지 제품 중 네 가지가 각기 다른 소비자 그룹으로부터 큰 호응을 얻었다. 그들은 제품의 개선에 대한 좋은 제안들도 받았다. 포장, 라벨, 마케팅 메시지, 가격 설정에 대한 제안들이었다. 제품들 중 세 가지는 너무 문제가 많아 백로그의 하위로 밀려났다. 그렇다면 경영진들의 생각은 어떨까? 그것을 들을 때가 왔다.

팀원들이 중앙의 관찰실로 줄지어 들어가자 몇 명의 임원들이 박수를 쳤다. 연구개발 책임자인 켈리가 말했다.

"놀라워요. 6주 만에 이런 진전을 이뤄낸 경우는 생전 처음 봤어요."

로리는 좀 더 차분했지만 기분이 좋은 것이 분명했다. 안고 갔던 위험으로부터 보상을 받고 있는 것 같았다. 모두의 눈이 CFO인 콜린에게 향했다. 진한 회색 정장을 입은 그의 표정은 어두웠다. 그러나 작은 미소가 입술을 스쳤다.

"이 프로젝트에 대한 지원이 가능할 것 같네요."

콜린의 말은 별 5개 중 4개를 받은 것과 마찬가지였다. 이 말이 수문을 연 것 같았다. 임원들은 모든 팀원과 악수하며, 도울 일이 없는지 묻기 시작했다. 심지어 애자일 업무방식을 도입해야 할 다른 혁신 프로젝트들에 대해서도 이야기하기 시작했다. 내일이면 팀원들은 다음 스프린트 리뷰에서 더 좋은 성과를 거두기 위해 무엇을 할지 궁리하게 될 것이다. 하지만 오늘밤은 축하를 위한 시간이다. 브라이언은 잠도 좀 보충해야 한다.

애자일은 철학이자 방법론이다

참스낵, 브라이언, 그가 이끈 애자일팀은 물론 허구이다. 이 스토리는 우리가 관찰해온 수백 개의 기업과 팀의 사례를 기반으로 구성한 것이다. 하지만 이 가상 스토리는 애자일에 대한 두 가지 사실을 반영한다.

첫째, 애자일팀은 애자일 기업의 핵심이다. 애자일팀을 이해하지 못하면 경영 철학으로서의 애자일을 이해할 수 없다. 참스낵의 애자일팀을 아주 자세히 묘사한 이유가 여기에 있다.

이제부터 이 장에서는 브라이언의 팀과 같은 팀들이 어디에서 비롯되는지 검토할 것이다. 그들이 하는 일, 그들이 일하는 방법, 그리고 그런 방식으로 움직이는 이유 등을 지배하는 원리와 방식에 대해 보다 광범위하게 설명할 것이다. 스프린트, 백로그 같은 애자일 용어도 정의할 것이다.

무엇보다 애자일팀의 모습과 분위기에 대해 파악해야 한다. 애자일팀의 시작점과 활동은 모두 관료주의의 제약에서 벗어나려는 사람들의 시도를 반영하기 때문이다.

둘째, 어떤 조직이든 아주 손쉽게 몇 개의 애자일팀을 운영할 수 있다. 하지만 최종 목표가 애자일의 규모를 확장하는 것이라면 모든 조직 구성원의 사고방식과 행동방식을 바꾸는 데에서부터 시작해야 한다. 그것이 브라이언이 작성한 노트의 가치이다. 앞으로 살펴볼 것처럼, 그가 적은 도전과 장애물은 애자일을 확장하는 어떤 기업에서나 만날 수 있는 것들이다. 이것들은 이후에 우리가 살펴보게 될 문제들이기도 하다.

우리는 가장 중요하다고 생각하는 것, 즉 경영진의 행동, 기획,

예산편성, 조직구조, 인사관리, 프로세스와 기술에 초점을 맞출 것이다.

지속적 개선을 위한 방법론

애자일 방법론의 뿌리를 찾기 위해 1620년 프랜시스 베이컨Francis Bacon이 언급한 과학적 방법론으로 거슬러 올라가는 역사가들도 있다. 하지만 우리가 보기에 가장 타당한 시작점은 벨 랩스Bell Labs의 물리학자이자 통계학자인 월터 슈하트Walter Shewhart가 제품과 프로세스에 지속적인 개선 사이클(설계 - 생산 - 검사)을 적용하기 시작한 1930년대이다.

1938년 에드워즈 데밍Edwards Deming은 슈하트의 작업에 관심을 갖게 되었고, 오늘날 잘 알려진 계획 - 실행 - 확인 - 조치PDSA, Plan-Do-Study-Act 사이클로 정리해 대중화시켰다.

1986년 노나카 이쿠지로와 다케우치 히로타카는 〈하버드 비즈니스 리뷰Harvard Business Review〉에 '완전히 새로운 제품개발 게임The New New Product Development Game'[1]이라는 논문을 발표했다. 저자들은 경쟁자들보다 훨씬 빠르게 혁신을 성공시킨 제조업체들을 연구했고, 후지제록스Fuji-Xerox의 복사기, 혼다Honda의 자동차 엔진, 캐논Canon의 카메라와 같은 제품의 디자인과 개발 프로세스에 혁신을 가져온 팀 중심적 방식을 연구했다.

이들 기업은 제품개발을 하면서 전형적인 릴레이 방식을 따르지 않고 다케우치와 노나카가 '럭비 접근법'이라고 부르는 방법을 사용했다. 즉 기술 전문가들로 이루어진 한 개의 그룹이 한 단계를 완료시킨 후에 다음 기능 단계로 넘기는 기존의 방식 대신, 한 팀이 공을 이리 저리 패스하면서 끝까지 함께 달리는 접근법을 사용했던 것이다.[2]

1993년 소프트웨어 기업인 이젤Easel의 제프 서덜랜드Jeff Sutherland는 불가능해 보이는 과제에 맞닥뜨렸다. 6개월 안에 오랫동안 판매해오던 제품들을 대체할 신상품을 개발해야 했던 것이다. 서덜랜드는 이미 급속도 애플리케이션 개발RAD, Rapid Application Development, 객체지향 설계object oriented design, PDSA 사이클, 스컹크웍스skunkworks(록히드마틴의 연구개발 혁신조직) 같은 방법론에 대해 잘 알고 있었다. 그는 이젤 본사에 스컹크웍스와 비슷한 문화를 만들어 분리의 장점과 통합의 장점을 융합시키고 싶었다. 수백 개의 논문을 읽고 선도적인 제품관리 전문가들을 인터뷰한 그는 여러 도발적인 아이디어들에 흥미를 느꼈다.

그 아이디어 중 하나는 볼랜드Borland의 퀴트로 프로팀에 대한 벨 랩스의 논문에서 나온 아이디어였는데 매일의 짧은 팀 회의가 그룹의 생산성을 극적으로 올린다는 내용이었다.[3] 비슷한 조언이 다른 자료에도 있었다.

하지만 서덜랜드가 가장 깊은 인상을 받은 것은 다케우치와 노나카의 럭비 접근법이었다. 이는 비록 소프트웨어가 아닌 제조에 초점을 맞춘 것이었지만, 서덜랜드는 그 논문의 핵심 아이디어를 차용하고 구체적인 운영방식을 보충해 새로운 소프트웨어 개발 방식을 만들었다.

그는 럭비에서 영감을 얻었다는 것을 나타내기 위해 자신의 접근법에 스크럼scrum이라는 이름을 붙였다. 스크럼 방식을 통해 그는 불가능해 보였던 프로젝트를 제한된 시간과 예산에 맞추어 완료할 수 있었다. 뿐만 아니라 이전에 출시한 어떤 제품보다 버그가 적었다. 이후 그는 오랜 동료인 켄 슈와버Ken Schwaber와 손잡고 이 접근법을 체계적으로 정리했다. 1995년 두 사람은 대중에게 스크럼을 처음으로 공개했다.

물론 서덜랜드와 슈와버 외에도 혁신적인 방법을 탐색한 사람이 있었다. 우리는 눈 깜짝할 사이에 정보화 시대를 살게 되었다. 혁신적인 기술들은 뒤처진 경쟁자들을 공포에 몰아넣고 있었다. 스타트업과 기존 기업 모두가 낯설고 격변하는 환경에 적응할 방법을 모색하고 있었다. 소프트웨어는 거의 모든 사업 기능에서 필수적인 부분이 되고 있었고, 많은 창의적인 소프트웨어 개발자들은 적응력을 높여줄 더 좋은 프로그래밍 방법을 찾는 데 노력을 기울이고 있었다.

2001년 스스로를 조직적 아나키스트organizational anarchists라 칭하는 17명의 개발자들이 아이디어를 공유하기 위해 유타주의 스노우버드에서 만났다. 그 가운데에는 서덜랜드나 스크럼을 지지하는 사람들도 있었다. 또한 익스트림 프로그래밍XP, Extreme Programming 이나 크리스털Crystal, 적응형 소프트웨어 개발ASD, Adaptive Software Development, 기능 주도 개발FDD, Feature-Driven Development, 동적 시스템 개발 방법DSDM, Dynamic Systems Development Method 등 스크럼과 경쟁하는 몇몇 접근법을 옹호하는 사람들도 있었다. 이런 접근법들은 통칭하여 경량체제lightweight frameworks라 알려졌다. 급속하게 변해가는 환경에 보다 빠르게 적용하기 위해 보다 적은 수의 보다 단순한 규칙을 사용하기 때문이다.(다만 '경량'이라는 용어가 그럴듯하다고 생각하는 참석자는 많지 않았다.)

애자일의 탄생

이견이 많기는 했지만 개발자들은 결국 이러한 움직임을 칭할 새로운 이름을 정했다. 그것이 애자일이었다. 이 단어는 스티븐 골드만Steven Goldman, 로저 나겔Roger Nagel, 케니스 프리스Kenneth Preiss 의《애자일 경쟁업체와 가상 조직Agile Competitors and Virtual Organizations》을 읽은 참가자들이 제안한 것이었다.[4] 이 책은 ABB를 비롯해 페더럴 익스프레스Federal Express, 보잉Boeing, 보스Bose, 할리 데이비슨 Harley-Davidson 등의 100개 기업을 소개하며, 새로운 방식을 개발해 격동하는 시장에 적용시킨 사례로 들고 있다. 이후 참석자들은 일종의 전투 동원령 같은 합의를 도출해내고, 일명 '애자일 소프트웨어 개발을 위한 성명'이라 했다. 이 성명에서는 참석자 전원이 합의한 네 가지 가치관을 상세히 설명하고 있다. 이를테면 '포괄적인 문서화보다 작동하는 소프트웨어', '계획 고수보다 변화에 대한 대응' 등이다.

그들은 회기가 끝난 후에도 몇 개월간 이어진 회의를 통해 12

개의 운영원리를 개발했다. '우리는 가치 있는 소프트웨어를 빠르고 지속적으로 공급하여 고객을 만족시키는 것을 최우선으로 한다'라든가 '단순화, 즉 손대지 않는 일의 양을 최대화하는 기술이 핵심이다' 등의 원리가 거기에 포함된다.[5] 2001년부터 이런 가치와 원리에 부합하는 모든 개발체제는 애자일 기법으로 알려졌다.

스노우버드 회의가 애자일 혁신 강령을 공포한 후 애자일 운동은 급속히 확산되었다. 서명자들은 자신들의 문서를 온라인에 포스팅하고 다른 사람들을 초대해 지지자로 이름을 올리도록 했다. 초기 그룹의 구성원 대부분은 여러 새로운 추종자를 끌어들였고 그해 말 다시 모여 애자일 원리를 전파할 방법에 대해 논의했다. 모두가 애자일에 대해 글을 쓰고 강연하는 것에 동의했다.

시간이 지나면서 애자일은 점점 더 많이 활용되었다. 2016년 이 책의 저자 중 한 사람인 대럴 릭비는 서덜랜드, 다케우치와 함께 '애자일 도입하기Embracing Agile'라는 제목으로 〈하버드 비즈니스 리뷰〉에 기고했다.[6] 그 기고문에서 애자일 방식을 채용해 미국공영라디오는 새로운 프로그램을 만들고 있으며, 존 디어는 새로운 기계들을 개발했고, 사브는 그리펜 제트기를 생산하고 있다고 언급했다.

캘리포니아의 미션벨 와이너리Mission Bell Winery는 와인 생산을 비롯해 창고 관리, 고위 경영진의 운영에 이르는 모든 것에 애자일 방식을 사용하고 있다.[7] 매사추세츠에 기반을 두고 있는 오픈뷰 벤처 파트너스Open View Venture Partners는 포트폴리오 기업들에게 애자일 방식의 채택을 권장하고 있다.

이 책에서 소개할 사례들에서와 같이 애자일은 그 이후 더욱 확장되었다. 복잡한 족보를 놓고 애자일 실무자들 사이에 열띤 논쟁이 벌어질 때도 있지만, 이 짧은 역사에서 두 가지는 분명하다.

첫째, 애자일의 뿌리와 응용은 IT 분야를 훨씬 넘어선다는 것이다. 애자일은 조직의 여러 다른 요소들과 관련을 맺고 있기 때문이다.

둘째, 애자일은 계속해서 확산될 거라는 것이다. 애자일은 관료주의의 손아귀에서 도망치려는 사람들을 돕기 위해 개발되었다. 나아가 참스낵과 같은 기업들에게 지금 다른 어떤 것보다 필요한 것은 관료주의와 혁신 사이에서 균형을 회복하는 능력이다.

조화로운 팀 운영을 위한 기본 요건

애자일팀은 지휘 계통을 따르는 관료주의와는 다르게 움직인다. 혁신과 가장 잘 어울리는 애자일은 곧 성공적인 창의력의 적용이다. 그러한 적용을 통해 기업은 고객 솔루션이나 비즈니스 프로세스, 그리고 기술 등을 개선한다.

새로운 기회가 포착되면서 조직은 소규모의 팀을 만들고 그 팀에 권한을 부여한다. 보통 3~9명이 한 팀을 이루며 대부분은 상근직으로 근무한다. 이 팀은 여러 분야를 아우르며, 과제를 완수하는 데 필요한 모든 기술을 보유하고 있다. 애자일팀은 스스로 관리하며 일의 모든 측면에서 철저히 책임진다. 경영진은 팀원들에게 어느 영역에 집중해야 할지를 말해줄 뿐, 그 방법은 지시하지 않는다. 복잡하고 큰 문제에 부딪히면 팀은 그 문제를 모듈로 나누고, 빠른 프로토타입 산출, 촘촘한 피드백 프로세스를 통해 각 요소에 대한 해법을 개발하며, 이렇게 개발한 해법들을 완전한 솔루션 및 제품으로 통합한다.

팀원들은 기존 계획을 고수하는 것보다는 변화에 따라 유연하게 대응하는 것에 더 가치를 둔다. 그들은 단순한 성과물(코드라인이나 신제품 수 등)뿐 아니라 최종결과(성장이나 수익성, 고객충성도 등)까지 직접 책임진다. 애자일팀은 내외부에서 고객과 긴밀하게 협력한다. 고객과 가장 가까운 사람들의 손에 혁신의 책임을 맡기는 것을 가장 이상적으로 본다. 이는 통제와 승인의 단계를 줄여 업무의 속도를 높이고 팀의 사기를 끌어올린다.

애자일 접근법은 생각하는 방식과 구체적 방법론의 조합이다. 종종 열성적 지지자들 사이에서 둘 중 어느 것이 더 중요한가 논쟁이 벌어지기도 하지만 사실 이런 논쟁은 터무니없는 것이다. 머리와 심장 중 생존에 더 중요한 것은 무엇일까? 둘 중 하나라도 없으면 사람은 죽고 만다.

철학으로서의 애자일은 오로지 고객에게 초점을 맞춘다. 애자일 전문가들은 모든 업무 활동의 중심에는 고객이 있으며, 그 업무는 고객의 니즈를 가장 효과적이고 유익하게 충족시키도록 구조화되어야 한다고 믿는다. 예를 들어 재무부서는 각 사업 부문에 예산조달 서비스를 제공한다. 그러면 사업 부문은 재무부서의 업무에 대한 만족도를 피드백으로 전달해야 한다. 이처럼 애자일 팀의 백로그는 완성할 과제가 아닌 고객 니즈를 기반으로 만들어진다.

애자일의 사고방식에서 볼 때 처리 중인 작업, 즉 작업 중 버전WIP은 혐오 대상이다. 작업 중 버전은 아무런 효용 없이 일을 묶어둔다. 그 상태가 길어질수록 비용은 늘어난다. 그러는 동안 고객 니즈는 변화하고, 경쟁자들은 혁신을 이루며, 작업 중 버전은 시대에 뒤처지고 만다. 따라서 애자일은 시간이 제한된(1개월 이내) 업무 사이클, 즉 스프린트 내에서 생산해내는 작은 작업 단위를 선호한다.

일부 회의주의자들은 애자일 실무자들이 팀원들에게 일을 더 많이 시키기 위해서 짧은 스프린트를 운영한다고 생각하는데 이는 사실이 아니다. 그들은 실제 고객들로부터 빠른 피드백을 유도하기 위해 짧은 스프린트를 운영한다. 스프린트가 짧기 때문에 애자일팀은 테스트할 가치가 있는 제품을 빨리 만들 방법을 궁리해야 한다. 또한 그 덕분에 팀원들은 길고 느린 프로세스와 빠른 프로세스의 동시 진행을 보다 쉽게 이뤄낼 수 있다.

팀의 프로덕트오너는 고객들(내부 고객과 미래 사용자까지 포함한)과 회사에 제품의 가치를 전달할 최종 책임을 진다. 대개 기능부서 출신인 이들은 팀원들과 작업을 수행하는 동시에 고객이나 경영진, 관련 부서 등의 핵심 이해관계자들과의 조정도 담당한다. 프로덕트오너는 디자인씽킹design thinking이나 크라우드소싱crowdsourc-ing 같은 기법을 사용해서 유망한 기회들에 대한 포괄적인 포트폴리오 백로그를 만든다. 이후 프로덕트오너는 내외부 고객과 회사에 기여할 가치의 최신 추정치에 따라 끊임없이 일의 우선순위를 정한다.

프로덕트오너는 팀원들에게 작업 분담이나 과제 수행 시간에 대해 이야기하지 않는다. 팀원들은 스스로 간단한 로드맵을 만들고, 실행할 때까지 바뀌지 않을 업무에 대해서만 상세히 계획한다. 팀원들은 최우선순위에 오른 과제들을 작은 모듈로 나누고, 자신들이 맡을 일의 양과 달성할 방법을 정한 뒤, 무엇을 완수라고 볼지 명확히 규정하고, 스프린트에 내놓은 제품의 작동 버전을 만들기 시작한다. 퍼실리테이터(보통은 숙련된 스크럼 마스터)가 프로세스를 리드한다. 그의 역할은 팀이 산만해지지 않게 보호하고 팀이 집단지성을 일에 쏟아넣도록 돕는 것이다.

프로세스는 전적으로 투명하게 진행된다. 팀원들은 매일 짧은 업무 조정 회의를 통해 진척 상황을 점검하고 장애물을 확인한다. 그들은 끝없이 논쟁하거나 권위에 호소하는 대신 실험과 피드백을 통해서 의견 충돌을 해결한다. 그들은 짧은 기간 동안 제품 전체나 일부가 작동하는 시제품을 놓고 몇몇 고객과 함께 소규모 테스트를 한다. 고객들의 반응이 좋으면 시제품을 당장 출시하는 경우도 있다. 일부 경영진들이 큰 호의를 보이지 않거나 다른 부가 기능이 필요하다고 생각하는 것은 중요하지 않다. 그런 다음 애자일팀은 향후 사이클의 개선 방안에 대해 브레인스토밍하고 차순위 우선 과제를 공략할 준비를 한다.

애자일은 전형적인 경영 방법론에 비해 장점이 많다. 이미 이에 대한 연구가 진행되었고 효과가 확인되었다. 애자일은 팀의 생산성과 직원의 만족도를 높인다. 애자일은 쓸데없는 회의, 반복적인 기획, 과다한 문서화, 품질 결함, 가치가 낮은 제품 기능 등에 내재되어 있는 낭비를 최소화한다.

애자일은 가시성을 높이고 고객들의 우선순위 변화에 지속적으로 적응한다. 그것을 통해 고객의 충성도와 만족도를 높이며, 가장 가치 있는 제품과 기능을 보다 빠르고 기대에 가깝게 시장에 내놓고, 또한 위험을 최소화한다. 애자일은 다양한 분야의 팀원들로 팀을 구성하기 때문에 팀원들은 조직 경험을 확대하고 상호 신뢰와 존중의 마음을 키운다.

마지막으로 애자일은 기능적 프로젝트의 상세한 관리에 낭비되는 시간을 극적으로 줄여서 경영진들이 그들만 할 수 있는 좀 더 가치 있는 일에 역량을 온전히 쏟아부을 수 있게 한다. 그것은 바로 기업의 비전을 만들고 조정하는 일, 전략 이니셔티브의 우선순위를 정하는 일, 업무를 간소화하고 집중하게 하는 일, 프로젝트에 적임자를 배치하는 일, 역할을 넘나드는 협력을 확대하는 일, 업무의 장애물을 제거하는 일 등이다.

애자일 실무자는 혁신적인 해법을 예측하고 지시하고 통제하는 관리자의 능력에 대해 유난히 회의적이다. 특히 무엇을 전달해야 할지, 어떻게 전달해야 할지 모호한 상황에서는 더 그렇다. 사고 실험을 해보자. 당신이 미네소타에서 플로리다까지 달리는 자율주행차를 설계하는 임무를 맡았다고 하자. 당신에게는 두 가지 옵션이 있다.

첫 번째는 차량과 관련된 의사결정모델을 개발하는 것이다. 미네소타에서 플로리다 사이에 있는 도로의 모든 세부 조건을 연구해서 모든 갈림길, 신호 변화, 길을 건너는 행인이나 사슴, 교통사고, 날씨를 예측한다. 시운전 중에 자동차 사고가 일어나면(불가피한 일), 더 열심히 일해서 예측 기술을 개선하라는 지시가 내려올 것이다. 하지만 더 열심히 일해서 문제를 해결할 가능성은 매우 낮다. 자동차가 정해진 공간 안에서만 운행한다면 예측 – 계획 모델이 효과적일 수도 있겠지만, 현실에서는 짧은 순간에도 상황이 매우 복잡해질 수 있기 때문이다.

두 번째 접근법은 자동차가 변화하는 조건에 적응하도록 프로그래밍하는 것이다. 우선 누군가가 미네소타에서 플로리다로 가고 싶어 하는 이유를 정하는 것으로 시작한다. 허리케인 때문에 플로리다가 매우 위험하다면, 캘리포니아로 경로를 재설정하는 것을 고려한다. 그러려면 발생 가능한 상황들을 도출해보고, 그런 상황들을 측정할 방법을 개발하고, 상황을 추적할 감지기들을 만들고, 그런 상황을 적절히 처리할 대응 방법까지 포함시킨다. 기상청, 교통 감시 시스템, 다른 운전자들로부터 데이터를 수집한다.

당신 자동차의 수신장치에 그 데이터를 제공한다. '나는 지금 이 교차로에 접근하고 있다. 신호에서 반드시 정차해야 한다.' 이처럼 피드백 시스템이 충분히 짧고 민감하다면, 계획 변경은 갑작스럽거나 거슬리는 것 없이 매끄럽고 편안하게 수행될 것이다. 당신이 배우게 될 애자일이란 이런 것이다.

1. 애자일팀은 애자일 접근법의 핵심이다. 경영진이 애자일팀이 어떻게 운영되는지 이해하지 못하면, 애자일을 기업 전체로 확장시키기 어렵다.

2. 애자일팀은 어떤 혁신 활동이 가장 중요한지, 적응하려면 어떻게 하는 것이 최선인지 결정할 때 경영진의 직감보다 고객 피드백을 우선순위에 놓고 생각한다.

3. 애자일팀은 사람들을 더 열심히, 더 빨리 일하게 하기 위해 스프린트를 사용하는 것이 아니다. 그들은 내외부의 실제 고객들이 진정으로 가치를 두는 것들에 대한 피드백을 보다 빠르게 얻기 위해 스프린트를 사용한다.

4. 기존 대기업 관리자들은 애자일 실험을 통한 성과가 3배쯤 거둬져 고객과 직원, 그리고 주주들까지 만족한다는 것이 확인될 때까지는 통제를 포기하지 않을 것이다.

5. 무엇을 전달해야 할지, 어떻게 전달해야 할지 모호하고 예측 불가능한 상황에서 혁신을 예측하고 지시하고 통제하려 하는 것은 무모한 일이다.

2장

애자일 기업을
향한 확장

SCALING
AGILE

사브의 항공사업 부문은 엄청나게 복잡하게 구성된 4,300만 달러짜리 제품인 그리펜 전투기 생산한다. 100개가 넘는 애자일팀이 이 전투기의 소프트웨어와 하드웨어, 그리고 기체 전반에 걸쳐 운영되고 있다. 오전 7시 30분, 각각의 현장 팀은 당일 업무의 장애물을 확인하기 위해 15분간 회의를 갖는다. 확인된 장애물 중 일부는 해당 팀에서 해결할 수 없는 것들이다. 7시 45분, 조정이 필요한 장애물은 상위 팀으로 올라간다. 거기에서 리더들은 사안을 해결하거나 다시 상위 미팅으로 올려보낸다. 이런 과정을 거쳐 오전 8시 45분이 되면 경영진의 대응팀은 그날 업무의 계속적인 진행을 위해 반드시 해결해야 할 중요 사안 목록을 갖게 된다. 사브 항공사업 부문은 3주 간격으로 열리는 통상적인 스프린트, 실시간 문서 living document(편집과 업데이트가 계속되는 문서) 형식의 프로젝트 기본 계획, 전통적인 조직에서는 서로 이질적이던 부문의 통합 배치(비행테스트 조종사와 시뮬레이터를 개발팀에 소속시키는 것과 같은 방식으로) 등을 통해 팀들을 운영한다. 이 모든 방식을 통해 생산되는 제품인 그리펜은 세계에서 가장 비용 효율이 높은 전투기로 인정받고 있다.

기업용 소프트웨어 기업인 SAP SE는 10년 전부터 애자일 프로세스를 시작한 초창기 애자일 확장 기업이다. 이 회사의 리더들은 처음으로 소프트웨어 개발 부문에서 애자일 확장을 했다. 소프트웨어 개발 부문은 대단히 고객 중심적인 영역이어서 애자일 접근법의 테스트와 개선이 가능했다. 그들은 소규모 컨설팅 그룹을 만들어 새로운 업무방식을 훈련하고 코칭하고 정착시켰고, 모두가 팀의 개선을 볼 수 있도록 성과를 모니터링하기 위한 시스템을 만들었다. 당시 이 그룹의 컨설팅 매니저였던 세바스찬 와그너 Sebastian Wagner는 "애자일을 통해 인상적인 생산성 향상의 구체적인 사례를 보여줌으로써 더 많은 조직의 관심을 받게 되었다"고 말했다.[1] 그 후 2년 동안 SAP SE는 개발 조직의 80퍼센트가 넘는 범위까지 애자일을 확장해 2,000개 이상의 팀을 만들었다. 영업과 마케팅 부문의 사람들도 보조를 맞추려면 적응이 필요했기 때문에 뒤를 따랐다. 일단 프론트엔드 front-end의 움직임이 빨라지자, 백엔드 back-end도 변화할 차례가 왔다. 따라서 SAP는 내부 IT 시스템에서 작업하는 그룹도 애자일로 전환했다.

USAA는 수백 개의 애자일팀을 운영 중이며 지금도 계속 추가할 계획을 갖고 있다. 미국 군인들을 대상으로 하는 금융서비스업체인 이 회사는 애자일팀의 활동을 사업 부문과 제품라인의 책임자들에게 연결시켰다. 손익의 특정 부분을 책임지는 관리자들에게 크로스펑셔널팀이 결과에 어떻게 영향을 미칠지 알려주기 위해서이다. 이 회사의 임원들은 조직의 총괄매니저로 사업 성과에 대해 전적으로 책임을 진다. 하지만 이 리더들은 다양한 기능을 넘나드는 구성원으로 조직된 크로스펑셔널팀을 통해 대부분의 일을 완수한다. 또한 고객경험책임자experience owner들이 보유한 기술과 디지털 관련 인력을 전적으로 신뢰한다. 여기서의 목표는 사업 부문의 리더들이 필요한 자원을 모두 확보하여 그들이 약속한 성과를 달성하도록 하는 것이다.

지난 10년 동안 애자일팀에 대해 경험하거나 들어본 리더들은 인상적인 질문들을 던지기 시작했다. 조직 전체에 수십, 수백, 심지어는 수천 개의 애자일팀을 출범시키면 어떻게 될까? 모든 사업 영역이 이런 업무방식을 학습할 수 있을까? 애자일이 개별 팀의 실적을 개선하는 것만큼 기업 실적이 개선되리라 기대할 수 있을까? 3M, 아마존, 보쉬, 델, 페이스북Facebook, 구글, 하이얼, ING, 레고Lego, 마이크로소프트Microsoft, 넷플릭스, 페이팔PayPal, 스코틀랜드왕립은행Royal Bank of Scotland, 라이엇게임즈Riot Games, 세일즈포스Salesforce, 스포티파이, 타겟Target 등 다양한 기업들이 애자일팀의 규모와 범위를 늘려왔다. 우리는 이런 많은 기업들과 함께 일하고, 그들에 대해 연구해왔다. 그들 대부분이 인상적인 결과를 보였지만 각각의 기업마다 접근법과 결과, 애자일 확장에 대한 정의에는 큰 차이가 있다.

무엇이 진정한 확장인가?

애자일 확장은 간단히 정의해 애자일팀을 더 많이 추가하는 것이다. 50개, 100개 또는 그 이상으로 늘린다든가, 애자일의 범위를 넓혀서 팀이 조직의 여러 다른 부분에서 기능하도록 하는 것이다. 여러 애자일팀을 아우르는 상위 팀을 이용하는 방법을 배워 대단히 큰 프로젝트를 다루는 것도 있다. 우리는 이런 확장 유형의 다양한 사례들을 지켜보았으며 확장된 애자일에 대한 대부분의 논평은 이를 중심으로 한다. 우리는 이를 '확장 가능한 애자일agile at scale'이라고 하며 지금까지의 전형적인 대규모 조직의 경험이 여기에 해당한다.

그러나 달리 정의할 수도 있다. 대부분의 기업이 곧 접하게 될 애자일 확장의 다른 정의를 우리는 '애자일 기업agile enterprise 창조'라 부른다. 어떤 면에서는 애자일 기업이야말로 이 책이 말하고자 하는 것이다. 확장 가능한 애자일은 애자일팀의 성과 개선에 집중하면서 관료주의가 혁신 활동과 공존하는 것을 허용한다. 반면 애자일 기업은 애자일 비즈니스 시스템을 만드는 데 초점을 맞춘다.

애자일 비즈니스 시스템은 관료주의와 혁신 활동을 협력하는 공생적 파트너로 탈바꿈시켜 성과를 달성한다. 다음 장에서부터 애자일 기업을 만드는 데 필요한 행동, 프로세스, 운영의 많은 변화와 함께 그것을 어디까지 얼마나 빠르게 진행할 것인가 하는 문제를 상세히 다룰 것이다. 우리는 IT의 변화, 예산편성 프로세스의 변화, 기업의 인재관리와 보상체계 개편 등의 모든 문제를 다룰 것이다. 그를 위해 이제부터는 애자일 기업 창출에 관련된 것들을 개괄적으로 살펴보고, 그 이전 단계인 확장 가능한 애자일의 시행과 비교한다. 또한 왜 기업들이 그처럼 진취적이면서도 위험한 여정에 나서려 하는지도 알아볼 것이다.

확장 가능한 애자일

확장 가능한 애자일을 추구하는 기업은 사업에 대한 근본적인 접근법을 관료주의로 유지할 가능성이 높다. 대개 이런 기업이 만족시키고자 하는 고객은 주주이다. 주된 목표는 재무성과를 개선하기 위한 애자일팀을 만드는 것이다. 프로그램의 수익성을 보장하기 위해, 경영진은 해고를 비롯한 비용 절감 조치와 애자일팀에 대한 지원을 상호 연결지을 것이다. 이전에 여러 변환 이니셔티브를 태스크포스가 주도한 것처럼, 이러한 변화는 보통 경영관리 부서가 주도한다. 경영관리 부서는 사람들의 행동방식을 바꾼다. 애자일팀을 설치하고 지지자들을 승진시킨다. 반면 변환에 적극적으로 저항하는 사람들은 승진에서 제외하거나 해고한다. 일반적으로 임원진은 애자일팀이 계획과 예산에서 벗어나지 않게 할 책임을 진다. 몇 년 후 애자일팀들이 늘어나면 그들은 상당히 효과적으로 서로 협력할 것이다. 하지만 그들은 여전히 획일화된 관리와 운영, 지원, 통제가 주를 이루는 관료주의 시스템 안에서 수십 년 동안 해온 방식 그대로 움직이고 있을 것이다.

앞서 우리는 이런 관행을 피해야 할 함정이라 규정했다. 사실 진정한 애자일 기업을 만들려 한다면 그런 관행들은 매우 위험한 함정이 된다. 하지만 확장 가능한 애자일이 항상 끔찍한 결과를 낳는 것은 아니다. 어떤 기업에게는 확장 가능한 애자일이 올바른 선택이 될 수도 있다. 10여 개의 애자일팀을 추가하는 정도라면 전통적인 관리 프로세스 내에서 운영이 가능하며, 대부분의 장애물을 돌파하는 창의적인 대안이 될 수 있다. 수십 개 애자일팀의 작업 정도는 경영진이 팀의 성과나 사기를 해치지 않고도 조절할 수 있다. 애자일팀은 거의 언제나 이전 방식의 프로젝트팀보다 나은 성과를 내기 때문에 팀의 성과는 보통 향상된다.

그럼에도 이런 접근법에는 심각한 위험성이 분명히 있다. 시간이 흐르면서 애자일팀이 아닌 구성원의 불만이 커질 수 있기 때문이다. 그들은 애자일팀이 인재를 빼앗아가고, 자신들의 조직에 사용될 예산을 빼돌리고, 예산편성 절차를 무시하고, 좋은 경영 관행을 위태롭게 만들며, 전반적으로 회사를 위험에 빠뜨린다고 느낄 수 있다. 이러한 불화가 생기면 조직은 애자일의 이점을 포기하고 과거 관습적으로 해오던 업무방식으로 후퇴하게 된다. 기회

비용의 문제도 있다. 확장 가능한 애자일로 스스로를 제한시킨 기업은 애자일 기업을 창출했을 때 얻게 될 잠재적 이익을 포기하는 것이다.

게다가 가장 어려운 문제는 따로 있다. 애자일팀이 그 어느 때보다 빠르고 나은 혁신적 방안을 개발한다 해도, 리더들은 회사의 전반적인 혁신 속도가 개선되고 있지 않다고 여길 수 있다는 점이다. 이 문제를 조사하면 유동효율flow efficiency의 개념을 알게 된다.

애자일팀이 혁신적 성과를 내기까지 걸리는 시간을 결정하는 요인은 두 가지다. 바로 혁신 작업에 필요한 시간과 기다리는 데 소요되는 시간이다.

기다리는 시간에는 계획 수립 스케줄, 의사결정 프로세스, 예산 편성과 자금조달 사이클, 소프트웨어 출시 스케줄, 법적 제약, 인력 배치 프로세스 등의 수십 가지 요인처럼 운영 프로세스에서 빚어지는 지연이 포함된다. 회사의 유동효율은 작업 시간을 작업 시간과 대기 시간의 합으로 나누어 계산한다.([도표 2-1] 참조) 실증적 데이터에 따르면 대부분 기업의 유동효율은 15~20퍼센트 이하이다. 따라서 애자일 작업의 속도가 5분의 1 정도로 개선된다 해도, 기업 전반의 혁신 속도는 3~4퍼센트 개선되는 데 그친다. 거의 눈에 띄지 않는 차이라는 뜻이다. 게다가 기업들이 비즈니스 프로세스의 재설계 없이 애자일팀에 공급하는 운영 인력이나 지원 인력을 해고하게 되면 더 적은 수의 사람들이 같은 양의 일을 맡게 된다. 결국 낮은 속도, 긴 대기 시간, 더 많은 작업이란 결과

도표 2-1 기업의 유동 효율

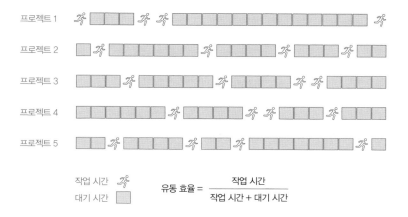

출처: 대니얼 바칸티Daniel Vacanti, 『예측 가능성을 위한 실행 가능 애자일 메트릭스』의 저자.
데이비드 앤더슨David Anderson, 『칸반 성숙 모델』의 공저자.

를 낳는다.

설상가상으로 가동률을 높이고 비용을 줄이는 데 목표를 둔 관리자들은 대기 중인 직원들에게 추가 프로젝트 업무를 할당한다. 이는 멀티태스킹으로 이어져서 전환 비용을 높이고, 생산성을 낮추고, 대기 시간을 늘리고, 개발 사이클을 늦춘다. 결국 혁신의 속도는 오히려 떨어진다.

이를 잘 보여주는 현실 사례가 있다. 우리가 조사한 한 대형 금융서비스업체는 애자일 방법을 이용해서 차세대 모바일앱을 만드는 파일럿 프로젝트를 시작했다. 물론 첫 단계는 팀을 꾸리는 것이었다. 그러자면 프로젝트 승인과 예산조달을 위한 예산요청이 필요했다. 그 예산요청 서류는 다음 회계연도 계획 프로세스에서 승인을 다투는 수많은 제안서 사이에 끼어들어갔다. 몇 개월에 걸친 검토 후에 회사는 최종적으로 예산조달을 승인했다. 이 파일럿 프로젝트는 효과적인 앱을 만들어 고객들의 큰 호응을 얻었고, 팀원들도 작업을 자랑스러워했다. 하지만 이 앱은 출시 전에 전형적인 워터폴 프로세스waterfall process(문서화, 기능성, 효율성, 표준화를 위해 컴퓨터 코드를 테스트하는 지연 상황) 안에서 취약성 테스트를 거쳐야 했는데, 이 프로세스를 기다리는 대기 프로젝트가 매우 많았다. 그후에는 또 핵심 IT 시스템에 통합되어야 했는데, 여기에는 6~9개월의 정체가 예상되는 또 다른 워터폴 프로세스가 기다리고 있었다. 결국 출시까지의 시간에는 별 차이가 없었다.

이런 심각한 문제들은 어떻게 다루어야 할까? 그것을 해결하는 것이 애자일 기업의 목적이다.

애자일 기업의 창조

애자일 기업은 단순한 팀의 집합체가 아니다. 애자일 기업이란 첫째, 기업을 견실하고 효율적으로 운영하고, 둘째, 예측 불가능한 기회들을 활용하도록 기업을 변환하고, 셋째, 두 가지 활동의 조화를 찾기 위해 애자일 방법을 사용하는 균형 잡힌 운영모델이다. 따라서 그런 애자일 기업을 만들려 한다면 남다른 사고방식으로 확장 프로세스에 접근해야 한다. 애자일팀들을 조직 내 다른 팀들과 라이벌처럼 분리할 필요가 없다. 또 모든 직원을 애자일팀에 넣으려고 노력할 필요도 없다. 애자일 혁신팀들이 애자일 기업의 필수 요소이기는 하지만, 직원의 10~50퍼센트만 참여해도 충분하다. 애자일 시스템 내 대부분의 작업과 사람들은 운영, 지원, 기능 관리 등 기업 경영에 집중하면 된다.

사실 애자일 기업의 리더들은 확장 프로세스 자체를 애자일 이니셔티브, 그중에서도 가장 중요한 것으로 생각한다. 경영진은 하나의 애자일팀이 되어 애자일 확장을 관리한다. 그들은 확장을 예상 가능한 종료 지점이나 정해진 완료일이 있는 프로젝트가 아니라 지속적으로 개선할 제품으로 생각한다. 직원을 부하직원이나 변화에 저항하는 사람으로 보지 않고 고객으로 본다. 성공하려면 그 고객들의 참여와 피드백이 반드시 필요하다. 경영진은 고객의 경험을 개선하여 만족감을 높이기 위해 일의 우선순위를 정하고 기회를 배열한다. 리더들은 문제를 해결하거나 장애물을 제거하는 일을 부하직원에게 위임하지 않고 직접 처리한다.

40만 명이 넘는 직원들과 60여 개국에 사업체들을 보유하고 있는 세계적인 기술 및 서비스 공급업체 보쉬는 바로 이런 접근법을 적용하고 있다. 리더들은 급변하는 글로벌화 환경에서 전통적인 하향식 경영은 더 이상 통하지 않는다는 것을 인식하기 시작했다. 이후 보쉬는 애자일 방식을 채택한 선도업체가 되었다. 하지만 여러 다른 비즈니스 영역에는 각기 다른 접근법이 필요해 보였다. 애자일을 확장하려는 보쉬의 첫 시도는 의도치 않게 사내 문화의 분열로 이어졌다. 새로운 유망 사업은 애자일팀으로 운영되었지만, 전통적인 기능부서들은 제대로 활동하지 못하게 되어 전사적 변환이라는 목표가 위태로워진 것이다. 2015년 CEO 폴크마 덴너Volkmar Denner가 이끄는 이사회는 애자일팀에 보다 통합적인 접근법을 적용하기로 결정했다. 이사회는 운영위원회의 역할을 했고, 소프트웨어 엔지니어에서 애자일 전문가로 변신한 펠릭스 히에로니미Felix Hieronymi가 이 조직을 이끌었다.

처음에 히에로니미는 보쉬가 대부분의 프로젝트를 관리해온 방식대로 이 과제를 다룰 생각이었다. 즉 목표와 예정 기한을 정하고 이사회에 정기 진척도 보고서를 제출하는 과정을 거치려 한 것이다. 하지만 그런 접근법은 애자일 원칙과 부합되지 않았고, 임직원들은 중앙 부서에서 조직한 또 다른 프로그램에 대해 매우 회의적이었다. 때문에 팀은 방침을 바꾸었다. 히에로니미는 우리에게 이렇게 말했다.

"운영위원회를 실무위원회로 바꿨더니 토론에서 상호작용이 훨씬 더 많아졌습니다."

팀은 정기적으로 업데이트되는 우선순위 업무의 백로그를 모아 순위를 정했다. 민첩성을 높이는 데 장애가 되는 것들을 회사 전반에서 꾸준히 제거해갔다. 구성원들은 각 사업 부문의 리더들을 대화로 끌어들였다. 히에로니미는 이렇게 말했다.

"전략은 연간 프로젝트에서 지속적인 프로세스로 진화했습니다. 이사회 멤버들은 소규모 애자일팀으로 나뉘어 다양한 접근법

을 테스트하며(일부는 프로덕트오너나 애자일 마스터AM, agile master와 함께)
난해한 문제를 해결하거나 핵심적인 주제들을 연구했습니다. 한
그룹은 2016년에 10개의 새로운 리더십 원칙 초안을 만들어 발
표했습니다. 그들은 속도와 효율성 향상을 통해 얻는 만족감을 직
접 경험했습니다. 책으로는 얻을 수 없는 경험이죠."

현재 보쉬에서는 전통적 방식으로 조직된 사업 부문과 애자일
팀이 함께 업무를 수행하고 있다. 이들은 거의 모든 영역에서 애
자일 사고방식을 채택하고 있다. 그렇게 하는 것이 보다 효과적으
로 협력하고, 갈수록 역동적인 시장에 보다 빠르게 적응할 수 있
기 때문이다.(보쉬에 대해서는 이후에 더 자세히 살펴볼 것이다.)

애자일 기업의 구축은 관료주의에서 완전히 손을 뗀다는 것을
의미하지 않는다. 누구든 애자일 기업 창조를 고려 중이라면 스콧
피츠제럴드Scott Fitzgerald가 말한 최고 수준의 지성 테스트를 통과해
야 한다. 그는 "최고 수준의 지성을 판단하는 기준은 동시에 상반
된 생각을 하면서도 흔들리지 않는 능력이다"라고 말했다.[2] 실제
로 조직은 그런 지성을 갖추어야 한다.

한편으로 애자일 기업은 모든 곳에서 혁신을 추구하는 애자일
팀을 필요로 한다. 여기서 혁신은 단순히 참스낵의 새로운 뉴트리
션바 제품라인 같은 신상품의 도입을 의미하지 않는다. 기업에 필
요한 것은 비즈니스 프로세스, 기술, 인적자원, 심지어는 재무까지
도 혁신하는 것이다. 애자일팀은 공급망 프로세스, 인사정책, 고객
서비스 정책도 진지하게 검토한다.

도표 2-2 **사업의 음양 조화**

간단히 말해 애자일 기업은 크로스평셔널팀이다. 애자일 기업의 리더들은 사업을 견실하면서도 효과적으로 운영해야 하며, 예측 불가능한 기회들을 활용하는 기업으로 변화시켜야 한다. 그리고 이 두 활동을 잘 조화시켜야 한다.

이런 견해는 음양陰陽이라는 중국의 이원론과 일치한다. 운영과 혁신은 성공을 위해 서로를 필요로 하는 상호보완적이며 상호의존적인 활동이다. 견제, 점검, 균형은 결함이 아닌 건전한 운영체제의 특징이다.([도표 2-2]) 이 책 전체에 걸쳐 균형을 강조하는 것도 그 때문이다.

물론 적절한 균형이란 업계, 회사, 사업 내의 활동에 따라 다르다 로봇공학 분야의 혁신을 위한 연구개발 활동을 관리하는 경우는 탄광 산업 분야의 공급망을 관리하는 경우보다 훨씬 더 많은 혁신을 필요로 할 것이다.

애자일팀으로 비전과 전략 수립하기

애자일 기업을 지향하는 리더들은 미래에 대한 비전이 억압적인 관료주의 사고방식을 타개할 도구가 된다는 것을 알고 있다. 또 애자일팀이 적절한 이니셔티브에 집중하려면 효과적인 전략과 그에 따르는 전제조건이 반드시 필요하다는 것도 알고 있다. 하지만 그들은 미래의 예측이 틀리기 쉽다는 것도 알고 있고, 얼마나 멀리 혹은 얼마나 빠르게 나아갈지에 대한 확신도 없다.(3장은 이 주제를 보다 자세히 다룬다.)

그렇다면 비전과 전략 중 하나 이상에 결함이 있을 때 리더들은 어떻게 효과적으로 비전과 전략을 개발하고 모두를 납득시킬 수 있을까? 안타깝게도 대부분의 리더는 그런 단점을 인식하거나 인정하지 않는 방법을 택한다. 하지만 대체될 후임 리더들은 변화에 돌입하자마자 그 단점들을 기꺼이 지적할 것이다.

보다 나은 방법은 애자일팀처럼 생각하고 그들의 방식으로 비전을 만드는 것이다. 이 프로세스는 모든 애자일팀의 유일한 존재 이유, 즉 목표를 향해 나아가는 고객을 도와 실적을 개선하는 것에서 출발한다.

애자일팀은 보통 이런 고객의 목표를 유저 스토리의 형태로 표현한다. 가장 단순한 유저 스토리는 [도표 2-3]과 비슷하며, 보다 정교한 유저 스토리는 [도표 2-4]와 같다.

도표 2-3 간단한 유저 스토리

_____ 고객으로서
(어떤 유형의)

나는 _____ 원한다.
(어떤 해결책과 경험을)

이를 통해 _____ 을 얻고자 한다.
(어떠한 목표 또는 감성적 이익)

도표 2-4 좀 더 정교한 유저 스토리

_____ 고객으로서
(어떤 유형의)

_____ 달성하기 위해
(어떠한 목적을)

_____ 을 거치는 동안
(고객 여정의 어떤 구체적 상황)

나는 _____ 로 인해 불만을 느끼며
(어떤 문제와 장애물)

대개 _____ 으로 대처한다.
(불만족스러운 대안)

나는 _____ 을 위해
(어떠한 기능적·정서적 이득)

_____ 을 바란다.
(희망하는 경험과 품질)

당신이 문제를 해결한다면 나는 _____ 을 포기할 것이다.
(경쟁적 대안)

하지만 나는 _____ 을 놓치게 될까 염려가 되고
(대안의 이득)

당신의 해법이 _____ 을 초래하지 않을까 걱정스럽다.
(채택에 따른 위험과 불안)

적절한 유저 스토리가 정해지면 최종 소비자, 운영 직원, 혁신 직원, 금융투자자, 외부 커뮤니티 등 애자일 기업의 다양한 고객의 눈을 통해 세상을 탐색한다. 여기에 반드시 균형을 지켜야 할 점이 또 하나 있다. 지난 수십 년간 기업은 단기 재무실적에 너무 큰 비중을 두어왔다.(많은 경영진이 총주주수익률의 25퍼센트 안에 들겠다는 생각으로 기획을 하지만 그들의 75퍼센트는 목표 달성에 실패한다.) 그러다 보니 애자일 전문가라는 사람들이 재무실적은 관료주의와 함께 쓰레기통에 던져버리고 고객 만족에만 집중하라고 권고하는 일이 유행처럼 번졌다. 뉴스거리가 될 만한 이야기이다. 제품을 공짜로 나눠주고 가게 문을 닫을 게 아니라면 재무실적을 포기해서는 안 된다. 고객 만족과 다른 목표들의 균형을 찾아야 한다.

그 첫 단계는 효과적으로 고객 솔루션들의 균형을 찾고 통합시켜 지속가능한 기업을 구축할 전략적인 가설을 세우는 것이다. 다음 단계는 겸손함을 보여주는 것이다. 즉 전략적 가설의 몇몇 부분에 조정이 필요하다는 것을 인정해야 한다. 과장된 몸짓을 하며 "이것이 효과가 있을지는 전혀 알지 못합니다. 하지만 효과가 있다면 굉장할 것이라고 확신합니다!"라고 단언하는 것으로는 충분치 않다. 리더들은 이러한 전략이 가져올 이득에 대해 설명하고, 전략의 성공을 위해 필요한 가정을 도출해야 한다. 그런 다음 가정을 테스트하고 그 과정에 따라 적응해가면서 비전을 향해 조직을 움직여갈 활동들을 추려, 우선순위에 따라 배열된 업무 목록을 만들어야 한다. 이 업무 목록을 우리는 백로그라 부른다. 백로그는 팀의 분류체계와 함께 만들어진다.

세밀하고 적확한 팀 분류체계

애자일팀이 앞으로 수행할 작업의 백로그를 작성하듯이, 애자일을 성공적으로 확장하는 기업은 보통 확장에 필요한 기업 차원의 백로그와 팀의 분류체계를 만들면서 시작한다. 분류체계를 통해 핵심 고객 솔루션과 그것을 지원할 비즈니스 프로세스 및 기술을 확인한다. 이후 상호의존성을 고려하여 팀을 어디에 배치할지, 어떻게 조정하거나 통합할지 결정한다. 우선 내외부 고객의 설정, 행동, 만족도에 큰 영향을 미치는 모든 경험을 확인한다. 보통은 10여 개 정도의 주요 경험으로 나눈다. 예를 들어 소매업체 고객의 주요 경험 중 하나는 물품의 구매와 지불이다. 이는 보다 구체적인 수십 개의 경험으로 나뉜다.(고객은 지불 방법, 쿠폰 사용, 포인트 사용, 결제 프로세스의 완료, 영수증 받기 등을 선택해야 한다.) 다음 단계에서는 이러한 경험과 핵심 비즈니스 프로세스 사이의 연관성을 진단한다. 이것은 업무가 중첩되는 것을 줄이고, 프로세스팀과 고객경험팀의 협력을 증진하기 위한 것이다.(대기 시간을 단축하기 위해 결제 절차를 개선하는 사례) 세 번째 단계에서는 기술 시스템(더 나은 모바일 결제앱과 같은) 개발에 집중해 고객경험팀을 지원할 비즈니스 프로세스를 개선한다.

100억 달러 규모 기업이라면 250개에서 1,000개 이상의 팀에 대한 분류체계가 필요하다. 고위 리더들은 이런 엄청난 변화는 생각하기도 싫어한다.("이 중 2~3개팀만 해보고 어떻게 되는지 지켜보는 게 어때?") 하지만 분류체계의 가치는 애자일 전환에 대한 비전을 모색하는 동시에 과정을 소규모 단계들로 나누어 언제든 일시 정지, 전환, 중지할 수 있게 만든다는 데 있다. 분류체계는 리더들이 애자일 확장의 제약 요소를 발견하는 데에도 도움을 준다.

출범시킬 팀과 팀에 배치할 인력을 확인했다면, 이제 질문을 던져야 한다. 우리에게 그런 사람들이 있는가? 있다면 어디에 있는가? 분류체계를 통해 인재의 공백을 알 수 있고 팀을 꾸리기 위해 고용하거나 재교육해야 할 사람이 누구인지 파악할 수 있다. 리더들은 각각의 예비 팀들이 더 나은 고객경험 제공이라는 목표에 어떻게 연계될지 알 수도 있다. 예를 들어 USAA의 분류체계는 기업 내의 모든 사람들이 쉽게 파악할 수 있다. 당시 최고운영책임자였던 칼 리버트Carl Liebert는 이 책을 위해 사전 조사 작업을 진행하던 우리에게 이렇게 이야기했다.

"정말로 좋은 조직 분류체계를 갖고 있어야 합니다. 그러지 못하면 불필요한 업무 중복이 생깁니다. 나는 강당에 걸어 들어가서 '회원이 주소를 변경할 때의 경험에 대해 아는 사람?' 하고 물어봤을 때 담당 팀에게서 명확하고 확실한 답을 얻기 원합니다. 그 팀은 회원이 우리에게 전화를 걸 경우와 노트북에서 로그인을 할 경우, 모바일 앱을 이용할 경우의 경험을 모두 갖고 있어야 합니다. 단순히 그게 누구라고 가리키는 것은 충분한 답이 되지 않습니다. '그게 좀 복잡한데…'로 시작하는 답이 나와서도 안 됩니다."

USAA의 분류체계는 혼란을 일으키지 않고 적절한 사람에게 적절한 일을 맡길 방법을 명확히 하는 데 목적이 있다. 이런 종류의 연계는 계층적 조직구조가 고객 행동과 맞춰 가지 못할 때 특히 중요하다. 예를 들어 많은 기업이 온라인 운영과 오프라인 운영의 구조와 손익을 구분하고 있다. 하지만 고객들은 매끄럽게 통합된 다채널 경험을 원한다. 명확한 분류체계를 통해 조직 전반을 아우르는 적절한 팀을 구성하면 그런 고객의 니즈에 맞출 수 있다.

'이 모든 팀에 대한 예산을 어떻게 확보할 것인가?'라는 의문이 생길지도 모른다. 대부분의 경우 비생산적인 혁신 활동을 축소하고, 애자일팀을 통해 지속적인 혁신 이니셔티브를 재구성하면 해결된다. 분류체계를 만들어보면 현재 혁신팀이 하고 있는 일의 3분의 1은 고객들이 원치 않는 일이거나 팀이 수행할 수 없는 일이라는 사실을 알게 될 것이다. 이전의 프로세스에는 예산이 바닥날 때까지 기다리는 것 외에는 이런 활동을 중단시킬 좋은 방법이 없었다. 그러나 애자일은 그것을 바꿔간다. 팀이 지속되려면 애자일 방법이 최소한 20퍼센트, 때로는 훨씬 더 많은 생산성 향상을 이루어야 한다. 애자일팀이 비즈니스 프로세스와 기술의 재설계로 나아가면서 더 큰 효율이 나타날 것이다.

애자일 가치관을 따르는 변환 절차

분류체계가 마련되면 리더십팀은 우선순위를 정하고 이니셔티브를 순서대로 배열한다. 리더들은 전략적 중요성, 예산의 한계,

인력 이용 가능성, 투자수익률, 지연 비용, 리스크 수준, 팀 간 상호의존성을 비롯한 여러 기준을 고려해야 한다. 그중 가장 중요한 것인데도 간과하기 쉬운 것 두 가지가 있다. 하나는 고객 및 직원이 느끼는 고충이고, 다른 하나는 조직 역량의 제한이다. 이것들이 출시가 이루어지는 속도와 조직이 동시에 운용할 수 있는 팀의 수 사이에서 적절한 균형을 결정한다.

급박한 전략적 위협에 직면해 급진적인 변화를 필요로 하는 기업들은 몇몇 사업 단위에 모든 것을 한 번에 배치하는 폭발적인 접근법을 추구하곤 한다. 그런 기업 중 하나가 도입 부분에서 언급했던 ING이다. 당시의 COO였던 바트 슐라트만_{Bart Schlatmann}은 인터뷰에서 그 경험에 대해 다음과 같이 회상했다.

"본사 모든 직원이 자리를 '옮기게' 되었다는 발표를 했던 2015년 1월을 아직도 생생히 기억합니다. 사실 전 직원이 일자리를 잃었다는 뜻이었죠. 우리는 모든 직원에게 새로운 조직의 자리에 다시 지원해달라고 했습니다. 지식과 경험보다 문화와 사고방식에 높은 비중을 두는 치열한 선발 과정을 거쳐 오늘날과 같이 2,500명의 직원을 선발했습니다. 40퍼센트 가까운 직원들이 이전과 다른 자리에 앉게 되었습니다. 지식은 많지만 적절한 사고방식을 갖추지 못한 많은 사람들을 떠나보냈습니다. 하지만 고유의 내적 역량이 있다면 지식은 쉽게 되찾을 수 있습니다."[3]

당연히 그는 그 경험을 우호적으로 해석하고 있다. 하지만 이 이니셔티브가 불러일으켰을 직원들의 공포와 충격을 상상해보라. 굳이 그렇게 위험하고 희생이 큰 조치로 시작해야 했을까? 이런 접근법은 혁신과 성장보다는 비용 절감을 강조한 것이다. 함께 새로운 업무방식을 발전시킬 동료들이 고용 불안을 느끼고 있다면, 그중에서도 40퍼센트가 그 업무를 처음 맡은 사람들이라면 그 프로젝트는 험난한 시작점에서 출발하게 된다. 그 과정에서 리더십 팀이 보여준 것은 애자일 가치관과 정반대되는 본보기일 뿐이다.

사실 폭발적인 애자일 변환은 대단히 어렵다. 그런 변환에는 리더 전체의 헌신, 수용적인 문화, 다른 역량들을 고갈시키지 않고도 수백 개의 팀에 직원들을 배치할 정도로 재능과 경험이 풍부한 애자일 전문가들, 그리고 모두의 접근 방식을 맞추기 위한 대단히 강력한 지침 등이 필요하다. 또 위험에 대한 허용 오차와 예기치 못한 실패에 대비한 사전 대책도 있어야 한다.

이런 자산이 부족하다면 각 사업 부문의 역량에 맞추어 실행해가는 순차적인 단계로 애자일을 펼쳐가는 편이 더 나을 것이다. 그러기 위해서는 우선 비전 스케치와 우선순위로 배열된 백로그를 갖춘 경영진들이 선두 애자일팀들을 출범시킨 다음, 그 팀들이 창출할 가치와 직면할 제약에 대한 자료를 모아야 한다. 그 후에 다음 단계를 수행할지, 언제 어떻게 할지 결정할 수 있다. 어느 정도까지 얼마나 빠르게 추진할지의 문제는 3장에서 보다 자세히 다룰 것이다.

상호의존성을 낮추는 업무방식

애자일의 특징 중 하나는 복잡한 문제를 보다 다루기 쉬운 작은 모듈로 나눈다는 것이다. 애자일 기업에 애자일팀이 그렇게 많이 필요한 이유도 이 때문이다. 모듈의 조정과 통합이 애자일 기업의 중요한 과제가 된다. 그를 위해 팀들 간의 완벽한 투명성이 필요하다. 다른 사람이 하는 일이 무엇인지, 어떤 영향이 있을지 서로 알아야 하기 때문이다.

관료주의에서는 모든 것이 중앙 허브로 흘러들어가 지시와 승인을 받는다. 반면 애자일 기업은 중앙 허브 없이도 접점을 통해 서로 함께 일할 수 있도록 네트워크를 개발해야 한다. 그것이 투명성이 필요한 이유이다. 기술 시스템도 도움이 되겠지만 정기적인 대면 커뮤니케이션이 필요하다.

때로는 소규모의 경영관리 부서도 경영위원회를 지원하거나 조정하는 방식으로 도움이 될 수 있다. 하지만 최종 목표가 애자일 기업이라는 것을 기억해야 한다. 경영관리 부서가 애자일 경찰이 되거나 리더와 팀 사이에 끼어들어서는 안 된다. 그들은 군살 없는 조직으로 서비스 지향적인 태도를 유지하며, 애자일팀의 결과를 지켜보고 경영진에게 개선 기회를 제공해야 한다. 이미 언급했듯이 변환은 매우 중요하기 때문에, 보쉬의 사례처럼 경영위원회는 거기에 상당한 시간을 할애해야 한다. 애자일팀의 교육과 코칭에 중점을 둔 애자일 전문가 조직center of excellence이 경영관리 부서를 보완할 수도 있다. 이들 애자일 트레이너와 코치들의 서비스는 누구나 활용 가능하지만, 원하는 팀의 요청에 의해서만 이루어진다.

변환을 시작하는 과정에서 손쉽게 승리하려다 실수를 범하는 기업들이 너무나 많다. 그들은 팀들을 현장과 동떨어진 인큐베이터에 넣어버린다. 혹은 시스템 장애를 피해 쉽게 갈 수 있는 지름길을 만드는 데 개입한다. 그렇게 하면 팀의 성공 가능성은 높일 수 있다. 하지만 수십, 수백 개의 팀으로 확장하는 데 필요한 학습 환경이나 조직적인 변화는 만들어내지 못한다.

초기 애자일팀에게는 회사의 운명이 걸려 있다. 따라서 다른 시제품을 테스트할 때와 같이 다양하고 현실적인 조건을 반영하는 테스트가 이루어져야 한다. 가장 성공적인 기업은 기능적 사일로 중에서도 가장 큰 불만을 일으키는 결정적인 고객경험에 집중하는 기업이다.

어떤 애자일팀이든 시작할 준비가 갖춰지기 전에는 출발시키면 안 된다. 준비란 세부적인 계획이 세워졌다거나 성공이 보장된다는 의미가 아니다. 준비는 다음과 같은 것을 의미한다.

- 성패가 걸려 있는 중요한 사업 기회에 집중하는가.
- 구체적인 결과를 도출할 수 있는가.
- 자율적이고 독자적인 업무 처리에 대한 권한을 부여받았는가. 이 권한은 명확한 의사결정 권한, 적절한 자원의 제공, 주어진 기회에 열정적으로 임할 여러 분야 전문가 그

룸 등을 기반으로 한다.

- 애자일 가치관과 원칙, 관행을 성실히 수행할 것인가.
- 고객과 밀접하게 협력할 권한이 있는가.
- 시제품과 피드백 시스템을 빠르게 구축할 수 있는가.
- 장애물을 해결하고 팀 작업물의 채택을 이끌어낼 경영진의 지원을 받는가.

최종 목표나 속도가 어떻든, 결과는 빠르게 나타나야 한다. 재무 성과를 얻기까지는 시간이 좀 걸릴지도 모른다.

제프 베조스Jeff Bezos는 대부분의 이니셔티브가 아마존에 이익을 가져다주기까지 5~7년은 걸린다고 말한다. 하지만 고객 행동의 긍정적 변화나 팀 문제 해결을 통해 해당 이니셔티브가 올바른 방향으로 진행되고 있다는 초기 신호는 확인할 수 있다.

3M 헬스인포메이션시스템즈3M Health Information Systems의 첨단기술 그룹은 한두 달 안에 8~10개의 팀을 출범시켜 2년 만에 90개 이상의 팀을 갖게 되었다. 3M의 기업리서치시스템연구소는 뒤늦게 시작했지만 3개월 만에 20개 팀을 만들었다. 3M 헬스인포메이션시스템즈의 수석 프로그램매니저 태미 스패로우Tammy Sparrow는 이렇게 말한다.

"애자일을 채택해 제품 배송의 속도를 높이고 베타 응용프로그램의 출시 시점을 애초 계획보다 6개월 정도 앞당겼습니다."[4]

관료주의와 혁신의 효율적 공존

회사가 팀을 많이 만들수록 애자일팀들과 관료주의 성격의 부문들 사이에 마찰이 생길 확률이 커진다. 과거에는 이 두 요소는 나뉘어 있어야 한다고 생각했다. 관료주의가 혁신을 위한 작업을 억누르기 때문이었다. 많은 기업이 사업 운영과 사업 혁신 양쪽에 모두 능숙한 리더를 기대해왔던 것도 그 때문이다. 많은 조직이 새롭고 급진적인 모험을 위해 개별 운영 단위나 스컹크웍스를 만드는 이유도 거기에 있다. 불행히도 그런 양면적인 능력을 가진 리더는 극히 드물며, 결국 어설픈 스컹크웍스는 결실을 맺지 못하고 끝나는 경우가 많다.

그러나 애자일 기업은 운영과 혁신 사이에 조화롭고 상호보완적 분위기를 만들어야 한다. 8장에서 살펴보겠지만 아마존은 바로 기존 조직의 핵심 부문에서 크고 혁신적인 사업을 이뤄냈다. 아마존은 관료주의적 기능부서들도 혁신 작업과 조화를 이루도록 조직했다. 애자일 기업은 보통 세 가지 이상의 도구를 활용해 두 측면을 화합시킨다.

마찰을 극복하고 조직을 올바른 궤도에 올릴 최선의 방법 중 하나는 혁신을 담당하는 애자일팀에 운영 인력을 참여시키는 것이다. 방법은 여러 가지다. 우선 일부 운영 인력들은 그들의 전문지식을 필요로 하는 애자일팀에 상근 팀원으로 배치한다. 그런 다음 애자일팀이 긴급한 요청을 할 수 있는 주제 전문가subject matter expert로 다른 운영 인력들을 이용한다. 또는 많은 운영 인력으로 이뤄진 애자일팀을 출범시켜 기존의 운영 기준에 이의를 제기하고 비즈니스 프로세스와 기술을 재설계해서 효율성과 품질에 대한 새로운 기준을 만든다. 혁신 인력과 운영 인력 사이에 신뢰와 협력을 구축해야 한다. 애자일 혁신이 현실적인 운영 환경 조건에서도 뿌리를 내리고 효과적으로 확장될 거라는 확신을 주어야 한다. 운영 인력이 애자일 가치관과 원칙에 대해 배워나가면서 자신의 기능 업무에 적용할 가능성을 찾기 시작하는 효과도 있다. 뒤에서 제시할 10가지 질문은 더 많은 사람들이 애자일 원칙을 이해하고 그 원칙을 업무에 적용할 수 있도록 회사가 이용하는 방법들을 보여준다. 조직 전체에 걸쳐 애자일 가치관과 원칙을 채택하면 최종 단계인 운영과 혁신의 화합은 보다 쉽게 이루어질 것이다.

조직을 지원하고 통제하는 관료주의자들을 애자일팀에 합류시키는 방법도 있다. 관료주의자들이 애자일 가치관과 원칙 일부를 업무에 적용시키면 애자일과 조화를 이룬 관료주의를 만들 수 있다. 관료주의적 사업부가 애자일팀이 되어 운영되지는 않겠지만, 더 나은 관료주의가 되는 법을 배울 수는 있다.

뒤에 제시하는 질문들은 필요한 변화를 불러오기 위한 지침이 될 것이다. 그 변화란 이런 것이다. 관료주의적 리더는 더 겸허해질 것이다. 예측의 가치에 대해 이의를 제기하려는 강한 의지를 보여줄 수도 있다. 관료들이 혁신가들을 고객으로 생각하게 될 것이다. 한번 배우면 애자일 사고방식은 그곳에 뿌리를 내리게 된

애자일팀을 확장할 때 던져야 할 10가지 질문

애자일의 확장은 언제나 쉽지 않은 도전이다. 다음의 질문은 당신이 올바른 출발을 할 수 있도록 도와줄 것이다.

1. 구성원들에게 더 큰 자율권과 결정권을 줄 수 있는 부분은 무엇일까?
2. 더 많은 직원이 우선순위를 정하고 순서대로 배열하는 백로그 작성법을 배워야 할까?
3. 어떻게 하면 고객들에게서 더 많은 피드백을 모을 수 있을까?
4. 어떻게 하면 직원들이 수행 중인 작업을 최소화할 수 있을까?
5. 정기적인 회고미팅을 이용해 더 나은 업무방식을 찾을 수 있을까?
6. 매일 아침 15분의 미팅(스크럼)이 서로를 돕는 데 유용할까?
7. 더 많은 팀 기반의 지표와 장려책을 통해 더 많은 협력을 증진할 필요가 있을까?
8. 어떻게 하면 더 많은 성과 피드백을 더 빠르게 제공할 수 있을까?
9. 어느 부분에서 가치가 낮은 작업 과정을 제거할까?
10. 실험, 점진적이고 반복적인 개발을 이용할 수 있는 부분은 무엇일까?

다. 일반 관료주의자들이 리더들에 대한 의문을 제기하기 시작한다는 것은 애자일이 확장될 것이란 신호이다.

스프린트라는 애자일 개념 역시 조직을 조화롭게 만드는 강력한 장치이다. 스프린트는 시간 낭비를 줄이고 적응의 속도를 높이는 빠르고도 효율적인 방법이다. 스프린트를 활용하면 크고 긴 프로그램을 보다 작은 모듈로 분할하여 내외부 고객의 빠른 피드백 사이클을 사용할 수 있다. 복잡한 시스템에서 일하는 사람들은 스프린트를 통해 변화나 새로운 요구에 대응하여 빠르게 활동을 시작, 중단, 혹은 전환할 수 있다. 스프린트는 마치 크고 느리게 움직이는 기어와 빠르게 움직이는 기어를 동기화하는 클러치 같은 역할을 한다. 스프린트를 사용한다면 공격적인 혁신도 5년간 관리자들을 공포에 몰아넣는 도박이 되지 않는다. 정기적으로 검토와 적응이 이루어지는 짧은 폭발 정도가 되는 것이다. 같은 맥락에서 번거로운 계획과 예산조달 활동도 1년을 주기로 할 필요가 없다. 이런 활동이 1년 주기로 되어 있기 때문에 혁신의 시작이 지연되거나 소생 가망이 없는 이니셔티브의 종료가 연기되는 상황이 빚어진다. 길고 획일적인 계획과 예산편성 프로세스를 분기별 스프린트로 분할하면 시간 낭비를 최소화하고 유동효율을 높일 수 있다. 그 밖에 성과 평가, 비즈니스 프로세스 검토, 구조 변화, 커뮤니케이션 프로그램들에서도 민첩성을 높일 가능성을 찾을 수 있다.

어떤 애자일 확장 체계가 적합한가?

애자일 확장이라는 주제를 마무리하기 전에, 그 과제를 관리하는 데 이용할 몇 가지 체계를 검토해보자. 결국 확장 가능한 애자일을 관리할 리더들은 애자일이 무엇을 의미하는지, 그것을 위해 어떤 방법을 사용할지에 대해 규정할 지식을 충분히 갖고 있어야 한다. 클라이언트들은 언제나 이렇게 묻는다.

"어떤 방법이 최선입니까?"

안타깝게도 이 질문에 한마디로 대답할 수는 없다. 애자일 체계는 수십 가지이기 때문이다. 모든 팀들이 동일한 애자일을 사용한다면 분명 관리가 훨씬 쉬울 것이다. 하지만 일부 팀들은 스크럼을, 다른 팀들은 칸반이나 익스트림 프로그래밍, 크리스털, 동적 시스템 개발 방법, 혹은 그것들을 융합한 방법을 사용할 수는 없을까? 늘 그렇듯이 답은 균형과 절충에 있다. 일관성을 강요하는 것은 애자일에 관료주의를 강요하는 것으로, 이는 '미끄러운 비탈길 slippery slope' 현상을 만든다. 다른 한편으로는 애자일 체계의 수를 늘리는 것은 실질 비용을 발생시킨다. 교육비가 늘어나고 팀 사이의 인력 이동을 어렵게 한다. 다른 팀과 최선의 방식을 공유하기가 불편해진다. 조정과 커뮤니케이션 비용이 높아지고, 크로스펑셔널 팀의 로드맵과 출시 날짜에 대한 계획도 한층 복잡해진다.

개별 애자일팀이 한두 가지 접근법을 선택하는 것은 비교적 쉬운 일이다. 대개는 스크럼을 융합할 가능성이 높다. 스크럼은 2위인 칸반보다 10배나 많은 사용자를 보유하고 있다. 스크럼은 20여 년간 수만 명의 사용자에게 검증받으며 정제되어 왔다. 칸반이나 익스트림 프로그래밍을 비롯한 다른 접근법과도 쉽게 결합되는 유연한 확장 체계이다. 스크럼의 교육 자료는 충실하며 사용자를 위한 팁도 풍부하다. 거의 모든 프로젝트 관리 소프트웨어와 확장

시스템은 사용자가 스크럼팀을 운영할 것을 전제하고 있다.

하지만 확장 체계를 선택하는 일은 좀 더 복잡하다. 확장 체계는 2010년 즈음에야 등장하기 시작했다. 최근 사용자 설문조사에서 가장 많이 사용하는 체계를 묻는 질문에 사용자들은 '스케일드 애자일 프레임워크SAFe, Scaled Agile Framework', '모른다', '스크럼 오브 스크럼즈Scrum of Scrums(스크럼앳스케일이라고도 함)', '내부적으로 만든 방식' 순으로 답했다.[5] 달리 말해 이 시장은 넓게 열려 있으며 새로운 플레이어가 계속 등장하고 있다는 뜻이다. 최근의 신입생으로는 스포티파이 모델Spotify Model, 디시플린드 애자일 딜리버리DAD, Disciplined Agile Delivery, 라지 스케일 스크럼LeSS, Large Scale Scrum, 엔터프라이즈 스크럼Enterprise Scrum, 린 매니지먼트Lean Management, 애자일 포트폴리오 매니지먼트APM, Agile Portfolio Mangement, 넥서스Nexus, 레시피 포 애자일 거버넌스 인 더 엔터프라이즈RAGE, Recipes for Agile Governance in the Enterprise가 있다. 사람들이 혼동을 일으키기에 충분하다.

이 모든 체계를 설명하거나 그중 특정한 체계를 추천하는 것은 매우 어려운 일이다. 지지자들 사이의 논쟁은 애자일 성명에 이르는 아이디어의 협력적 교환보다는 종교전쟁을 더 연상시키며, 몇 단락의 글로 해결되지도 않을 것이기 때문이다. 확장 체계에 대한 광범위한 연구를 진행하면서 그들이 열렬한 지지자를 보유한 이유를 알게 되었다. 하지만 신중한 선택을 위해서는 어떤 체계가 최선인가 하는 것보다 어떤 체계가 회사 고유의 니즈에 가장 적합한가를 염두에 두어야 할 것이다. 그를 위해 가장 인기 있는 세 가

지 체계의 장단점과 가장 유리한 운영 환경에 대해 잠깐 알아보기
로 하자.

스케일드 애자일 프레임워크

SAFe는 2011년 공식 출시되었고, 지금까지 여섯 번의 대규모
업데이트가 있었다. 애자일을 확장하는 기업의 약 30퍼센트가
SAFe 체계를 사용한다. 지금까지는 SAFe가 가장 상세하고 규범
적인 접근법이라 할 수 있다. SAFe 웹사이트를 처음 방문한 사람
들은 이용 가능한 지침의 양과 구체성에 압도된다.(구글 사이트 검색
은 2,390페이지에 달하는 SAFe 웹사이트 목록을 보여준다. 반면 엔터프라이
즈 스크럼에 대한 것은 41페이지이다.) SAFe는 강력한 스크럼 토대를
구축하고 팀, 프로그램, 대규모 솔루션, 포트폴리오로 진행되는 4
단계 확장을 위한 규정을 제시한다. 핵심 전제는 관리자들이 혁신
작업을 나눌 때 고객 니즈에 초점을 맞춘 가치 흐름value stream으로
나누어야 한다는 것이다. 대부분의 가치 흐름에는 5~10개의 애
자일팀(50~150명)을 배치하는데 그 전체를 릴리즈 트레인release
train(여러 애자일팀으로 이루어져 비전, 계획, 상호의존성을 조정하는 상위 팀)
이라 부른다. 가치 흐름에 더 많은 팀이 필요한 경우, 릴리즈 트레
인을 추가한다. SAFe는 린 포트폴리오 매니저lean portfolio manager,
에픽 오너epic owner, 기업 아키텍트enterprise architect, 솔루션 아키텍
트solution architect, 솔루션 매니저solution manager, 솔루션 트레인 엔지
니어solution train engineer, 프로덕트오너, 시스템 아키텍트system archi-

tect, 릴리즈 트레인 엔지니어release train engineer, 사업책임자business owner를 비롯한 여러 새로운 역할을 도입한다. 또한 스크럼 확장에 여러 행사와 인공 구조물을 추가한다. 2018년 출시된 SAFe 4.6은 린 애자일 리더십, 팀과 기술의 민첩성, 디봅스DevOps라 알려진 소프트웨어 개발 관행과 주문형 출시, 비즈니스 솔루션 및 린 시스템 엔지니어링, 린 포트폴리오 관리 등 다섯 가지 핵심 역량 강화에 집중했다.(SAFe5.0은 2020년 1월 출시되었다.)

SAFe의 강점은 깊이 있고 폭넓은 규정, 교육 프로그램, 팀 차원을 넘어 전체적인 성과의 큰 그림을 보는 관점, 관리 지향 관리자들의 호응, 팀 간의 상호의존성을 조정하는 능력 등이 있다. SAFe는 팀들의 완벽한 분류체계를 개발하고 관리하는 작업에서 탁월하다. 8~12주마다 팀들을 동기화시켜 정렬 및 조정하는 프로세스인 프로그램 강화 계획program increment planning은 많은 SAFe 사용자들이 격찬한다.

반면 SAFe의 약점은 규정의 고정성, 기술과 소프트웨어 개발 분야에 한정된 혁신의 적용 가능성, 활동의 계획과 조정에 드는 시간과 비용, 프로세스 확장까지 이어지는 하향식 관료주의의 비중, 그리고 인적자원과 마케팅, 고객 서비스 같은 지원과 관리 기능의 조화에 대한 관심 부족을 들 수 있다.

전반적으로 SAFe는 획일적인 아키텍처가 결합된 기술 집약적 조직에서 가장 효과적으로 작동한다. 모호함을 두려워하고 상향식 관리 수준을 유지하려 하며, 저돌적 혁신이 많이 필요하다고 생각하지 않는 회사, 그리고 팀들 간 상호의존성을 많이 동기화시켜야 하는 기업에서 좋은 효과를 낸다. 물론 프로세스를 맞춤 제작하고 자신들의 문화적 니즈에 맞추어 유연성을 높일 경험과 자신감이 충분한 조직에서도 효과를 볼 수 있다.

스크럼앳스케일

스크럼의 공동제작자인 제프 서덜랜드는 2014년 스크럼앳스케일 체계를 공개했다. 그렇지만 그는 먼저 스크럼 상위 팀이 스크럼만큼 오래(약 25년) 존재해왔다는 지적을 잊지 않았다. 서덜랜드는 이른바 '스케일프리 아키텍처scale-free architecture'에서 최소의 관료주의로 다수의 팀을 조정하기 위해 스크럼앳스케일 체계를 설계했다. 이 시스템은 조직 전체에 걸친 확장을 위해 설계되었다. 즉 모든 유형의 조직 내에 있는 모든 부서, 모든 제품, 모든 서비스가 확장 대상이 되는 것이다. 서덜랜드는 일이 복잡해지는 것을 피한다. 개별 스크럼팀의 생산성을 저해할 수 있기 때문이다. 스크럼앳스케일은 스크럼을 이용해 확장을 단순화시킨다. 그것은 조직이 결정하는 지속가능한 변화의 속도로 확장하는 것이다. SAFe에 비해 보다 적은 규정 프로세스를 통해 보다 포괄적인 기업의 변환을 추구한다.

팀 간 상호의존적인 업무를 조정하기 위해, 이 체계는 팀의 프로덕트오너들을 정기적으로 모아 각 팀이 무슨 일을 하고 있는지 논의하고, 팀의 스크럼 마스터들을 모아 그들이 그 일을 어떻게 하고 있는지 공유한다. 다시 말해 팀들 전체를 모아 조정 시간을 갖는 대신 팀의 대표자만을 모아 상호의존적인 업무를 관리하는 것이다. 스크럼앳스케일 체계는 프로세스에 적응과 검사, 투명성 등의 개념을 적용시켜, 조직 전체에 걸쳐 개방성, 용기, 집중, 존중, 헌신이라는 공통적 가치를 구축하고자 한다. 수석 메타스크럼팀Executive MetaScrum Team은 프로덕트오너들과 함께 일하면서 조직의 비전을 개발하고, 전략적 우선순위를 정하며, 공통의 목표를 중심으로 모든 팀을 조정하는 등 전체 조직의 프로덕트오너 역할을 한다. 수석 실행팀Executive Action Team은 스크럼 마스터들과 함께 일하면서 팀의 진전을 방해하는 장애물을 제거하며 전체 조직의 스크럼 마스터 역할을 한다. 두 수석팀은 공통의 피드백 시스템과 지표를 이용해 자신들의 업무를 연결한다.

스크럼앳스케일의 강점은 첫째, 전체 조직의 민첩성을 개선하고자 하는 비전, 둘째, 성공적인 스크럼 가치관과 원칙, 방식과의 완벽한 일치, 셋째, 대단히 낮은 간접비를 통한 관료주의의 병목과 의사결정 단계의 감소를 들 수 있다. 스크럼앳스케일의 지지자들은 또한 이 체계가 의사결정에 드는 시간을 줄이는 데 주력한다는 점, 투명성의 수준이 높아서 가치 창출에 실패한 작업은 빠르게 제거할 수 있다는 점도 장점으로 언급한다. 스크럼앳스케일은 스크럼팀들을 지원하지만 공식적으로는 스크럼팀으로 운영되지는 않는 전문가팀이나 인프라팀의 역할도 인정한다.

스크럼앳스케일의 약점은 첫째, 세부 내용과 규정된 관행이 제한적인 점, 둘째, 상호의존도가 높은 팀들이 많은 가운데에서 효과적으로 조정할 기법이 부족한 점, 셋째, 기업 전체의 애자일 변환 성공 사례가 부족한 점 등을 꼽을 수 있다. SAFe나 다른 체계를 사용해온 기업들은 스크럼앳스케일로의 전환이 쉽지 않음을 발견하고, 이전에 가장 유용하다고 생각했던 체계의 요소들을 유지하기로 결정할 가능성이 높다.

전반적으로 스크럼앳스케일은 스크럼 접근법을 편안하게 받아들이면서, 기본적인 스크럼 가치관과 원칙을 보강하는 방식으로 확장하기 원하는 조직에서 가장 효과적으로 작동한다. 어느 정도의 모호함은 편하게 받아들이고 확장에 대한 접근법을 자신들의 필요에 맞추어 만들어가고 싶은 기업에게 유용하다. 하향식 통제보다 저돌적인 혁신에 더 집중하고자 하는 조직에서 효과적이다.

스포티파이 모델

미디어 서비스, 오디오 스트리밍 제공업체인 스포티파이만큼 확장 모델에 대해 분명하게 파악하고 있는 곳은 드물 것이다. 스포티파이는 특유의 엔지니어링 조직과 문화 안에서 애자일팀의 확장 모델을 만들었다. 스포티파이는 이 모델이 지속적으로 진화하고 있으며 다른 기업, 심지어는 스포티파이 내의 다른 영역에서도 모방이 불가능하다고 경고한다. 그럼에도 불구하고 헨리크 니베르그Henrik Kniberg와 안데르스 이바손Anders Ivarsson이 스포티파이의 애자일 확장에 대한 논문을 발표한 2012년 이래, 많은 기업들이 그 엔지니어링 구조를 모방하고 자신의 기업 전체에 적용을 시도했다.[6] 그 결과 스쿼드, 트라이브, 챕터chapter, 길드가 급증했다. 이들은 모두 스포티파이의 용어들이다. 스쿼드는 스크럼팀과 비슷하다. 트라이브는 관련 영역에서 일하는 10개 이하의 스쿼드 그룹(100명 이하)이다. 챕터는 비슷한 기능적 기술을 가지고 매트릭스 방식으로 동일 트라이브 내에서 일하는 사람들의 집단이다. 길드는 지식과 업무방식을 공유하는 비공식적 이익 공동체이다.

스포티파이 모델은 직관적이며 이해하기 쉽다. 그런데 스포티파이의 엔지니어링 부서에서는 잘 작동되지만, 전략 기획이나 재무 같은 영역에서는 중요한 요소가 아니다. 이 접근법은 공유하고 있는 비전에 따라 팀의 강력한 자율성을 선호한다. 스포티파이 모델을 통해 팀은 자신만의 업무방식을 개발하면서, 애자일 도구와 기법을 통해 유연성을 높인다. 이 모델의 약점은 규정이 충분치 않다는 것이다. 스포티파이는 이미 존재하는 문화에 맞춰 모델을 설계했기 때문에, 문화적 규범이나 효율적인 업무방식을 규정할 필요가 없었던 것이다. 스포티파이 모델을 채택한 많은 사람들은 조직구조가 성공의 열쇠라고 생각한다. 하지만 사실 이 조직의 구조는 스포티파이의 기업문화에 내재되어 있던 신뢰와 협력을 활용한 것이다. 또한 이 모델에는 논리적 분류체계의 개발이나 팀들 간의 상호의존성 관리가 충분치 않다. 모듈형 제품과 기술 아키텍처로 인해 다른 조직에 비해 상호의존성이 덜 요구되기 때문이다. 그 결과 스포티파이 모델을 복제하려 한 기업, 그러나 사실 상호의존성의 긴밀한 조정을 필요로 하는 생산라인을 가진 기업들은 많은 경우 혼란을 야기하는 트라이브 구조를 설계하고 만다. 또 스포티파이 모델은 개발 외에 운영이나 지원, 통제 기능에 대한 결정권, 역할, 구조 등에 대해서는 설명하지 않는다.

전반적으로 스포티파이 모델은 스포티파이와 비슷한 문화와 구조를 가진 혁신 부서에서 효과를 볼 수 있다. 스포티파이의 엔지니어링 문화는 언제나 위험 회피보다 혁신, 서번트리더십, 팀 사이의 상호의존성 최소화, 자율성, 민주적 결정을 강조해왔다. 스포티파이 모델을 다른 문화나 회사의 다른 부분에 적용하려면 정교한 커스터마이징이 필요하다.

이런 개요가 보여주듯이, 애자일 확장을 위한 모델들 사이에는 큰 차이가 있다. 그들은 다른 기업이나 문화적 환경에서도 성공할 가능성이 높다. 모든 모델들이 확장 가능한 애자일에 유용하다. 하지만 애자일 기업을 만드는 데 괄목할 성과를 보여준 모델은 아직 없다. 그런 결과가 나올 때까지 기업들은 자신들 특유의 상황에 맞는 체계들을 결합, 커스터마이징, 증강시켜야 할 것이다.

1. 애자일 기업의 창조에 착수한 기업과 확장 가능한 애자일을 실행하는 기업 사이에는 사고방식과 애자일 방법 모두에서 중요한 차이가 있다.

2. 확장 가능한 애자일은 수십, 수백 개의 애자일팀을 추가하는 것만으로도 이룰 수 있다. 하지만 지배적인 사고방식과 운영 시스템이 관료적인 형태로 남아 있다면 애자일의 잠재력을 제한하게 될 것이다.

3. 애자일 기업을 창조하기 위해서는 운영과 혁신을 조화시키며 통합해야 한다. 애자일 기업은 기업을 견실하고 효과적으로 운영하고, 기업을 변화시켜 예측 불가능한 기회를 활용하도록 하고, 운영과 혁신 활동을 동기화시킨다.

4. 애자일 기업으로의 전환을 관리하는 최선의 방법은 이 변화를 하나의 애자일 과제처럼 관리하는 것이다.

5. 애자일 기업으로 변모하는 기업은 사업에서 중요한 변화를 목격한다. 확장은 업무의 조합을 바꾸어서 기업이 일상적인 운영에 비해 훨씬 많은 혁신을 하도록 하는 것이다.

3장

얼마나
민첩해질 것인가?

**HOW AGILE
DO YOU
WANT TO BE?**

　스포일러 주의 : 이 장의 제목은 속임수이다. 이유는 곧 알게 될 것이다. 우선은 전혀 다른 종류의 과정을 살펴보자.

　1982년 2월 마크 앨런Mark Allen은 대학을 졸업한 지 2년 된 24세의 젊은이였다. 수영을 잘하는 그는 샌디에이고에서 인명구조원으로 일하면서 가끔 인명구조원 경연대회에 참가해 좋은 성적을 거두었다. 샌디에이고는 장거리 수영, 사이클, 달리기가 결합된 철인 3종 경기의 고향이었다. 당시로서는 생소한 스포츠였기 때문에 명맥을 유지할 수 있을지에 대해 의심하는 사람이 많았다.

　하지만 앨런은 그 스포츠에 큰 매력을 느꼈다. 그는 그해 10월 하와이에서 개최되는 6회 철인 세계선수권대회에 참가하기로 결정했다. 3.86킬로미터의 수영, 180.25킬로미터의 사이클, 42.2킬로미터의 마라톤 완주로 이어지는 힘겨운 경기였다.

앨런은 세계 최고의 철인 3종 경기 선수들의 기록에 대한 자료를 수집하고 그들이 1마일(약 1.61킬로미터)을 약 5분 만에 주파한다는 것을 알아냈다. 그래서 그도 그 속도로 뛰었다. 그렇게 뛰면 심박수가 분당 190에 이르렀지만 그는 고통 없이는 얻는 것도 없다는 당시의 코칭 철학을 믿었다. 불행히도 그 철학은 효과가 없었다. 그는 1982년 대회에 참가했지만 완주하지 못했다.

이후 2년 동안 앨런은 스스로를 더 심하게 몰아붙였다. 그는 이후 인터뷰에서 이렇게 말했다.

"저는 항상 지나치게 열심히 했죠. 더러는 경기에서 좋은 성적을 내기도 했어요. 그 경기에 맞는 유형의 체력을 키웠기 때문이죠. 장기적으로는 저를 완전히 소진시키는 일이었어요. 작은 부상을 입기 시작했죠. 그럴 때면 며칠씩 운동을 쉬어야 했습니다. 경기를 끝내면 거의 항상 몸져누웠습니다."[1]

이후 앨런은 필 매피톤Phil Maffetone이라는 코치를 만났다. 그는 남다른 훈련 철학을 갖고 있었다. 매피톤은 힘들지만 지속가능한 속도, 즉 이른바 최대유산소심박수maximum aerobic heart rate에 맞춘 속도로 운동할 것을 조언했다. 그런데 한 개인의 최대유산소심박수를 측정하기 위해 호기呼氣가스 분석이나 혈중 젖산 농도 등의 정교한 방법들을 동원하려면 값비싼 장비와 복잡한 분석이 필요하다. 매피톤은 나이, 신체의 건강 상태, 경험, 질병과 같은 몇 가지 단순한 변수들을 이용해 근사치를 측정하는 공식을 개발했다.

이 공식을 이용해 앨런은 자신의 목표 심박수를 분당 155회로 정하게 되었다. 분당 155회의 심박수로 달리려면 속도를 늦춰야 했다. 1마일당 5분 30초에 뛰던 것을 8분 45초에 뛰는 것으로 3분이나 늦추었다. 그는 혼란스러웠고 훈련의 효과에 의문이 들었다. 하지만 체력이 강해지는 것은 느낄 수 있었다. 훈련 시간을 겁내지 않고 즐기기 시작했다.

"3년 정도 속도가 꾸준히 향상되더니 최고 속도에 이르고 나서는 속도가 떨어졌습니다. 어느 지점에 이르면 더 이상 속도가 빨라지지 않죠. 약 3년 후, 시즌 마지막에는 분당 155회의 심박수로 마일당 5분 30초에서 5분 45초 정도의 속도를 낼 수 있었습니다. 그런데 달라진 것은 마일당 속도의 하락폭이었습니다. 처음에는 1마일을 5분 30초에 달렸다가, 다음 1마일은 5분 45초, 그 다음에는 6분, 이후에는 6분 10초에 달렸습니다. 시간이 흐르자 속도의 하락폭이 크게 줄어들어서 2마일, 3마일, 4마일을 뛰어도 총 10초밖에 늘어나지 않게 되었죠. 1마일을 5분 30초에 뛰었다면 3마일째에도 5분 35초에서 5분 40초 만에 뛸 수 있게 된 겁니다. 체력을 나타내는 수준은 다양합니다. 속도가 되기도 하고 장시간 속도를 유지하는 능력이 되기도 합니다."[2]

앨런은 몸과 마음을 훈련해 3시간의 신체적 한계에, 그 다음에는 6시간의 한계에 도전했다. 성과가 정체기에 들어서면 그는 속도, 힘, 지구력 훈련, 영양 개선, 스트레스 관리, 수면 지침 등 다양한 기법을 동원해 다음 단계로 끌어올렸다. 이 모든 것이 지속적 통합 개선 시스템의 일부가 되었다.

처음 철인 경기에 참가해 완주해내지 못한 지 7년 뒤인 1989년, 마크 앨런은 철인 세계 챔피언 데이브 스콧Dave Scott과의 혈전에서 승리했다. 1988년부터 1990년까지 그는 21차례나 연이어 대회에서 우승을 거뒀다. 앨런은 이후 1995년까지 6개의 철인 대회에서 우승했다. 〈트라이애슬리트Triathlete〉 지는 여섯 번이나 그에게 '올해의 트라이애슬리트' 왕관을 씌워주었다.[3] ESPN의 여론조사에서 그는 역대 최고의 지구력 운동선수Greatest Endurance Athlete of All Time로 선정되었다.

인명구조원에서 시작해 최고의 경지에 오른 그의 여정은 인간이 빚어내는 모든 변환에 대해 주목할 만한 식견을 보여준다. 그런 변환은 애자일 비즈니스 시스템의 창출에도 시사하는 바가 크다. 애자일 기업으로의 변환 과정은 트라이애슬리트의 훈련과 비슷하다. 이것은 야심찬 프로젝트이다. 거기에는 최적의 속도가 있다. 열매를 맛볼 때까지 수년이 걸린다. 하지만 성공을 거둔 기업은 대부분의 사람들이 생각지도 못하는 일들을 할 수 있다.

뿐만 아니라 나타나는 도전과제들도 거의 유사하다. 얼마나 멀리, 얼마나 빠르게 발전해갈지 잘 결정하기 위해 따라야 할 경로도 비슷하다.

최적 균형점의 스위트스폿

운동선수에게 최적의 심박수가 있는 것처럼, 모든 기업과 기업 내부의 모든 활동에는 최적의 변화 수준이 있다. 변화 부족change deficiency 상태는 생존하기에는 적응이 너무 느린 정체된 비즈니스 시스템으로 이어지고, 변화 과다change excess 상태가 이어지면 끊임없이 통제 불능의 위험을 안고 있는 무질서한 비즈니스 시스템이된다. 이상적인 애자일 비즈니스 시스템은 변화 부족과 변화 과다 사이의 최적 균형점에서 작동하는 것이다. 기업이 이 스위트스폿sweet spot에서 운영될 때, 애자일 시스템의 수익은 비용을 크게 앞지르면서 가장 높은 순가치(애자일 비용과 수익 사이의 차이)를 창출해낸다.([도표 3-1])

변화 부족

두 극단의 비즈니스 시스템 중에서도 정체된 비즈니스 시스템은 대부분의 대기업에게 더 큰 위협이 된다. 변화 부족은 큰 규모의 조직에서 더 자주 발생하며 더 파괴적이기 때문이다. 관료주의는 혁신을 지연시킨다. 정체된 현직자들은 혁신적인 반란군이 그들을 빠르게 지나쳐가는 것을 지켜본다. 반란군을 따라잡기 위해 용기를 내고 투자금을 얻어내는 일은 점점 불가능해진다. 기업의 수명이 점점 짧아지는 이유가 여기에 있다. 1950년대에는 60년이던 S&P 500대 기업의 평균 수명이 지금은 20년 이하로 짧아졌

도표 3-1 **애자일의 최적 균형점**

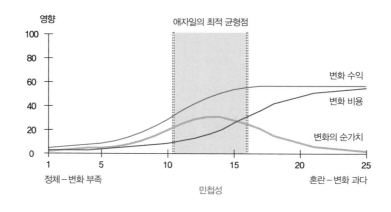

다. 전문가들은 2027년에는 12년으로 줄어들 것이라고 예측한다.[4]
이스트먼코닥Eastman Kodak, 라디오섹RadioShack, 폴라로이드Polaroid,
블록버스터Blockbuster, 토이저러스Toys 'R' Us, 제록스Xerox 등 한때 왕
성하게 활동하던 기업들의 걷잡을 수 없는 쇠락의 스토리는 혼란
에서 비롯된 소멸의 공포를 불러일으킨다.

변화 과다

다른 극단인 무질서한 비즈니스 시스템도 위험하긴 마찬가지
이다. 이런 상태는 대기업보다는 소규모의 신생 기업에서 흔히 나
타난다. 급성장한 기술 기업 3,200곳에 대한 연구는 빠르게 움직
이는 스타트업의 주된 실패 요인이 때 이른 확장이라는 것을 보여
준다. 근본적인 비즈니스 구상에 대한 검증과 안정적이고 반복 가

능한 운영 시스템의 구축이 적절히 이루어지기 전에 섣불리 성장을 추진한 것이다. 스타트업 기업이 시장에서 검증되기까지는 설립자들 대부분의 예상보다 2~3배 더 긴 시간이 필요하다는 것을 여러 자료가 보여주고 있다.[5]

물론 대기업에서도 무질서한 시스템의 사례는 나타난다. 예를 들어 우버Uber는 이례적인 혁신을 보여왔지만, 당시 언론에서 많이 다루어졌듯이 초기에는 엉성한 운영 기준 때문에 어려움을 겪었다.[6] 이런 결함은 적절한 허가를 받지 않고 시작한 자율주행차 테스트에서부터 운전사 모집에 대한 허위 광고, 가격 담합으로 인한 기소, 성희롱 주장 제기, 경쟁업체에 대한 비윤리적인 가짜 승차 예약 혐의, 사생활 침해 등의 문제로까지 이어졌다. 마찬가지로 테슬라Tesla의 기발한 CEO 일론 머스크Elon Musk도 자신의 충동적인 성격이나 변덕스런 트윗, 운영 경험의 부족으로 인해 종종 혼란이 빚어진다는 점을 인정했다. 테슬라 모델3의 경우, 일론 머스크가 정한 생산 마감 시한이나 목표 가격은 도저히 맞출 수 없는 것이었고 결국은 약속을 지키지 못했다. 이런 기업 경영의 문제들은 테슬라를 파산 직전으로 몰고 갔다. 머스크는 〈식스티 미니츠60 Minute〉에 출연해 이렇게 말했다.

"시간 엄수는 제 장기가 아닙니다. 그러니까 음…, 지금까지 나온 다른 모델의 경우에도 약속을 지키지 못했는데 왜 이번에는 갑자기 제시간에 할 수 있을 거라 생각하죠? 저는 대량생산되는 차를 만들어본 적이 없습니다. 일이 정확히 언제 완성될지 어떻게 알 수 있죠?"[7]

스위트스폿을 찾기 위해서는 민첩성 향상에 따르는 비용과 수익을 추산해야 한다. 민첩성은 이례적인 수익을 낳을 수도 있지만, 균형을 맞춰야 하며 상호 절충을 할 때는 양을 정해야 한다. 수익과 비용에 대한 대략적인 추산만으로도 여기에 얼마나 많은 것이 걸려 있는지, 회사의 애자일 변환이 어디까지 이어져야 하는지, 얼마나 빠르게 진행되어야 하는지에 대한 현실적인 예측을 정하는 데 도움이 된다.

애자일 향상의 대표적인 성과와 그 요인에 다음과 같은 것들이 있다.

- **매출의 대폭적인 성장**: 더 나은 신제품의 더 빠른 도입, 서비스 개선, 보다 큰 가격 결정력(더 높은 수준의 혁신 덕분에), 새로운 사업의 론칭, 신규 고객 유입, 더 많은 고객 유지, 고객의 평생 가치 향상.
- **비용 절감**: 보다 효율적인 혁신, 쓸모없어진 재고품의 감가상각 감소, 인재 영입과 유지 능력의 개선, 이직률 감소, 사기 진작 및 생산성 향상, 비생산적인 활동의 제거.
- **자산 감소**: 프로세스 내의 업무 감소, 재고 수준 감소

잠재적 비용은 회사마다 다르지만, 다음과 같은 비용과 발생 요인을 예측해야 할 것이다.

- 변환 비용: 새로운 기술에 대한 투자, 교육과 코칭 비용, 재배치되어 새로운 업무방식과 역할을 익히는 직원들의 생산성 저하.
- 효율 비용: 저하된 임직원 가동률(반응 시간의 단축을 위해), 줄어든 대량생산의 이익, 이중 작업, 일부 기능부서의 균일성 저하로 인한 비용, 실험 증가로 인한 비용.
- 위험 증가: 기술과 역량이 낮은 개인에 대한 관리감독 부실로 인해 더 많은 실수가 빚어질 위험, 예측을 둘러싼 변수의 증가로 인한 위험
- 조직적 비용: 팀 간의 조정 비용, 팀의 동일 장소 배치 비용, 애자일 접근법과 맞지 않는 사람들의 높은 이직률, 과제와 보고 체계의 잦은 변경으로 인한 비용.

이런 상호절충 관계들에 대해 미리 파악하면 현실적인 예상을 할 수 있다. 이것은 또한 많은 애자일 전문가들이 점점 급진적이고 급작스러운 권고를 앞다퉈 내놓는 상황에서 우리가 균형과 절충의 중요성을 끊임없이 강조하는 이유이기도 하다

답이 한 가지 있다. 애자일 여정을 시작하기 전에 검색창에 '효과 없는 애자일'이라 쓰고 검색해보라. 4,000만 개(가상의 숫자가 아니다.) 이상의 결과를 볼 수 있을 것이다. 몇 가지 표제를 예로 들어보자. '왜 애자일이 효과를 내지 못하는 것일까?', '워터폴 프로세스로의 회귀', '애자일, 특히 스크럼이 끔찍한 이유', '왜 사람들은

애자일을 포기하는가?' 요즘 같은 시대에 인터넷에 오르는 것을 그대로 믿을 사람은 없다. 그렇지만 최소한 몇 가지 비판쯤은 확인하고 되풀이되는 주제를 찾아보며 문제에 대처할 준비를 해야 한다.

부족과 과다의 위험을 피해 애자일의 최적점에서 길을 찾는 것이 이론상으로는 합리적이고 간단하다. 그렇지만 회사에 따라 정확한 최적점이 각기 다르다는 점에 유의해야 한다. 적절한 균형은 업계, 기업, 사업 분야에 따라 다르다.([도표 3-2-1], [도표 3-2-2] 참조) 게다가 거치는 시간과 경험에 따라 변화하기도 한다. 때문에 다른 기업의 사례나 급진적인 이니셔티브를 모방하여 손쉽게 애자일 기업을 창조하려는 시도가 효과를 보는 경우는 드물다. 예컨대 동시다발적인 애자일 변환을 시작하려고 할 때에는 최적점을 예측해야 할 것이다. 하지만 기업은 예상할 수 없는 방식으로 움직이는 복잡한 시스템이며, 모호하고 불확실한 조건 속에서 예측은 빗나가기 마련이다.

게다가 인간은 스스로 생각하는 것보다 더 예측에 서투르다. 댄 로밸로Dan Lovallo와 대니얼 카너먼Daniel Kahneman은 그들이 '계획 오류planning fallacy'라 부르는 것에 대해 설명한다. 사람들은 프로젝트 기획에 있어서 자신의 능력을 과대평가하고, 미래를 만들어가는 능력을 과장하며, 비용과 시간, 위험은 과소평가한다.[8] 펜실베이니아 와튼스쿨의 교수이며《수퍼 예측, 그들은 어떻게 미래를 보았는가Superforecasting》의 공저자인 필 테틀록Phil Tetlock은 출발점에

도표 3-2-1 **전형적인 애자일 조건**

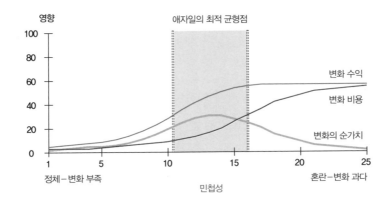

도표 3-2-2 **바람직한 애자일 조건**

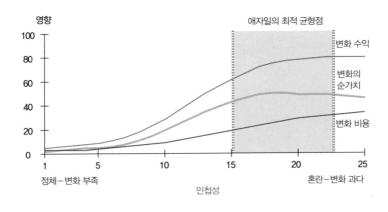

서의 예측은 동전 던지기와 같은 50퍼센트 정도의 정확도를 가진
다고 가정하는 것이 좋다고 말한다.[9]

급진적인 애자일 구조조정이 그 인기에도 불구하고 실패하기

쉬운 이유가 여기에 있다. 리더들은 거의 모든 사람을 애자일 스 쿼드나 트라이브에 밀어넣는다. 애자일 마인드는 가졌지만 경험 이 거의 없는 사람들을 전문 지식이 필요한 자리에 앉힌다. 또한 인력 감축을 시도하는데, 특히 지원 및 관리부서의 직원은 20~30 퍼센트까지 줄이려 하기도 한다. 균형은 찾아보기 힘들다. 연구자 들은 그런 프로그램의 결과를 5년 이상 지켜봐왔다. 이런 접근법 을 추구하는 기업들은 종종 수백, 수천 개의 애자일팀을 만들고 관료주의에 따른 비용을 줄인다. 하지만 전반적인 비즈니스 민첩 성과 성과는 거의 개선되지 않는다.

최종결과를 지향하는 시스템 구축

모방과 예측으로 효과를 얻지 못한다면 무엇을 해야 할까? 기 업은 균형, 즉 적절한 민첩성과 변화의 정도를 어떻게 찾을 수 있 을까? 마크 앨런을 다시 떠올려보자. 그는 목표를 명확하게 세웠 다. 철인 3종 경기 우승. 그는 자신의 체력 향상을 추적할 중요한 지표들을 개발했다. 그는 그런 지표들을 사용해서 가장 중요한 장 애물들을 확인했고, 자신의 프로그램을 꾸준히 조정해서 장애물 과 정체기를 극복해나갔다. 그렇게 해서 그는 적절한 속도를 찾아 줄 통합적인 시스템을 만들었다. 이들 각 요소를 비즈니스 조직의 맥락에서 살펴보자.

목표 설정

앨런이 원한 것은 멋진 몸매나 보디빌딩 대회에서 우승하는 것이 아니라 철인 세계선수권대회에서의 우승이었다. 기업에도 이런 명확한 목표가 있어야 한다. 민첩성을 향상시키는 것 자체가 목적인 기업은 없다. 애자일은 목적을 위한 수단이고, 목적은 조직마다 다 다를 것이다. 명확한 공동의 목표를 중심으로 뭉친 조직의 단합이 잘 될수록 세부적인 관리 없이도 팀들이 자율적으로 적절하게 일해낼 거라는 믿음이 생긴다. 그렇게 될 때 모든 구성원이 계획 이면의 목적에 헌신하며 예상치 못한 환경에 효과적으로 적응할 수 있다. 기업의 목표를 표현하는 방법은 매우 중요하다. 와비 파커Warby Parker는 목표를 이렇게 말한다.

"디자이너 안경을 혁신적인 가격에 공급하는 동시에 사회적 의식을 가진 비즈니스로 향하는 길을 선도한다."[10]

와비 파커의 직원들은 상당한 자유를 누린다. 이 목표가 매우 이해하기 쉽기 때문이다. 한편 반스앤노블Barnes & Noble은 오랫동안 회사의 목표를 다음과 같이 표현해왔다.

"우리의 사명은 무엇을 판매하든 미국 최고의 전문 소매업체를 운영하는 것입니다. 우리가 파는 제품이 책이기 때문에 우리의 비전은 우리 매장의 선반을 채우는 책들의 이상과 약속에 반드시 부합되어야 합니다. 우리의 사명이 판매하는 제품과 별개로 존재한다고 말하는 것은 도서 판매자라는 일의 중요성과 특별함을 훼손하는 것입니다. 도서 판매자로서 우리는 규모나 역사, 또는 경쟁업체의 의도와 관계없이, 우리 업계에서 최고가 되기로 마음먹었습니다. 우리는 진화하는 우리의 비전에 맞는 도서 판매의 접근법과 스타일을 계속해서 우리 업계에 적용할 것입니다. 무엇보다 우리는 우리가 서비스하는 커뮤니티에게 인정받는 기업이자, 우리 고객에게 귀중한 자원, 그리고 헌신적인 도서 판매자들에게는 성장하고 번영할 수 있는 장소가 되기를 기대합니다. 이런 목표를 위해 우리는 고객과 직원 덕분에 존재한다는 것을 기억하고 그들의 목소리에 귀 기울이겠습니다."[11]

이 성명은 아무리 읽어봐도 쉽게 이해되지 않는다. 애자일팀에게 이런 목표를 실행하도록 온전히 맡길 수 있을까?

애초부터 잘못된 목표도 있다. 하나는 그저 최신 유행의 경영철학을 따르려 하는 경우이다. 또한 비즈니스 프로세스는 혁신하지 않고 인력만 감축한 뒤 해고를 애자일의 탓으로 돌리려 하는 경우이다. 이런 잘못된 이유로 애자일을 추구한다면 아예 하지 않느니만 못하다.

민첩성 측정 지표

오늘날의 많은 경영진들은 회사가 보다 민첩해지기 바란다. 애자일을 시도하기 위한 파일럿 프로그램에 착수한 기업들도 있다.

하지만 우리의 경험으로 보면 정확하게 현재 위치를 평가하거나 진척 상황을 추적할 방법을 아는 경우는 거의 없다. 대부분은 무엇을 얼마나 바꿔야 하는지조차 알지 못한다. 운영 중인 애자일팀의 수를 헤아리는 것으로 진척 상황을 파악하려 하는 경우도 있다. 애자일 기법을 교육 받은 사람들의 수를 말하는 이들도 있다. 민첩성이 현금흐름이나 주가에 미치는 영향을 측정하는 사람은 손으로 꼽을 정도에 그친다.(물론 일부 애자일 맹신자들은 주가를 측정하는 것조차 비난한다. 우스운 일이다. 주가가 전부가 아니라고 해서 그것이 아무런 가치가 없다는 의미는 아니다.)

여기서의 문제는 이것이다. 모든 기업이 현재의 민첩성이나 민첩성을 향한 진척 상황을 평가하는 데 이용할 수 있는 간단한 지표는 없다는 것이다. 따라서 기업들은 자기만의 맞춤형 지표를 개발해서 인풋, 활동, 아웃풋, 최종결과, 목표를 비롯한 시스템의 주요 요소들 간의 관계를 적절한 애자일 방식으로 테스트해야 한다.([도표 3-3]) 우선 이런 요소들 각각에 대해 알아보자.

- **목표**: 애자일 기업의 궁극적인 사명과 비전을 말한다. 와비 파커의 비전인 '사회적 의식을 가진 비즈니스로 향하는 길을 선도한다'와 같이 애자일 비즈니스 시스템의 장기적인 누적 효과를 말한다.
- **최종결과**: 보통 1~3년 내의 애자일 활동과 아웃풋으로 달성되는 단기적인 변화와 수익을 말한다. 시장점유율, 매

도표 3-3 다섯 가지 지표

인풋

결과를 만드는 데 이용되는 자원
- 적절한 수의 자격 있는 애자일 전문가 배치
- 적절한 애자일 교육과 코칭 기술
- 애자일 방식을 촉진하는 조직구조, 문화, 기술 아키텍처
- 편의시설

활동

아웃풋을 창출하는 조치와 프로세스
- 경영진이 애자일팀의 역할을 하고, 직원들을 신뢰하며 자율권을 주고, 고객에게 집중한다.
- 팀이 애자일 가치관을 수용하고 효과적으로 확장한다.
- 운영부서가 애자일팀과 협력한다.
- 관리 시스템이 애자일 가치와 관행을 지원한다.

아웃풋

활동이 산출하는 것. 수행된 활동의 직접적·즉각적 결과
- 고품질 제품 및 서비스
- 팀 생산성 및 사기 향상
- 빠른 의사결정 속도 및 출시 속도
- 보다 지속가능한 업무량

**최종
결과**

활동과 아웃풋에 의해 달성된 변화와 수익
- 개선된 시장점유율과 매출 성장
- 개선된 수익성
- 개선된 직원 참여
- 개선된 주가
- 개선된 고객 지지도와 태도

목표

활동, 아웃풋, 최종결과의 장기적 누적 효과
- 기업의 사명과 비전을 달성하기 위한 측정 가능한 진척 상황

* 출처: W. K. 켈로그재단 로직모델 개발 지침 W. K. Kellogg Foundation Logic Model Development Guide을 기반으로 작성. https://www.wkkf.org/resource-directory/resource/2006/02/wk-kellogg-foundation-logic-model-development-guide (2020년 1월 22일 기준).

출, 주가, 수익성, 고객의 구매 행위, 그리고 팀 생산성 등의 변화가 해당된다.

- **아웃풋**: 업무의 직접적이고 즉각적인 결과이다. 애자일 아웃풋의 흔한 예는 고품질 제품과 서비스, 신속한 의사결정, 신속한 개발 사이클과 출시 속도, 향상된 팀 생산성과 사기이다. 애자일팀을 운영하지 않는 부서들도 애자일 가치관을 받아들이고 변화 속도를 높이고 있는가? 운영모델이 민첩성을 강화하는가? 전체 시스템이 보다 효과적으로 협력하고 있는가? 아웃풋을 돈으로 환산할 수는 없다. 하지만 아웃풋을 이용해 애자일 활동이 긍정적인 최종결과로 이어지는 결실을 내고 있는지를 판단할 수 있다.

- **활동**: 아웃풋을 만드는 조치와 프로세스를 말한다. 여기에는 경영진, 애자일팀, 운영팀, 지원과 관리부서 등의 조치들이 포함된다. 경영진은 자기의 고유 업무에 애자일 방식을 활용하는가? 그들은 직원을 신뢰하고 그들에게 자율권을 부여하는가? 그들은 철저히 고객에 초점을 맞추어 변화하는 고객의 니즈에 빠르게 적응하는 문화를 만들고 있는가? 가장 재능 있고 혁신적인 인재들이 애자일팀에서 일하고 있는가? 그 팀들은 꾸준히 애자일 가치, 원칙, 방식을 고수하는가? 배치되어야 할 모든 곳에 애자일팀이 배치되어 있는가? 기획, 예산편성, 자원배분 등의 프로세스는 회사의 우선순위에 따라 자원이 빠르게 지원되도록 자

주 유연하게 이루어지는가?

- **인풋**: 결실을 만드는 데 이용되는 자원이다. 여기에는 재정적 자원, 애자일 전문가의 수와 역량, 조직구조, 소프트웨어 툴, 기술 아키텍처가 포함된다. 애자일 방식에 대해 회사가 갖고 있는 경험은 어느 정도인가? 리더는 어떤 사고방식과 문화적 규범을 갖고 있는가? 회사의 기술 역량은 어느 정도인가? 업계의 조건은 또 다른 핵심 인풋이다. 기술이나 의료제품, 소매와 같이 유난히 변동이 큰 업계의 기업이라면 기초 자재나 공공 부문 같은 업계보다 적응력 높은 혁신이 필요하다. 전략적 우선순위도 중요하다. 예를 들어 가격 경쟁력이나 매출 규모에 집중하는 전략을 펼친다면 혁신에 집중하는 전략에 비해 민첩성이 덜 필요하다.

이런 요소들이 함께 어우러져 애자일 비즈니스 시스템을 만든다. 올바른 애자일 실행이란 변덕스럽고 예측 불가능한 조건에서도 이들을 적절하게 융합하여 지속적으로 회사의 목표를 추구하는 것을 의미한다. 애자일의 측정을 위해서는 각 영역의 지표를 개발해야 한다.

이런 것들이 다소 복잡해 보인다는 것은 알고 있다. 하지만 실제로는 기존의 복잡한 문제들을 보다 관리하기 쉽게 조직하고 시각화하여 처리하는 방법이다. 결과를 개선하기 위해서는 결과가 어디에서 비롯되는지 파악한 뒤 그 원인이 되는 프로세스를 개선해야 한다. 그 비결은 동적 시스템을 확실하게 이해할 수 있도록 자세하게 분석하는 방법을 배우는 것이다. 하지만 너무 지나치지 않아야 한다. 즉 균형점을 찾아 최소한의 실행 가능한 해결책에 의지해야 하는 것이다.

사례를 살펴보는 것이 도움이 될 것이다. 한 소매업체는 조직 내 애자일팀의 숫자가 늘어나면서 매출이 증가하자 흥분을 감추지 못했다. 하지만 다양한 측면에서 어떤 일이 벌어지고 있는지 분석한 후 직원들은 크게 놀라고 말았다. 매출(중요한 최종결과) 증가의 요인이 실은 업계의 빠른 성장에서 비롯되었던 것이다. 게다가 그런 성장에서 회사가 차지하는 시장점유율(보다 중요한 최종결과)은 오히려 감소하고 있었다. 기존 핵심 고객은 여전히 충성도가 높았지만 빠르게 증가하고 있는 큰 규모의 차세대 고객을 유인하는 데에는 실패하고 있었던 것이다. 이들은 전통적인 형태의 마케팅이나 홍보에는 영향 받지 않았다. 그들은 더 빠르고 신뢰할 만한 온라인 배송을 원했다. 브랜드에 초점을 맞추기보다는 더 내추럴한 피부관리(아웃풋) 같은 솔루션에 집중한 매장 내 쇼핑 경험을 원했다. 애자일 공급망팀이 있었지만 그들은 기존 창고의 효율을 높이는 데 집중하고 있었다. 그보다는 고객들이 온라인으로 구매한 상품을 매장에서 즉시 찾아갈 수 있도록(활동) 더 나은 옵션을 제공하여 비용과 속도를 개선하는 편이 나았을 것이다. 적절한 브랜드 구매, 적절한 진열 방법 개발, 또는 고객을 위한 최고의 서비스 경험 제공(더 많은 활동)에 집중하는 애자일팀은 없었다. 설상가상으로 애자일팀에는 차세대 고객의 니즈(인풋)를 대변하거나 이해하는 구성원이 없었다. 이런 인과관계를 파악했다면 애자일팀은 거기에 매달려서 인풋, 활동, 아웃풋, 최종결과, 목표를 개선시켜야 한다.

장애물을 넘어 지속가능한 속도의 결정

이제 이 장의 제목, '얼마나 민첩해질 것인가?'가 왜 까다로운 질문인지 알게 되었을 것이다. 애자일 여정의 시작 지점에서 그 답을 예측하는 것은 불가능에 가깝다. 예측, 지시, 관리는 어떤 혁신 과정에나 위험한 접근법이지만, 새로운 비즈니스 시스템을 설계하고 개발하는 데 있어서는 특히 더 위험하다. 아이러니하게도 수백 수천의 애자일팀이 애자일 원칙과 방식을 따르기를 기대하는 경영진이 한편에서는 무의식적으로 관료주의적 방법으로 되돌아가 새로운 시스템을 구상하고 개발하고 실행하는 경우가 있다. 앨버트 아인슈타인이 했다고 추정되는 말이 있다. "문제를 만든 것과 같은 수준의 사고로는 그 문제를 해결할 수 없다." 그럼에도 불구하고 너무나 많은 경영진들이 바로 그런 식으로 애자일 변환에 접근한다. 실수는 다양한 형태로 나타난다.

• 리더들은 지적인 부분에서 겸손을 보여주고, 제시하는 비

전은 경험에 따라 조정 가능한 프로토타입이라는 것을 인정해야 한다. 그런데 많은 리더들은 모든 답을 갖고 있는 척하며 변화의 동기 부여를 극대화시키려 한다. 그들은 유연성 없는 조직구조를 도입한다. 그들은 헌신에 대한 의문을 잠재우기 위해 선택의 여지를 없애버린다.

- 일선 직원은 리더의 가장 중요한 고객이다. 그들이야말로 혁신 프로세스에서 반드시 협력해야 할 사람이자 궁극적으로는 시스템을 운영해야 하는 사람들이다. 그런데 많은 경영진들은 작전실 안에서 변화를 모의하고 언론 공식 발표를 통해 공표한다.
- 리더들은 가장 경험이 많은 직원의 피드백을 개선의 귀중한 기회로 보지 않는다. 오히려 그들의 의견을 저항자의 비난으로 받아들이며 교정이나 해고가 필요하다고 판단한다.
- 경영관리 부서는 변화에 대응하는 대신 빨간 점들이 가득한 복잡한 갠트차트를 만들어 계획에서 벗어난 사람들을 찾아낸다.

위 지표들의 가치는 진짜 장애물을 제거하는 데 노력을 집중할 수 있도록 하는 것이다. 일이 진척되는 과정에는 언제나 제약이 따른다. 하지만 보통 장애물은 대부분의 사람들이 상상하는 것보다 적다. 장애물이 아닌 문제를 교정하느라 매달린다면 해결은 못한 채 시간과 돈과 에너지만 낭비하게 된다. 조급한 조직 개편이 매번 리더들의 기대만큼 유용하지 못한 이유도 이 때문이다. 그런 행태는 보통 다른 문제를 가리기 위한 속임수이며 대개는 가치가 아니라 트라우마만 더 만들어낸다.

구조조정은 대규모 해고의 완곡한 표현인 경우가 많다. 기업은 분권화와 중앙집권화를 옮겨 다닐 때마다 매번 비용을 줄이기 위한 해고를 발표하는데, 그 이유와 방법에 대해 생각해본 적 있는가? 왜 그들은 기능적 조직에서 제품 중심 조직으로, 매트릭스 조직으로, 오락가락하며 조직의 형태를 바꾸는 것일까? 어떻게 모든 변화가 비용 절감의 추진으로 이어질까? 보통의 경우 경영진이 먼저 비용 한도를 정하고 거기에 부합하는 조직구조를 설계한 뒤, 결과는 운영자들이 담당하도록 떠넘기기 때문이다. 애자일 실행은 조직 변화로, 심지어는 지속적인 조직 변화로 이어지곤 한다. 하지만 조직구조는 거의 언제나 진짜 장애물이 아니며, 기업에 즉각적인 대규모 해고가 필요한(혹은 대규모 해고로 수익을 보는) 상황은 거의 존재하지 않는다.

사실 가치는 높이고 비용은 낮추면서 애자일 방식으로 변환해 갈 많은 방법이 애자일 자체에 있다. 진짜 장애물을 교정하는 데 초점을 맞춰야 한다. 리더십팀은 애자일팀처럼 행동해야 한다. 공동의 비전을 명확히 하라. 이것으로 충분하지 않다면, 고객들이 원치 않고 팀이 실행할 수 없는 활동을 중단하라. 비효율적인 혁신 그룹은 애자일팀으로 대체하라. 아직도 부족하다면 계획과 예산편성을 주기가 더 짧고 간단한 프로세스로 전환하라. 지원과 관리 기능부서의 비즈니스 프로세스를 내부 고객의 더 큰 만족을 위해 바꾸어야 한다. 시스템이 여전히 불균형하다면, 성과에 대해 더 자주 피드백하라. 이런 단순한 해법이 효과가 있다면 비용이 많이 드는 고통스러운 해법들을 피해 지속적인 발전을 추구할 수 있을 것이다.

이런 변화 레버는 애자일 리더십팀의 필수적인 백로그가 된다. 리더십팀은 매우 혁신적이고 새로운 애자일 시스템을 개발해야 하는데, 이런 특성들이 함께 어우러지면서 시스템이 효과를 발휘한다. 다른 애자일팀과 마찬가지로 리더십팀은 이런 활동들의 우선순위를 정한 뒤, 활동들을 순서대로 배열하고 조화시켜 최소의 비용으로 최대의 가치를 창출한다. 구성원들은 여러 분야를 아우르는 그룹을 이루어 협력해서 시스템을 만들고, 장애물을 제거하고 예기치 못했던 결과가 발생할 때는 방향을 전환한다.

우리는 이런 프로세스를 예술가이자 과학자인 음악 믹싱 엔지니어 같다고 생각한다. 최고 음역이 거슬리지만 바꾸기 어렵다면 베이스의 음역대를 높여서 조화를 이루게 한다. 필요 이상으로 손대지는 않는다. 그렇게 되면 다른 문제가 생기고, 그러면 또 다른 수정을 해야 할 것이기 때문이다.([도표 3-4] 참조, 정의는 부록 B 참조)

이런 모든 장치들은 적절한 문제에 적절한 순서와 적절한 방법으로 적용되었을 때 가치가 있다. 이 책에서 모든 가능성을 자세히 설명할 수는 없지만, 4장부터 8장까지는 가장 널리 사용되고 있는 몇 가지 변화 관리 기법들의 사용 방법에 대해 논의할 것이다.

도표 3-4 애자일 기업 운영모델의 균형

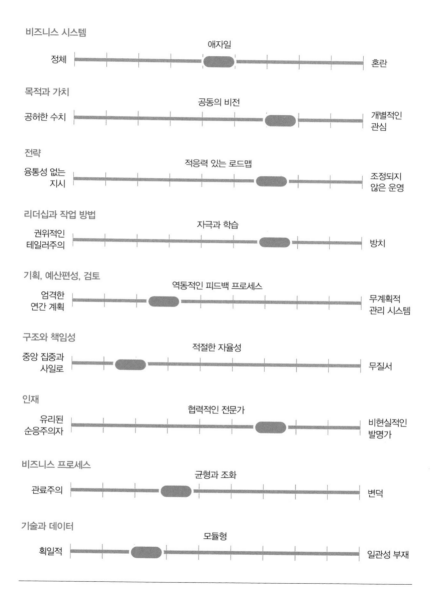

비즈니스 시스템

정체 ———————————————— 애자일 ———————————————— 혼란

목적과 가치

공허한 수치 ———————————————— 공동의 비전 ———————————————— 개별적인 관심

전략

융통성 없는 지시 ———————————————— 적응력 있는 로드맵 ———————————————— 조정되지 않은 운영

리더십과 작업 방법

권위적인 테일러주의 ———————————————— 자극과 학습 ———————————————— 방치

기획, 예산편성, 검토

엄격한 연간 계획 ———————————————— 역동적인 피드백 프로세스 ———————————————— 무계획적 관리 시스템

구조와 책임성

중앙 집중과 사일로 ———————————————— 적절한 자율성 ———————————————— 무질서

인재

유리된 순응주의자 ———————————————— 협력적인 전문가 ———————————————— 비현실적인 발명가

비즈니스 프로세스

관료주의 ———————————————— 균형과 조화 ———————————————— 변덕

기술과 데이터

획일적 ———————————————— 모듈형 ———————————————— 일관성 부재

애자일 선언이 발표되기 거의 20년 전, 젊은 마크 앨런은 이 선언의 원칙과 관행을 스스로 발견했다. 그의 목표는 철인 세계선수권대회에서 우승하는 것이었다. 하지만 그 목표를 달성하려면 움직이는 표적을 맞춰야 했다. 1978년 첫 철인대회 우승자는 11시간 46분 58초 만에 코스를 완주했다. 1982년 2월 앨런이 선두 경쟁자들의 결과를 모방한 훈련을 시도했을 때 우승자의 기록은 9시간 19분 41초였다. 2위는 9시간 36분 57초를 기록했다. 이들을 기준으로 삼은 훈련은 극심한 신체적 정신적 피로를 불러왔고, 앨런은 잠재력을 개발하지도 못했다. 1989년 처음으로 철인 세계선수권대회에서 우승했을 때, 앨런은 8시간 9분 14초의 기록으로 목표를 달성했다.[12] 개척자들에 비해 3시간 30분 이상 빠른 기록이었다. 그는 힘들지만 지속가능한 속도를 정해 훈련하는 법을 배웠다. 그는 끈기가 있었고 장기적인 시각을 가지고 있었다. 최적의 속도로 운동하면서 그의 성적은 꾸준히 개선되었다.[13]

경영진은 자신과 조직을 훈련 중인 트라이애슬리트라 생각해야 한다. 최대유산소심박수는 조직의 지속가능한 변화 속도이다. 성과의 정체를 돌파하기 위해서는 근육 강화 훈련이나 영양 개선 대신 리더십 행동, 문화적 규범, 기획과 예산배분 체계, 조직구조, 인재 개발, 비즈니스 프로세스, 기술이라는 도구나 기법을 사용한다. 다음으로는 이런 기법들의 우선순위를 정하고, 순서대로 배열하고, 실행하는 방법에 대해 다루게 될 것이다.

1. 더 많은 애자일이 항상 더 나은 것은 아니다. 모든 비즈니스, 비즈니스 내의 모든 활동에는 최적의 범위가 있다.

2. 애자일 전환을 시작하면서 적절한 범위를 예측하는 것은 불가능에 가깝다. 그 시점에는 당신이 개발하려고 노력하는 그것을 개발할 방식을 알 수 없기 때문이다. 너무나 많은 변수들이 빠르고 임의적으로 변화한다. 그런 조건에서는 지속가능한 애자일 혁신 프로그램을 개발하고 실행해야 한다. 테스트하고, 학습하고, 그 과정에서 끊임없이 다른 애자일팀에 적응해야 하는 것이다.

3. 효과적인 애자일 프로그램은 인풋, 활동, 아웃풋, 최종결과, 목표에 대한 경험적 피드백에 적응해야 한다. 현재의 민첩성 수준이나 민첩성 개선의 진척 상황을 평가할 만큼 충분한 데이터를 가지고 있는 조직은 많지 않다.

4. 애자일 비즈니스 시스템 구축의 잠재적 수익과 비용을 확인하고 정량화하는 것은 어렵지만 노력할 만한 가치가 있다. 예측은 부정확할 가능성이 높다. 그렇더라도 얼마나 많은 가치가 달려 있는지, 얼마나 많은 시간과 재정적 자원을 투자할 가치가 있는지와 같은 질문에 답을 찾기에는 충분할 것이다.

5. 애자일 변환을 관리할 때는 애자일 방식을 사용하라. 자신과 자신이 속한 조직을 훈련 중인 트라이애슬리트라고 생각하라. 힘들지만 지속가능한 속도를 설정하라. 인내심과 장기적인 시각이 필요하다. 성과의 정체기에 도달했다면, 장애물을 돌파하고 성과를 다음 단계로 이동시켜줄 다양한 도구와 기법을 채용하라.

4장

애자일 리더십,
어떤 리더가
될 것인가?

**AGILE
LEADERSHIP**

　　보쉬 전동공구Bosch Power Tools는 독일 대형 기술기업 보쉬의 주요 사업 부문이다. 60여 개국에서 2만 명의 직원이 일하고 있으며, 2018년 매출은 46억 유로에 달했다. 2019년 CEO로 취임한 헹크 베커는 2016년 애자일 변환을 시작했다. 그는 6명으로 이루어진 직속팀을 만들어 애자일 프로세스가 진행되는 동안 전동공구 부문의 6개 사업부와 영업 조직, 본부를 이끌고 지원하도록 했다.

　　3년 후, 회사를 방문한 사람이라면 누구든 이 사업 부문의 일상적 운영에 전면적인 변환이 이뤄지고 있다는 것을 알게 되었다. 예를 들어 산업용품 시장에서 전문 전동공구를 다루는 이 사업 부문은 3단계 칸반 프로세스를 만들었다. 제품별 회의에서 시작한 스탠드업 미팅은 사업책임자와 사업부 차원으로 이어졌다. 천공기와 끌 부문 전동공구 솔루션의 사업책임자인 다니엘라 크레머Daniela Kraemer는 스탠드업 미팅에 대해 이렇게 설명했다.

"우리는 짧은 시간 동안 프로젝트의 업데이트 상황을 공유합니다. 칸반보드Kanban board에는 여러 항목의 업데이트 상황이 나타납니다. 그 위에 메모지가 붙어 있고 누구든 새로운 업데이트 내용이 있으면 보드 위의 메모지를 돌려놓죠. 그러면 빠르게 그쪽으로 넘어가거나, 논의가 필요한 중요한 주제일 경우에는 따로 회의를 잡습니다."

회의에는 공급망이나 마케팅 같은 전문 지식을 가진 책임자들과 프로덕트오너 등 8~10명이 참석한다. 30분이 소요되며 정시에 시작해 정시에 끝난다. 크레머의 말이다.[1]

"처음에는 시간이 많이 걸린다고들 생각했는데, 오히려 시간을 많이 절약해주었습니다."

사업부 단위에서는 리더들이 스스로 애자일팀을 구성하고 대부분의 기존 회의를 취소했다. 이렇게 회의 스케줄을 백지화하자 새로운 업무방식에 전념할 수 있게 되었다. 사업부의 스탠드업 미팅은 화요일과 목요일 오후 4시에 열렸다. 7미터 길이의 대형 게시판을 통해서 모든 주요 업무의 진척 상황을 확인할 수 있었다. 필요한 것이 있는 팀은 게시판 위의 항목을 90도 돌려놓았다. 리더들 역시 논의가 필요한 항목에 표시를 할 수 있었다. 회의는 스크럼 마스터가 진행했다. 정해진 안건은 없었다. 회의는 15~30분

정도 진행되며 각 항목에 할애되는 시간은 3분을 넘지 않았다.(일부 참가자들 간의 논의가 더 필요할 경우에 대비해 회의 후 30분의 시간을 비워둔다.) 팀원들은 칸반보드 위의 모든 새 아이디어를 백로그로 받아들였고, 3개월에 한 번은 주제의 우선순위를 정하는 특별회의가 열렸다. 모든 팀원들이 수익의 증가 상황, 제품 론칭의 시작 등을 모두 파악할 수 있다. 한 회의에서 다른 회의로 결과가 일관되게 이어지고 투명성이 보장되면서 의사결정의 속도가 빨라졌다.

보쉬 전동공구의 6개 사업부 중 마지막 사업부가 2018년 애자일 전환을 거쳤다. 2019년 베커는 애자일 리더십팀을 설치하고 이 팀을 지원할 애자일 마스터를 선임했다. 이들은 사업 부문의 전략을 실행하기 위한 14개 중점 주제를 규정하고, 조직 전체에 걸쳐 핵심 성과 지표로 배치했다. 베커는 매주 월요일 스탠드업 회의를 개최했다. 구성원들은 광범위한 조직적 주제를 논의하면서 우선순위에 따른 사안들과 개인별 책임에 대해 합의했다. 베커는 우리에게 이렇게 말했다.

"과거에는 특정 주제를 논의하면서도 그것이 전략에 어느 정도 부합하는지 명확하게 파악하지 못했습니다. 우리는 팀들의 스프린트를 항상 방해했죠. 이제 우리는 스프린트를 조정할 방법을 명확히 알고 있기 때문에 아무도 다른 사람을 방해하지 않습니다."[2]

또한 베커는 전략 프로세스의 규모를 대폭 늘렸다. 기업가의 책임을 팀에 맡긴다는 것은 더 많은 사람들이 전략과 사업 안건에 대한 논의에 참여해야 한다는 것을 뜻했다. 전동공구 부문은 보통

해마다 두 차례의 대규모 관리자 회의를 개최한다. 이전에는 20명의 리더들이 참가했지만 이제 참가자는 120명이 되었다. 2019년 봄 회의의 첫날은 리더십과 소프트 스킬 구축에, 둘째 날은 전략 사안에 할애되었다. 비로소 사업의 내부자가 된 사업 부문 55명의 사업책임자들로부터 극찬이 쏟아졌다.

———•———

사업을 이끈다는 것은 본래 쉽지 않은 일이다. 이것은 당신이 CEO든 지휘 체계상 하위 관리자든 마찬가지이다.

과거 100년 전의 리더들은 최소한 자신들이 무엇을 해야 하는지 알고 있었다. 필요한 일을 할 사람을 찾아서, 할 일을 지시하고, 그들이 지시대로 일을 정확히 했는지 확인하는 것이었다. 프레데릭 테일러의 과학적 관리는 이런 접근법을 정리한 것이다. 산업 엔지니어들은 효율적인 작업 프로세스를 설계하고, 사장은 그 일이 완수되었는지 확인한다. 그러나 시간이 흐르면서 많은 것이 바뀌었다. 많은 일들이 훨씬 복잡해졌다. 많은 근로자들이 지시를 그대로 따르지 않고 자신의 기술과 의견을 일에 끌어들였다. 더글러스 맥그리거Douglas McGregor의 유명한 Y이론은 '무엇을 할지 지시하라'는 X이론과는 다른 관리 스타일을 담고 있다. 이 이론은 새로운 환경에 더 적합한 것으로 여겨지며, 이전의 이론과는 확연히 다른 지침을 제시한다. 귀를 기울이고, 명령하지 말라. 직원들을

믿어라. 그들이 책임을 지도록 격려하라.[3]

경영대학원과 기업 문화는 Y이론을 권장했지만, 경영자와 관리자들은 좀더 친절하고 부드러운 X이론을 택하는 경우가 많았다. 명령하거나 호통을 치지는 않지만, 의사결정을 하는 사람은 분명히 정해져 있기 때문이었다. 왜 그러면 안 되는가? 어차피 그들은 성과측정 기준에 따라 고과를 받고, 그에 따른 보상을 받게 되어 있었다. 그들은 매출 및 비용 목표를 달성하고 예산에 맞춰야 했다. 또 어떤 일이 벌어질지 예측하고 적절하게 반응해야 했다. CEO, 나아가 이사회와 주주들은 변명을 원치 않았다. 그들은 결과를 원했다. 때문에 리더들은 소매를 걷어붙이고 일에 매달리며 부하직원들에게 해야 할 일을 정확히 지시하고, 필요한 경우에는 직접 처리했다. 마치 공장의 감독관들처럼 반드시 작업을 완료하는 것이 자신들의 일이라고 생각했다.

하지만 모두들 얘기하듯이 시대가 많이 변했다. 오늘날의 리더들은 더 이상 이런 관리 스타일을 유지하기가 어려워졌다. 예측가능성 같은 건 잊는 게 낫다. 세상은 너무나 빠르게 변하고 있고, 새로운 경쟁자가 도처에서 나타나고 있다. 기술은 계속 진화하며, 속도도 놀라울 정도로 빠르다. 전도유망한 관리자들과 젊은 기능전문가들은 회사가 줄 수 있는 것보다 더 많은 것을 기대하는 것 같다. 성장의 기회, 더 많은 급여, 일과 생활의 균형.

1990년대와 2000년대에 사업을 성공적으로 운영한 공로로 그 어느 때보다 책임이 무거운 리더의 자리에 오른 리더들은 이제 표류하고 있다. 더 열심히 일해도 보여줄 것은 줄어들고 있다고 느끼는 사람들이 많다. 때로는 일을 완전히 잘못하고 있는 건 아닌가 하는 의심이 그들 내부에서 고개를 든다.

보쉬 전동공구 부문의 헹크 베커는 일찍부터 그런 의심을 품었다. 그는 졸업 직후 기계공학 학위를 가지고 보쉬에 입사했다. 회사의 자동화 부문에서 출발해 수년간 기술과 역량을 키우면서 출세를 거듭했다. 과거에는 최고의 기능을 가진 리더가 되어 부하직원들에게 무엇을 할지 지시하는 것이 성공을 의미했다. 20년 이상 그런 일을 한 그는 2013년에는 전동공구 부문의 이사회에 입성했다. 처음에는 엔지니어링과 품질을 주로 책임졌으나 제조까지 맡게 되었고 결국 2019년 그 부문의 CEO가 되었다.

그런데 전동공구 부문에 변화가 생겼다. 몇몇 용감한 리더들이 들어본 적 없는 유형의 피드백을 그에게 주기 시작했다. 그들은 베커의 리더십 스타일이 조직의 성공에 도움이 되지 않는다고 했다. 또한 사람들의 잠재력을 최대한 이끌어내지도 못하고 보쉬의 전동공구 부문이 시장에서 승리하게 만들기도 어렵다고 했다. 그들은 어떤 방식의 리더십이 필요한지에 대해 사례를 들어가며 이야기했다. 헹크 베커는 그 경험이 "내 머리와 심장을 클릭했다"고 표현한다. 그는 태도와 행동을 바꾸기로 마음먹었다. 자아 성찰과 자기 인식에 나선 그는 더 많은 피드백을 요청했다. 처음에 그의 팀은 베커의 태도가 진심인지 그냥 스쳐지나가는 시도인지 의심했다. 하지만 서서히 신뢰를 쌓아갔고, 그에게 적극적으로 피드백을 주는 사람들이 늘어갔다.

베커는 직원과 조직의 잠재력과 강점 쪽으로 초점을 옮겼다. 손실에 집중하지 않으려 노력하면서 긍정적인 언어를 사용하기 시작했다. 그는 일이 되지 않는 이유를 파악하려고 추궁하는 대신 이렇게 묻기 시작했다. "우리가 어떻게 하면 일이 가능해질까요?" 그는 일방적으로 지시하는 대신 귀를 기울이고 쌍방향 소통을 하는 데 중점을 두었다. 이런 노력의 일환으로 그는 독립된 사무실과 전용 주차구역을 포기했다. 또한 파워포인트 프레젠테이션으로 보고받는 것도 중단했다. 대신 팀을 찾아가 그들이 이미 사용하고 있는 정보를 활용했다. 시간이 걸렸지만 결국 이전과 다른 리더가 될 수 있었다. 애자일 변환을 성공적으로 시작할 수 있는 리더가 된 것이다.

애자일 리더의 출발점

우리가 만나는 거의 모든 임원과 관리자들은 베커가 경력 초기에 그랬듯이 열심히 헌신적으로 일하는 사람들이다. 그들은 자신의 일을 진지하게 생각하며, 회사의 성공을 위해 노력한다. 스스로 그렇게 표현하지는 않겠지만, 많은 경우 자신이 숭고한 미션을 실천하고 있다고 생각한다. 그들은 완수해야 할 일을 정확히 알고 직원들에게 그 일을 지시하는 것으로 큰 가치를 창출하고 있다고 믿는다. 자신의 역할은 직원들이 일을 잘못하거나, 시간을 낭비하거나, 일을 망치지 않도록 감시하는 것이라고 생각한다. 그들의 목표는 최선의 작업을 최대한 빠르게 최소한의 비용으로 완수하는 것이다. 자신들의 직접적인 지도가 없으면 직원들은 영원히 헛바퀴만 돌리고 있을 것이라 생각한다.

애자일 변환을 시작하는 한 회사를 도운 적이 있다. 우리는 리더들에게 네 가지 원칙과 그 원칙들이 리더십 행동에 대해 의미하는 것에 대해 깊이 생각해보라고 권했다. 이런 활동을 통해 숭고한 미션이나 가치를 창출하는 방법에 대한 리더들의 생각이 바뀌기 시작한다. 베커의 예가 보여주듯이 지휘의 방법을 변화시키기 위해서는 노력과 자제력이 필요하다. 다음 네 가지 원칙은 좋은 출발점이 될 것이다.

직원들은 일하면서 배운다

최근 헬리콥터 양육(잔디 깎기 양육, 제설기 양육이라고도 한다) 현상에 대한 이야기를 많이 듣는다. 헬리콥터 부모들은 자녀들을 사랑한다. 그들은 자신이 어린 시절 겪었던 어려움을 떠올리고 자신의 아이들은 보다 행복하고 성공하기를 바란다. 때문에 자녀에게 어려운 일이 생기면 헬리콥터처럼 급강하해서 그 일을 처리한다. 아이들의 앞길에 놓인 장애물을 제거하고 탄탄대로를 만들기 위해 교사와 교장, 코치를 만난다. 아이들이 문제에 맞서게 하는 대신 어려운 대화를 도맡고 문제를 해결하기 위해 노력한다. 한편으로 보면 그들의 생각은 분명히 옳다. 코치와 대화를 나누거나, 대학 에세이를 쓰는 일은 대부분 그들이 아이들보다 더 잘할 것이기 때문이다. 하지만 그 때문에 치르게 될 대가를 생각해야 한다. 아이들은 스스로 할 수 있다는 것을 배우지 못한다. 필요한 기술도 발전시키지 못한다. 최악의 문제는 앞으로 작은 충돌만 생겨도 엄마 아빠를 찾아 달려올 거라는 것이다.

그런데 헬리콥터 부모가 아이에게 하듯 직원을 대하는 리더가 많다. 직원들이 일을 잘 해낼 거라 믿지 못하는 리더들은 구체적이고 상세하게 지시한다. 필요한 경우 직원들은 스스로 자기 일을 한다. 그러나 일부 직원들은 헬리콥터 부모의 자녀들처럼 학습된 수동성을 받아들이고 상사가 지시할 때까지 기다린다. 반면 더 많은 재능이나 용기를 가진 사람들, 자기 할 일과 그 방법에 대해 알고 있는 사람들, 심지어 기존의 목표나 방법보다 더 나은 것을 알고 있는 사람들도 있다. 그런 사람들은 상사의 상세한 지시를 굴레로 느낀다. 일부는 회사를 떠날 것이다. 터프츠 대학교의 아마르 바히데Amar Bhidé 교수는 미국에서 가장 빠르게 성장하고 있는 500개 민간 기업에 대한 연구를 발표하면서,[4] 성공적인 창업자 중에는 이전 직장에서 벤처 사업을 론칭하려다 제지당한 사람들이 많다고 말했다.

애자일 환경의 리더들은 다른 접근 방법을 취한다. 무엇에 집중할 것인지는 알려주지만, 그것을 어떻게 할지는 지시하지 않는다. 방법은 팀원들이 스스로 찾아야 한다. 그들의 일은 실험하고 테스트하고 배우는 것이다. 어떤 제품이 시장에서 성공할까? 속도와 정확성 모두를 확보하려면 주문 입력 과정을 어떻게 변경해야 할까? 여러 부서에 자격을 갖춘 지원자가 끊이지 않게 할 좋은 방법은 무엇일까? 쉽게 해답을 찾을 수 없는 질문들이다. 리더들은 경험에 근거한 강력한 의견을 답으로 갖고 있겠지만 그것이 옳을지는 알 수 없다. 아이들과 마찬가지로 성인도 직접 해보고 무엇이 효과적인지 확인할 때 학습 효과가 가장 높다. 그것이 애자일팀의 특징이다.

신뢰는 시간이 흐르면서 형성된다

리더와 구성원들 사이의 신뢰는 맥그리거 Y이론의 핵심적인 부분이다. 그는 신뢰의 의미를 다음과 같이 설명한다.

"'나는 당신이 나를 고의든 우연이든, 의식적으로든 무의식으로든 부당하게 이용하지 않을 것임을 안다.' 이는 '나는 그 순간의 내 상황, 그룹 내에서의 내 지위와 자존심, 우리의 관계, 나의 일, 나의 경력, 심지어는 내 인생까지도 완벽한 확신을 갖고 당신 손에 맡길 수 있다'라는 의미이다."[5]

이것은 무리한 요구이다. 맥그리거의 정의가 과했다는 것은 많은 사례들을 통해 확인되었다. 부하직원의 의도나 기술을 확신하지 못하는 상황에서 리더가 그를 신뢰하기란 대단히 어려운 일이다. 부하직원 입장에서도 리더가 어떻게든 자신의 지시대로 정확히 완수되는 것을 최우선으로 한다면 신뢰하기가 몹시 어려울 것이다.

애자일은 시간에 따른 신뢰 구축 방법을 제시한다. 이 방법이 어떻게 작동하는지 다시 생각해보자. 애자일팀은 리더를 통해 미션과 필요한 자원을 부여받는다.

팀원들은 그 업무를 감당할 수 있을 정도의 요소들로 나누고 백로그를 만든다. 그런 다음 2주(예를 들어) 간격의 스프린트로 작업을 시작하고, 시간이 흐르면서 우선순위의 조정이 필요해지면 반영한다. 2주가 지나면 리더와 팀원 모두 무엇을 달성했는지 확인하고 그것을 통해 학습한다. 이 프로세스는 완전히 투명하다. 냉소적인 사람들조차 동의할 수밖에 없다.

회의적인 팀원들은 이렇게 말할 것이다. "겨우 2주 안에 한 팀이 문제를 얼마나 처리할 수 있겠어? 더구나 서비스를 제공하는 고객들의 피드백을 받고 있다면 더욱 어렵다." 하지만 팀원들이 궤도에서 벗어났다고 느끼면 리더는 다음과 같은 질문을 던져서 보다 빨리 그들을 생산적인 방향으로 되돌려놓을 수 있다. "우리의 핵심 전제는 무엇일까? 그것들을 어떻게 테스트할 수 있을까?"

이런 식의 신뢰를 통한 리더십에는 절제력, 특히 스트레스를 받는 상황에서의 절제력이 필요하다. 스트레스를 받으면 통제 본능이 끼어들기 시작하기 때문이다. 하지만 시간이 흐르면 절제하는 것도 점점 쉬워진다.

간단히 말해 직장에서의 신뢰는 추상적인 어떤 것이 아니라 사람들의 생산적인 협력을 통해 쌓아가는 것이다. 애자일팀의 사람들은 새로운 과제를 맡고 그 결과에 대해 책임을 진다. 그것이 신뢰할 수 있는 사람이 되는 방법이다.

당신만 할 수 있는 것을 하는 것이 모두에게 더 좋다

1817년 영국의 경제학자 데이비드 리카도David Ricardo는 《정치경제학과 과세의 원리에 대하여On the Principles of Political Economy and Taxation》를 발표했다.[6] 그 후 모든 경제학과 신입생들은 이 책에 설명된 국제 무역의 이점에 대해 배우게 되었다. 리카도에 따르면, 이론상 한 국가는 국경 내에서 모든 것을 만들고 어떤 나라와도 교역하지 않기로 결정할 수 있다. 하지만 국민의 입장에서는 가장 잘 만드는 것을 생산하는 데 집중하고, 잘 만들지 못하는 것은 그것을 잘 만드는 나라와의 교역을 통해 얻는 것이 훨씬 이득이다. 어떤 국가든 다른 국가에 대비해 비교우위가 있기 마련이다.

이것을 관리의 맥락에 적용시켜보자. 때로는 기술과 경험을 가진 관리자가 팀원들보다 거의 모든 것을 더 잘하는 경우가 있다. 보쉬의 베커는 최고의 엔지니어이자 최고의 제품 설계자였고 어떤 종류의 기능에 고객의 반응이 가장 좋은지도 정확히 파악하는 최고의 평가자였을 것이다.

하지만 그가 이 모든 과제를 수행하는 데 시간을 할애한다면, 기회비용이 커진다. 자신만 할 수 있는 과제들을 하지 못하게 되기 때문이다. 그는 전체적인 사업의 방향을 생각하지 못하고, 새로운 시장을 개척하지 못하며, 인수 기회도 놓칠 것이다. 그가 직원들이 해야 할 일을 하고 있다면, 모두의 상황이 더 나빠질 것이다.

고객이 원하는 것을 가장 잘 아는 것은 고객이다

기업의 CEO를 비롯한 수많은 리더들은 고객의 니즈를 확실히 파악하고 있다고 생각한다. 그런데 고객의 니즈를 파악하는 가장 좋은 방법은 시간을 들여 고객들과 이야기를 나누고 판단의 근거가 될 최소한의 정보를 모으는 것이다.

게다가 아무리 경험이 많고 직관이 뛰어나도 특정 기능에 대한 고객의 반응을 한 사람이 모두 파악하기는 힘들다. 경영진에게는 내부고객들(IT 부서, 인사, 재무, 창고 운영 등)이 일의 진행을 어떻게 바꾸길 원하는지, 혁신에 대해 어떤 반응을 보일지 파악하는 것 또한 어려운 일이다.

애자일팀은 고객이 원하는 것을 가장 잘 아는 것은 고객이라고 생각한다. 애자일팀들이 최소 단위의 실행 가능한 제품을 개발하는 것도 이 때문이다. 그렇게 하면 고객의 반응에 따라 제품을 수정할 수 있다.

내부 프로세스 혁신에 대한 작업을 하는 애자일팀은 보통 그런 혁신을 이용하게 될 사람들을 팀에 참여시켜, 아주 초기부터 고객의 피드백을 수렴한다. 팀의 대표는 관련 사업부 동료들과 의논하여 어떤 것이 좋아 보이는지 어떤 것이 실패인지에 대해 지속적으로 피드백을 얻는다.

목표를 지향하는 리더십팀의 재구성

베커처럼 우리가 제기한 문제들에 대해서 깊이 생각하고, 그에 따라 행동을 조정하는 애자일 리더들은 출발점과는 아주 다른 장소에 있는 자신을 발견하게 된다. 그들은 여전히 헌신적인 태도로 열심히 일하겠지만, 그들의 역할은 극적으로 바뀌어 있을 것이며 조직에 가치를 더하는 방법에 대한 생각도 매우 달라져 있을 것이다. 모든 경영진이 이런 새로운 방식을 따르게 되면 그들은 자신들의 미션을 재정의할 수 있게 된다.

우선 사업을 운영하는 일에서 손을 뗄 수 있다. 여기에 대해 잠깐 생각해보자. 대부분의 경영진은 문제를 해결하고 예산을 감시하느라 대부분의 시간을 보낸다. 하지만 조직 전체에 수십, 수백 개의 애자일팀이 퍼져 있다면? 새로운 가능성을 만들고, 효율을 개선하고, 문제를 제거하는 등의 혁신을 추구할 책임을 각 애자일팀이 맡고 있다면? 이제 리더들은 더 이상 자신의 시간을 이전에 하고 있던 일에 투자할 필요가 없다. 대신 그들은 자신이 더 잘할 수 있는 일을 하면 된다. 큰 그림을 보고 전략과 자원 배분에 대해 결정을 내리는 것이 그것이다.

물론 이런 일은 혼자 할 수 없다. 때문에 애자일 변환을 시작하는 회사는 조직의 가장 높은 곳에 있는 경영위원회를 애자일 리더십팀으로 재구성한다. 그들은 조직의 하위 리더팀에게도 같은 일을 한다. 이렇게 리더들이 시간을 할애하는 방법뿐 아니라 그들이 협력하는 방법까지 재규정된다.

　오늘날 대부분 기업의 경영위원회는 구성원들의 의견을 대표하는 기관이다. 사업부서의 책임자와 기능부서의 책임자들이 각 사일로의 대표자 입장에서 자기 부서의 성과를 보고하고 자기 부서의 이익을 지키는 것이다. 그들은 자기 부서의 예산을 더 많이 확보하고, 보유하고 있는 인재를 보호하며, 자기 경력에 대한 비전을 성취하기 위해 결정을 내린다. CEO는 각 사일로의 이해관계를 가늠하고 절충시켜서 전체의 이익을 위한 통일된 전략을 만들 책임을 맡는다.

　경영위원회 자체가 애자일 리더십팀으로 구성된다면 어떤 일이 벌어질까? 그렇게 되면 내외부 고객에게 서비스하는 애자일팀으로 기능한다. 한 사람이 운영 기술과 혁신 기술을 동시에 완성하는 경우는 없기 때문에 애자일 리더십팀은 집단의 힘을 활용한다. 이 집단은 단순한 개인의 집합이 아니라 더 나은 공동의 선_善에 집중하는 의사결정권자들의 팀이다. 사업운영 검토는 여전히 계속되지만, 그들은 학습하고 우선순위를 정하고 장애물을 제거하는 데 중점을 둔다. 때로는 운영 전문가가 선두에 서고, 때로는 혁신 전문가가 지휘를 한다. 하지만 효과적이고 확실하게 사업을 운영하고 상황에 맞춰 변화하며 이런 활동의 조화를 이루기 위해 두 그룹은 반드시 협력해야 한다. 애자일 리더십팀은 적절히 균형을 맞추어 사업의 운영과 혁신을 함께 진행해야 한다.

　좋은 애자일 리더십팀은 예측이나 명령, 통제를 늘리는 것이 아니라 수만 명에 달하는 직원의 잠재력을 개발하는 것이 기업의 가치를 최대로 창출하는 길임을 깨닫는다. 그들은 일선 직원들이 더 많은 결정들을 테스트하도록 위임한다. 전 조직이 테스트와 학습 기술을 키우도록 지원한다. 그들은 시스템 방식으로 사고하여 전체 시스템의 실행 가능한 축소판을 소규모로 만든다. 이런 축소판으로 리더들은 회사 전체를 위험에 빠트리지 않고도, 시간이 지나면서 그들이 다른 사람들과 어떻게 상호작용하는지 알기 위한 다양한 변화를 테스트해볼 수 있다. 관료주의자들은 회사 운영모델의 잠재적 변화를 테스트하면 자신의 속셈이 드러나 사람들을 놀라게 할까 염려한다. 반면 애자일 전문가들은 언제나 거의 모든 것을 테스트하고, 이어지는 적응에 조직이 점차 익숙해지기를 기대한다. 그들은 업무 사이클을 가속시키고 낭비되는 시간, 특히 의사결정에 소요되는 시간을 최소화한다. 그들은 직급의 위아래를 오가는 힘겨운 의사결정 과정을 진행하지 않는다. 기획, 예산 편성, 신제품 배치와 같은 복잡한 프로세스를 보다 작고, 보다 짧은 사이클의 모듈, 피드백 시스템으로 나눈다.

애자일 리더십팀은 복잡한 시스템을 탐색하고 있는 현실을 매우 중시한다. 애자일 리더십팀은 장기적인 예측이 소용없다는 것을 알고 있다. 애자일 기업으로의 전환이 밝은 대낮에 사막을 질주하는 것이 아니라, 비 내리는 어두운 밤에 위험한 산길을 운전하는 것에 더 가깝다는 것을 알기 때문이다. 팀원들은 도달하려는 목적지가 어디인지는 알지만 그들의 통찰력으로 판단할 수 있는 범위를 넘어 구체적인 방향을 정하지는 않는다. 얼마나 더 갈지, 얼마나 빠르게 갈지, 길 위에서 맞닥뜨린 바위를 어떻게 처리할지의 문제는 팀원들과 힘을 합쳐 상황에 맞게 결정한다.

간단히 말해 애자일 리더십팀이 전체 조직을 이끄는 전략팀이 되어 전체 구성원과 함께 각 사일로의 이익이 아닌 회사의 최대 이익을 찾는 것이다. 구성원들의 시간에 대한 관점이 변화한다. 단기적인 결과를 걱정하기보다는 장기적으로 조직의 역량을 구축하려는 목표에 집중하게 된다. 팀원들의 생산성을 개선시키는 데 그치지 않고 전체 직원의 생산성을 향상시키게 될 것이다. 어떻게 하면 사일로 리더에서 애자일 리더십팀의 구성원으로 사고방식이 전환될까? 우리는 리더십팀이 자기 버전의 애자일 성명을 만들고 거기에 헌신할 것을 제안한다. 부록 A에서 이런 성명서의 대표적인 예를 찾아볼 수 있다.

애자일팀을 고객처럼 응대하라

부록 A의 긴 미션 목록이 보여주듯이, 애자일 전환을 이끄는 데에는 많은 활동이 필요하다. 그 과정은 보통 팀이 애자일 기업에 대해 안내하는 비전을 개발하고 그것을 이용해 기업의 잠재적 수익을 전달하는 것으로 시작된다. 회의실에서 문을 걸어 잠그고 비전을 개발한 뒤 돌에 새겨진 십계명처럼 조직에 내놓는 것은 안

될 일이다. 팀은 애자일 활동을 실행할 사람들을 고객으로 생각해야 한다. 모든 애자일팀과 마찬가지로 애자일팀 리더들은 고객과 협업한다. 완전히 투명한 상태에서 애자일 기업을 이루기 위한 비전과 잠재력 전략을 함께 만든다. 이후 그 비전이 취할 수 있는 여러 방향에 대해 논의하고 그중 어떤 것이 가장 성공적일지 결정하기 위해 반드시 답해야 할 핵심 질문들을 확인한다. 이 과정에서 지적인 겸손을 보여야 하며, 인풋, 활동, 아웃풋, 최종결과, 목표를 모니터하고 질문에 대한 답에 적응하는 데 도움을 줄 지표를 공동으로 개발해야 한다.

애자일 전환은 완료가 정해진 프로젝트가 아니라 지속적인 개선 과정이다. 애자일 전환은 값비싼 기분 전환이 아니라, 사업이 운영되어갈 방식이다. 애자일 변환을 잘 이끄는 최선의 방법은 통제가 아닌 신뢰의 사고방식에서 시작된다. 일반적인 통념이나 할리우드 액션 영화에서와는 달리, 독재적인 경영은 위기에 효과가 없다. 지휘-통제 시스템이 좋은 효과를 내는 경우는 따로 있다. 운영이 안정적이고 예측 가능할 때, 지휘관이 운영 상황과 잠재적 해법에 대해 부하직원보다 월등히 많이 알고 있을 때, 중앙의 의사결정권자들이 많은 양의 결정을 효과적으로 처리할 수 있을 때, 표준 운영 절차를 고수하는 것이 변화에 적응하는 것보다 중요할 때가 그런 경우다. 자연 재해, 테러 공격, 대규모 전투, 대규모 비즈니스 전환과 같은 극단적인 상황인 경우는 해당되지 않는다. 경직된 지시를 하기에는 상황의 변동성과 예측 불가능성이 너무 높다. 최신 정보와 전문 지식은 중앙의 독재자나 용병들보다 그 분야의 노련한 운영자가 더 많이 갖고 있기 마련이다. 정보의 과부하는 지휘 본부를 무력화시켜 파괴적인 병목 현상을 만들어낸다. 표준 운영 절차는 실패한다. 상황이 비표준 그 자체이기 때문이다.

위기에는 독재적 권력이 필요하다는 신화에 빠져 있는 관리자들은 큰 대가를 치른다. 예상치 못한 전개에 상황 파악을 못한 그들의 반응은 느리다.(허리케인 카트리나, 체르노빌 원전 사고, 아마도 지금도 진행 중일 시어스의 몰락을 생각해보라.) 일선 직원을 신뢰하지 못하면 위기가 지나간 지 오래된 뒤에도 성장에 어려움을 겪을 것이다. 때문에 위기관리팀조차 지휘-통제 시스템보다 적응력이 높은 애자일 접근법으로 전환하고 있다.

이전에는 급박한 변환을 할 경우, 임원진으로 이루어진 소규모 팀이 회사의 문제를 파악하고 필요한 변화를 일으켰다. 애자일 전환을 할 때에는 수백 심지어는 수천의 직원들이 문제를 뿌리에서부터 공격하고, 이후의 일에 적용시킬 기술을 배우면서 경력을 쌓아간다. 애자일 리더십팀은 이런 전환 과정에서 직원들이 이전보다 적은 정보로도 빠른 결정을 내리도록 돕는다. 이를 위해 그들은 보통 다섯 가지 조치를 취한다.

1. 광범위한 사람들에게 전략적 비전을 투명하게 전달한다

   리더들은 과거보다 훨씬 많은 결정을 위임할 것이므로, 결정을 내릴 사람들이 반드시 해야 할 일과 그 이유에 잘 맞

는 결정을 내리도록 한다. 그래야 유연하면서도 전략에 가장 적합한 방법으로 진행될 수 있다.

2. 의사결정권자를 양성한다

사람들은 실수를 두려워하기 때문에 결정을 상관에게 미룬다. 강력한 리더는 코치와 트레이너 역할을 하면서 의사결정권자를 양성하고 역량을 강화한다.

3. 팀들 간 커뮤니케이션 통로를 강화한다

병목 현상을 막기 위해 모든 팀이 하고 있는 일을 언제든 모두가 확인할 수 있는 도구를 개발한다.

4. 학습 시스템을 가속시키면서 완벽보다는 진전에 중점을 둔다

예측 불가능성을 받아들이고, 과도한 정확성을 추구하느라 속도가 느려지지 않게 한다. 적절한 근사치 정도면 된다.

5. 평가 및 보상 시스템의 기준을 보다 큰 팀으로 확장시킨다

위기에서 가장 큰 문제 중 하나는 사람들이 자신들이 알고 신뢰하는 사람, 즉 자기 사일로 안의 사람들에게 유리하게 하는 경향이 있다는 것이다. 효율적인 애자일 리더들은 신뢰와 협력의 범위를 확장해간다.

물론 애자일 리더십팀에게는 애자일을 통해 얼마나 멀리, 얼마나 빠르게 나아갈지를 결정할 책임이 있다. 애자일 원칙대로 애자일 리더십팀은 모든 세부 사항을 미리 계획하지 않는다. 비전을 설계할 때에도 리더들은 몇 팀이 필요한지, 언제쯤 팀을 추가해야

하는지, 조직을 혼란에 빠뜨리지 않고 관료주의의 문제점을 해결할 최선의 방법이 무엇인지는 확실하지 않다는 것을 인식하고 있다. 따라서 그들은 일단 애자일팀들을 출범시킨 후 그 팀이 창출하는 가치와 그들이 직면하는 장애물에 대한 자료를 모으고, 후속 단계로 진전시킬지, 간다면 언제 어떻게 할지 결정한다. 이 과정을 통해 비용(자금 투자와 조직 과제 측면에서) 대비 민첩성 증대(재무 실적, 고객 최종결과, 직원 성과 측면에서)의 가치를 가늠할 수 있다. 수익이 비용보다 크다면 리더들은 추진력을 바탕으로 애자일을 계속 확장해나간다. 애자일팀을 추가하고 민첩성이 떨어지는 부분의 장애물을 제거하며, 이런 순환을 반복한다. 비용이 수익보다 크다면, 기존 애자일팀의 가치를 높일 방안을 찾고(예를 들어 조직적 장애물을 제거하거나 시제품화 역량을 업그레이드하는 등) 변화의 비용을 낮춘다.(애자일의 성공을 홍보하거나 경험이 있는 애자일의 열광적인 지지자를 고용한다.)

좋은 애자일 리더십팀은 급박한 애자일 전환을 독재적인 프로젝트로 이용하려는 관료주의적 주장을 지양한다.

"우리는 지금 위기에 처해 있습니다. 위기에는 결정력 있는, 나아가 독재적인 리더십이 필요합니다. 애자일에 대한 완벽한 헌신을 보여주십시오. 후퇴란 없습니다. 배를 불태우십시오. 회의론자들은 치워버리십시오. 우리의 비전을 완성할 때까지 가차 없이 밀어붙일 리더들을 배치하십시오. 이런 고통스런 변화가 결실을 맺어 계속 회사를 운영할 수 있게 만듭시다."

루크 스카이워커(영화 〈스타워즈〉의 주인공)라면 이렇게 답할 것이다.

"놀랍군요. 방금 한 말 중엔 맞는 말이 단 하나도 없습니다."

●———●

보쉬 전동공구의 베커는 리더십 전환을 통해 더 나은 방법을 모색하게 되었으며, 회사는 애자일 채택을 통해 그에게 로드맵을 제시해주었다. 그가 시작한 변환의 목표는 사용자에게 가치 있고, 속도와 적응성이 훨씬 개선되며, 협력의 새로운 모델이 되는 더 많은 혁신이었다. 베커 외 6명으로 이루어진 변환팀은 비전을 마련하고 지속적으로 개선해가는 분위기를 조성했다. 이 팀을 이끈 안네 카트린 게브하르트Anne Kathrin Gebhardt는 이렇게 말했다.

"이것은 시작 전에 모든 것이 규정되어 있는 전형적인 프로젝트가 아닙니다. 우리는 반복적인 자율 학습 과정에 있습니다. 우리가 선택한 방향은 보쉬 전동공구가 추구하는 방향입니다. 모든 기업, 모든 사업 부문이 자신만의 방향을 규정해야 합니다."[7]

파일럿팀을 통해 학습한 후, 변환팀은 전동공구 부문의 6개 사업부 중 하나를 주시하기 시작했다.

"이런 본질의 변화에는 많은 어려움이 따르게 마련입니다. 그것은 단순한 개편이 아니며 운영 시스템의 대단히 광범위한 변환입니다. 우리는 근본 원인으로 돌아가 경영진과 팀의 문화, 조직구조, 채용 방식, 전략 프로세스 등 모든 것을 바꾸고 있습니다. 핵심은 어떤 주제를 가장 먼저 다루는가에 있지 않습니다. 모든 주제를 하나하나 다루어 전체적인 애자일 변환 접근 방식에 결부시키는 것이 중요하지요."

변환팀이 규정한 다섯 가지 작업 경로는 전략, 조직, 리더십, 프로세스 및 방식, 문화였다. 이 팀은 3년에 걸쳐 본사 기능부서들은 물론 6개 사업부 각각을 공략했다. 리더십의 경우 가장 중요한 것은 대화를 위한 시간과 공간이었다. 리더십팀은 다양한 활동을 지원했다. 리더십의 날, 코칭이나 마음챙김 같은 주제의 교육, 피드백 시스템을 만들거나 리더들을 도와주는 리더십 스타일에 대한 광범위한 피드백 요청, 리더십팀과 일선 팀들 사이의 참여 유도 등이 그것이다. 또한 그들은 애자일 리더십팀이 되는 과정에서 애자일 방법론과 방식에 대한 실험을 시작했다.

3년이 지난 뒤 보쉬 전동공구에서는 애자일 방식이 사업 부문 전체로 확산되었다. 일부 혁신 사이클은 3년에서 6개월로 단축되었다. 프로덕트오너, 사업책임자, 사업 부문 리더들은 스탠드업 미팅을 주재하고 백로그를 검토하며 가능한 즉석에서 의사결정을 하게 되었다. 모든 고객들이 가치 있다고 여기는 혁신이 점점 더 많아졌다. 재무실적에서는 고무적인 초기 지표들이 나타나고 있다. 하지만 정확한 판단에는 아직 시간이 필요하다.

1. 애자일 여정을 고려하는 리더들은 자신의 리더십 스타일과 가치 창출 방식에 대해 돌아볼 필요가 있다. 사람들이 직접 일을 하면서 배우도록 돕고 있는가? 통제력이 아닌 신뢰를 키우고 있는가? 자신만 할 수 있는 일을 하고 있는가, 즉 자신의 비교우위를 활용하고 있는가? 내외부 고객들이 리더를 거치지 않고 직접 팀에게 원하는 것을 말하도록 하는가?

2. 애자일 리더들은 가치 창출 방식을 재구성하여 애자일 리더십팀으로서 통합될 수 있다. 그들은 사업을 운영하기 위해 팀의 신뢰를 쌓는다. 리더들은 우선순위를 정하고, 자원을 배분하고, 팀을 위해 장애물을 제거하는 일에 집중한다.

3. 애자일 리더십팀은 애자일 기업의 필수적인 요소이다. 애자일 전략팀 구성원들은 전체 조직의 성공에 일조하기 위해 자기 사일로보다는 더 큰 공동의 선을 이루는 데 중점을 둔다. 그들은 활동에 지침이 될 자신들만의 원칙을 정한다.

4. 스스로를 바꿀 수 있어야 문화와 조직도 바꿀 수 있다. 애자일 방식을 배우고 실천하는 데 전념하지 않는 리더들은 애자일 변환을 시작해서는 안 된다.

5. 애자일 기업의 팀들은 빠른 결정을 내려야 한다. 애자일 리더십팀은 포괄적인 태도, 원활한 커뮤니케이션, 코칭, 학습 시스템의 구축을 통해 빠른 의사결정을 지원한다.

5장

계획은 유연하게,
실행은 민첩하게

AGILE
PLANNING,
BUDGETING,
AND
REVIEWING

애자일 기업에는 계획이 필요 없다는 위험천만한 신화가 걷잡을 수 없이 퍼지고 있다. 이런 오해 때문에 애자일 채택을 두려워하는 경영자들이 매우 많다. 또 계획이 필요 없다는 주장으로 계획 능력의 부재를 가려보려는 애자일 초심자들도 자주 만났다.

이런 혼란의 근원은 애자일 성명에 대한 오해에 있다. 애자일 성명은 애자일 실무자들이 '계획의 고수보다 변화에 대한 대응'에 가치를 두어야 한다고 말하고 있다.[1] 하지만 그것은 계획이 불필요하다는 의미가 아니다. 적응력이 높은 계획을 개발해야 한다는 의미이다. 종래의 관료주의 조직에서는 정확하고 상세한 계획을 만드느라 시간과 자원을 낭비하고 그 계획을 문자 그대로 실행할 것으로 상정했다. 반면 애자일 실무자들은 계획을 테스트해볼 수 있는 가설로 본다. 시간이 흐르면서 적응해가는 것이라는 뜻이다. 적응력 있는 계획을 하는 사람들은 잠재 수익과 비용을 추정해서 사람들이 우선순위와 예산을 결정할 수 있게 한다. 이런 것들이 가설이다. 또한 이런 가설이 유효한지 아닌지를 가릴 질문들을 제시한다. 그런 다음 자주 검토하고 경험적인 데이터를 이용하여 계획을 변경할지 혹은 목표 달성을 위해 설계된 활동을 바꿀지 결정한다. 기획, 예산, 리뷰는 개별 애자일팀에서처럼 반복적인 피드백 시스템에서 함께 움직이면서 애자일 계획 – 실행 – 학습 – 조정 시스템을 만든다.

기획, 예산, 리뷰 프로세스의 민첩성 향상은 애자일 기업을 만드는 데 꼭 필요한 요소이다. 이는 조직구조를 바꾸거나, 심지어는 애자일팀의 수를 늘리는 것보다도 기업의 민첩성 향상에 훨씬 큰 효과를 발휘한다. 이 장에서는 기업이 그 목표를 어떻게 달성하는지 살펴보자.

애자일 기업의 기획

2014년 당시 컴퓨터 회사로 알려져 있던 델은 수년에 걸친 변환 중이었다. 2013년 12월 CEO 마이클 델Michael Dell과 실버레이크파트너스Silver Lake Partners라는 투자회사가 이 회사를 인수했다.

수익 공개의 압박이 없어진 델은 혁신의 지평을 넓힐 수 있었다. 보다 큰 장기적 수익을 위해 단기적 이윤의 변동을 감수할 수 있게 된 것이다. 하지만 새로운 전략을 추진하려면 당시의 전형적인 연례 기획 사이클에 상당한 변화를 주어야 했다.

이에 마이클 델은 전략 기획, 예산편성, 리뷰에 새로운 모델을 실행하기로 결정했다. 이 회사(2016년부터 델테크놀로지스Dell Technologies로 알려진)가 실행한 모델은 현재 델 매니지먼트 모델이라 불리는 것으로 핵심을 요약해보면 다음과 같다.

우선 마이클 델이 회사의 미래 가치에 대한 명확한 비전을 정한다. 회사의 리더들은 이런 목표를 기존 궤도에서의 예측 가치와 비교하고, 격차를 줄이기 위해 경영진이 해야 할 조치들을 확인한다.

이 프로세스를 통해 다년간의 매출 및 수익 전망과 이니셔티브 백로그가 만들어진다. 이후 리더들은 상세한 1년치 운영 계획을 개발한다. 이 프로세스는 1년을 주기로 하지만, 그 사이에도 팀은 정기적으로 이니셔티브의 우선순위를 결정하고 자원 배분을 자세히 조사한다. 그를 통해 델은 변화하는 고객의 니즈, 경쟁업체의 움직임, 지난 조치의 결과에 대해 빠르게 반응할 수 있게 된다.

이 모델 내의 이니셔티브들은 라이프사이클을 가진다. 각 이니셔티브는 현재 상황에서의 예측과 목표 사이의 격차를 좁히는 데 도움이 될 사안이나 기회에서 출발한다. 영향력이 크고 참여하는 조직 범위가 폭넓은 사안과 기회는 기업 리더들이 다룬다. 이런 이니셔티브들은 델 어젠다_{Dell Agenda}라는 백로그를 이룬다. 비교적 참여하는 범위가 좁고 영향력이 적은 사안은 적합한 사업부나 기능부서에서 처리한다. 각 이니셔티브는 이 중 한 그룹의 확인과 분류를 거친 뒤 책임자에게 배정되고, 해당 팀을 위한 초기 자원이 제공되며, 백로그에 배열된다. 각 이니셔티브 담당 팀은 일련의 단계들을 거친다. 사실을 수집하고, 대안을 개발하고, 대안들 중에서 선택을 하고, 최종결과를 정하고, 이니셔티브 실행을 위한 승인을 얻고, 일을 진행하고, 주기적으로 결과를 보고하는 것이다. 이니셔티브는 최종적으로 델의 정규 운영에 통합되면서 이니셔티브 상태에서 벗어난다.

이 모델은 높은 수준의 유연성을 선사한다. 한 해 중 어느 때라도 새로운 사안이나 기회가 발견되면, 리더들은 관련된 대략적인 가치를 추정한다. 충분히 중요하다고 판단되면, 그 기회는 델 어젠다에 추가되고, 이니셔티브 책임자가 배정되고, 자원이 분배되고, 순서가 정해진다.

이 모델의 중요한 이점은 집중이다. 회사의 리더십팀은 정기적으로 델 어젠다를 다시 논의하고 수정해서 언제나 가장 우선적인 사안과 기회들을 선정한다. 이런 검토 덕분에 어젠다 내에서 진행 중인 이니셔티브는 12개를 넘지 않는다. 델은 비효율적으로 업무가 중복되는 것을 피하여 훨씬 높은 성과를 올린다. 델의 기업 전략 부문 수석 부사장인 데니스 호프만_{Dennis Hoffman}은 이렇게 말했다.

"델 매니지먼트 모델을 통해 델은 가장 크게 달라질 이니셔티브에 자원을 집중시켜 우리의 전략적, 재정적 목표를 달성합니다. 델 매니지먼트 모델을 사용하기 전에는 가장 중요한 사안이 무엇인가에 대해 경영진에서 의견 일치가 되지 않았습니다. 담당팀이 어디인지가 모호한 사안에 대해서는 진전을 이루기가 더 힘들었죠. 델 어젠다를 만들면서 우리 리더십팀은 가장 중요한 것에 집중하면서도 새로운 사안이 등장하면 거기에 맞추어 조정하는 유연성을 유지할 수 있었습니다. 이로써 우리는 힘을 합해 목표를 이룰 수 있게 되었습니다."

델은 애자일 접근법을 다른 방식으로도 사용한다. 회사는 오랫동안 고객 서비스와 비용 효율을 개선하는 데 중점을 두었다. 공급망 기능을 책임지는 리더들을 예로 들어보자. 그들은 수요와 공급을 계획하는 능력을 개선하고자 했다.

2018년 9월, 델의 최고 공급망책임자 케빈 브라운Kevin Brown은 2개의 애자일팀을 만들고 몇몇 기능부서에서 전담 인력을 뽑아 투입했다.

그중 한 팀은 회사의 최대 고객들과 함께하는 기획 프로세스를 개발하고 설치하는 책임을 맡았다. 이는 앞으로의 주문에 대한 커뮤니케이션을 활성화하고 정시 배송을 보장하기 위한 것이었다. 이 팀은 프로세스 변화를 구상하고, 새로운 도구를 만들고, 선진 분석 모델을 채용했다.

하지만 팀원들은 새로운 절차들을 한꺼번에 적용하지 않고, 2

주짜리 스프린트를 통해 작은 변화들을 시리즈로 내놓았다. 그러면서 그들은 고객들과 내부 이해관계인들의 피드백을 모아 해법을 조정해갔다. 2019년 6월 이 팀은 고객들의 인기와 내부 영업조직의 호응을 얻은 다수의 해법을 내놓았다. 브라운은 이렇게 말한다.

"약 1년 전부터 애자일팀을 운영해오면서, 우리는 애자일 접근법이 조직 전체의 가치를 높이는 변화를 빠르게 도출해내는 차별화된 방식이라는 것을 알게 됐습니다. 우리가 애자일 방법론을 이용해서 개발하고 있는 해법들은 보다 혁신적이고 견고하며, 더많은 내외부 고객들에게 수용되고 있습니다. 현재 우리는 애자일변환 작업을 진행하는 여러 가지 방법에 애자일 가치관을 적용시키고 있습니다."

델은 공급망에 대한 애자일팀을 9개로 확장하는 등 애자일의 활용을 늘려 비용과 운영의 최종결과를 계속 개선해가고 있다.

기획에 대한 델의 애자일 접근법은 야심찬 어젠다를 지지해왔다. 5년 전 델 관리 모델을 시행한 이후 회사는 기술 산업 사상 최대의 합병을 진행했다. 포트폴리오를 완전히 바꾸기 위해 몇몇 사업에서는 손을 떼고 다른 여러 사업은 경영진을 뽑아 강화했다. 우호 고객을 확보하고 상장기업으로 재등장하여 기업의 가치를 2배로 만들었다.

델이 보여주듯이, 애자일 기업은 종래 기업들과 달리 다음의 네가지 일을 한다.

- 광범위한 고객 인풋을 수집한다

  기획 프로세스를 거치며 애자일 기업은 직접 고객 리서치를 하거나, 고객과 가장 가까운 팀에게서 개선 사항이나 구성 요소를 제안받는 등 고객으로부터 많은 정보를 수집한다.

- 무엇을 할지 지침은 제시하되 어떻게 할지는 애자일팀에 맡긴다

  델의 공급망 사례에서 기능부서의 리더들과 애자일팀은 비용 효율과 정시 배송을 개선한다는 회사의 목표에 기여할 방법을 결정할 때 상당한 재량권을 가지고 있었다.

- 지나치게 많은 다중 업무를 피하기 위해 소수의 이니셔티브에 집중하고 순서를 정한다

  애자일 기업은 모든 이니셔티브를 동시에 진척시키지 않는다. 매년, 때때로 분기별로 주요 이니셔티브를 순차적으로 처리한다.

- 계획을 자주 점검해서 필요한 조정을 실시한다

  사업의 성공을 위해서는 전략의 테스트가 필요하다. 실제 최종결과를 예상치와 비교한 뒤 전략을 업데이트해야 한다. 델이 1년 내내 전략 이니셔티브를 만들고 다듬고, 평가하고, 우선순위를 다시 정하고, 단계적으로 철수하는 이유이다. 애자일 기업은 실행 전에 수없이 변경될 장기 계획을 상세히 마련하느라 노력을 낭비하지 않는다. 대신 계획을 자주 점검하고 업데이트한다.

어디에 얼마나 예산을 투입할 것인가?

애자일 기업의 예산편성에는 두 가지 목적이 있다.

첫째는 회사의 운영에 필요한 통제권을 제공하는 것이다. 다른 하나는 애자일 혁신에서 가장 우선순위가 높은 영역으로 자금을 돌리는 것이다. 권위주의적 예산 담당자들은 보통 정확한 수치를 산출하는 데 많은 노력을 기울인다. 그들이 만든 예산안의 지속 기간은 1년 정도이다. 이는 비생산적인 프로젝트라도 예산이 떨어질 때까지는 지속된다는 것을 의미한다. 마찬가지로 중요한 혁신 작업도 다음 예산편성 주기가 돌아올 때까지 기다려야 하며, 그나마도 다른 사업과 경쟁을 벌여야 한다.

애자일 예산 담당자들은 다른 사고방식과 절차로 움직인다. 혁신에 대한 예산조달에서는 더더욱 그렇게 한다. 그들은 성공적인 혁신의 3분의 2 정도는 개발 과정을 거치면서 상당히 변화된다는 것을 인식하고 있다. 그들은 다음 연도의 예산편성 주기가 오기 전에 여러 팀이 일부 기능들을 중단하고 다른 기능들을 시작한다는 것을 잘 알고 있다. 그 때문에 애자일 예산조달 절차는 벤처캐피털리스트의 절차와 비슷하게 진화한다. 즉 더 많은 발견에 대한 옵션을 제공하는 것이다. 그들의 목표는 즉각 대규모 사업을 창출하는 것이 아니라 최종 솔루션의 중요한 구성 요소를 개발하는 것이다. 때문에 많은 실패를 겪는 것처럼 보이지만 사실은 속도는 높이면서 학습 비용은 낮추는 것이다.

애자일 기업 내 예산조달 결정들도 마찬가지이다. 혁신의 속도와 효율이 상당이 높다. 예를 들어 타겟은 기술 부문을 비즈니스 역량과 고객 경험에 맞추어 조직했다. 250여 명의 관리자들은 기업가와 마찬가지로 측정 가능한 비즈니스 실적을 달성할 책임을 진다. 큰 수익을 낸 관리자들은 더 많은 자원과 권한을 얻을 수 있게 된다.

대부분의 애자일 기업은 여전히 연도별로 예산편성 주기를 운영한다. 하지만 전형적인 예산편성보다는 훨씬 부담이 적으며, 경영진은 1년 동안 정기적으로 예산을 수정하면서 변화하는 상황과 혁신 활동에 대한 업데이트된 정보를 반영한다. 이런 유연성에는 상당한 수익이 따른다. 자동차보험을 판매하는 미국의 한 선도적인 금융서비스업체는 얼마 전 새로운 기능(고객들이 웹사이트와 모바일 앱을 통해 구매할 차를 찾을 수 있게 하는)에 필요한 요소들을 개발하는 여러 애자일팀에 예산을 지원했다. 원래 아이디어는 검색 기능에 구매할 차에 대한 추천을 포함시키는 것이었다. 하지만 이 아이디어를 테스트하던 팀은 고객들이 검색 기능에만 가치를 둔다는 것을 발견했다. 이로써 우선순위가 변경되었고 한 팀을 다른 작업에 배치할 수 있었다. 전형적인 예산편성 환경에서라면, 프로젝트가 계속 진행되었을 것이고 추천 기능을 개발하는 작업에 큰 낭비를 해야 했을 것이다.

애자일 기업은 보통 혁신을 위한 예산편성과 관련해 다음과 같은 세 가지 관행을 따른다.

전략적 과제를 우선시하지만 계획되지 않은 이니셔티브도 환영한다

기획 프로세스에서는 전략을 명확히 하고 회사의 비전을 달성하는 데 필요한 조치들을 확인해야 한다. 전략 달성에 있어서 가장 중요한 활동들에 예산을 공급하는 것이 최우선이다. 경우에 따라서는 이용 가능한 거의 모든 예산을 제공해야 할 수도 있다. 또 어떤 경우에는 예기치 않은 이니셔티브에 상당한 여지를 남길 수도 있다. 따라서 모든 기업들은 투자 기회에 따라 우선순위대로 배열된 백로그를 필요로 한다. 백로그 항목들의 출처는 기획 프로세스, 진행 중인 애자일팀에서 나온 흥미로운 아이디어, 새로운 고객 리서치, 경쟁업체 분석, 일선 직원의 제안, 예기치 못한 인수 기회 등 다양하다. 계획 단계에서 우선시되었으나 나중에 관련성이 흐려지거나 사라지는 아이디어들보다는 계획에 없던 이니셔티브에 예산을 투입하는 편이 나을 수도 있다.

아마존 프라임Amazon Prime과 아마존 웹서비스AWS, Amazon Web Services는 정규 기획 사이클에서 벗어나 밑바닥에서부터 생성된 아이디어들이다. 두 가지 모두 초기에는 전략적 우선순위로 보이지 않았지만 성공적으로 성장하여 보다 많은 예산을 필요로 할 만큼 중요도가 높아졌다. 아마존에서는 실패가 다른 기회의 문을 열어준다. 파이어폰Fire Phone이 흐지부지 되었을 때도 아마존의 백로그에는 더 나은 수익을 기대하고 예산을 조달할 만한 혁신적인 기회들이 끊이지 않았다.(8장에서 아마존에 대해서 더 자세히 다룰 것이다.)

기회가 지속되면 프로젝트팀보다 지속 애자일팀에 예산을 지원한다

애자일팀에는 두 가지 유형이 있다. 프로젝트팀은 상당히 빠르게, 보통 몇 주나 몇 개월 안에 해결되는 사안이나 기회를 다룬다. 반면 지속 애자일팀persistent team(종종 제품팀이라고 불린다.)은 적절하게 해결하기까지 수년이 걸리기도 하는 중요한 고객 기회를 다룬다. 제프 베조스는 종종 말한다.

"고객은 절대 만족을 모른다. 마음에 든다며 대단한 사업이라고 할 때조차 그렇다. 아직 깨닫지 못하고 있을 때조차, 고객은 더 나은 것을 원한다. 정말 고객을 기쁘게 만들고 싶다면 고객을 대신해 발명을 해야 할 것이다."[2]

고객의 니즈는 변하고 고객 솔루션은 진화한다. 따라서 지속 애자일팀은 수년에 걸쳐 수십 번의 방향 전환을 할 것이다. 팀이 방향 전환을 해야 할 때마다 승인을 구하러 돌아오는 상황은 누구도 원치 않는다. 고객에게 해법을 제공할 좋은 방법을 찾았다면 그것을 추진해야 한다.(반대로 좋은 방법을 찾지 못했거나 문제가 더 이상 중요하지 않다는 판단을 내렸다면, 그 팀은 다른 문제로 이동하거나 해체해야 한다.) 지속 애자일팀은 긴 수명과 자율권 덕분에 서로 친숙해지고, 고객, 그리고 고객 서비스 프로세스 및 시스템과도 친숙해지면서 보다 효과적이고 효율적인 혁신가가 된다.

지속 애자일팀의 기획, 예산, 검토에 대한 보다 자세한 내용은 베인앤드컴퍼니의 웹사이트(bain.com/doing-agile-right)에서 찾아볼 수 있다.

예산과 최종결과를 연계시킨다

애자일 기업은 연공서열보다는 결과를 중시한다. 경영진이 지지하는 프로젝트라 해도 다른 애자일 이니셔티브와 같이 투명하게 진행된다. 경영진의 의견도 소프트웨어 엔지니어의 의견과 똑같이 엄정한 검토를 거친다.

예산에는 책임이 따른다. 지속 애자일팀이든 프로젝트팀이든, 긴요한 전략 사안이든 계획에 없던 기회든 상관없이, 예산을 조달받은 모든 애자일 활동은 투자를 정당화하는 최종결과를 고객에게 전달할 책임을 진다. 이것이 당연한 것 같지만, 전통적인 예산 시스템이 프로젝트에 대한 투자 결정에 수개월에서 수년을 보내고도 실제로 어떻게 전개되는지 점검하는 데에는 하루도 쓰지 않는 경우가 실제로는 매우 많다.

애자일 예산편성은 다르다. 애자일은 투자를 늘리는 것이 정당한지 계속 의문을 제기한다. 애자일은 효율적인 테스트에 보상을 한다. 실무자들은 중요한 질문들을 확인하고, 그 질문들에 답할 시제품의 독창적인 제작 방법을 고안한다. 애자일팀은 최종결과를 달성할 방법을 찾아야 한다. 그렇지 못할 때는 더 큰 가치를 창출할 다른 애자일팀으로 예산을 돌리게 될 것이다.

물론 기업들마다 직면하는 문제가 각기 다르다. 따라서 각 기업은 자신의 니즈에 맞는 예산편성 절차를 개발한다. 그 좋은 예가 스코틀랜드왕립은행이다. 이 회사에 대해서는 7장에서 보다 자세히 다룰 것이다.

몇 년 전 스코틀랜드왕립은행의 개인금융 부문 리더들은 보다 고객 중심적인 은행을 만들려는 노력의 일환으로 특정 고객의 경험을 전담하는 지속 애자일팀들을 만들기 시작했다. 그런데 스코틀랜드왕립은행의 예산편성, 예산조달, 지배구조 등의 모델이 방해가 되었다. 우선 기존의 모델은 전통적인 프로젝트에만 예산을 조달하도록 설계되어 있었던 데다, 특성이나 비용, 최종결과에 대해 극히 세부적인 정보를 요구했다. 그런 세부 정보를 준비하는 데 많은 시간이 걸려서 고객 행동에 관해 배우면서 적응하는 일은 불가능했다. 또 각 프로젝트가 끝나면 팀이 해체되고 새로운 팀으로 재구성되었기 때문에 긴 시간 함께 일하며 만드는 팀워크의 이점을 거의 활용하지 못하고 있었다. 마지막으로 변화의 시작에 필요한 승인 프로세스가 매우 까다로웠다. 그로 인해 결과가 지연되었고, 작은 변화를 테스트하고 학습해나가는 것이 현실적으로 불가능했다.

그래서 스코틀랜드왕립은행의 리더들은 예산편성 및 예산조달 모델을 개편하기 시작했다. 1단계는 주택 구매와 소유권 취득 같은 일련의 특정 경험에 집중하는 고객사업영역CBA, Customer Business Area을 만드는 것이었다. 2단계는 CBA 내에 지속여정팀persistent journey team을 설치하는 것이었다. 각 팀은 신용카드 대금 분쟁 같은 각각의 고객 경험을 전담했다. CBA는 매출 성장, 비용 절감, 또는 순고객추천지수Net Promoter Score의 상승 같은 최종결과로 이루어진 성과 목표에 합의하고, 각 CBA의 책임자는 제공된 자원에 부합하는 목표 달성에 대한 책임을 진다. 각 지속여정팀 책임자는 CBA의 성과 목표를 지원하겠다고 약속하고 자원을 제공받는다. 이 시스템을 통해 팀원들은 팀의 목표를 추구하면서 자신들의 백로그를 관리할 자율권을 얻는다. 스코틀랜드왕립은행 개인금융 부문 전체에 이 모델을 적용한 후, 이 부문이 1년 동안 개발하는 사업의 수는 80개에서 6개로 줄었다. 덕분에 상당한 시간과 에너지가 절약되었다. 스코틀랜드왕립은행은 이 모델을 한층 더 진화시켜 CBA와 지속여정팀들에 대한 예산조달을 지속하고 고객의 우선순위와 사업 기회 변화에 따라 예산이 점진적으로 조정되도록 할 계획이다.

또한 스코틀랜드왕립은행은 시나리오 기반 예산조달scenario-based funding 기법을 이용해 가장 유망한 사업 기회를 확보하고 있다. 이 은행은 사업책임자에게 혁신 및 투자 예산조달과 그들이 달성할 관련 사업 가치에 대한 기초 사례 분석을 요구한다. 또한 예산이 20퍼센트 늘었을 때 추가될 가치와 20퍼센트 줄었을 때 잃게 될 가치도 추정하라고 요구한다.

이 프로세스를 통해 스코틀랜드왕립은행의 리더들은 사업부 내의 예산조달을 어떻게 바꾸면 기업 전체의 사업 가치를 최대로 끌어올릴 수 있을지 판단할 수 있다. 사업부 리더들도 직속 하급자인 프로덕트오너에게 같은 접근법을 적용해 추정치를 개발하고 예산 분배에 대한 결정을 내린다.

애자일의 핵심 자원, 리뷰 프로세스

리뷰는 계획 – 실행 – 연구 – 조정 사이클에서 필수적인 부분이다. 분기별, 월별, 주간 리뷰를 통해 실제 성과와 예상 성과를 비교하고 성과 달성을 위해 고안된 활동이나 계획, 예산을 변경할지 결정한다. 하지만 여기서도 애자일 기업은 다르게 대처한다. 관계자들은 투명하고 격식에 얽매이지 않는 방식으로 정보를 공유한다. 보기 좋은 프레젠테이션을 위해 시간과 노력을 낭비하지 않는다.

애자일 기업에서는 계획과 예산을 업데이트하기 위해 리뷰를 활용할 확률이 훨씬 높다. 그들의 최대 목표는 애자일팀의 자율권을 방해하는 게 아니라 강화하는 데 있다. 검토자들은 사업 관리에 필요한 모든 정보를 제공함으로써 팀이 사업상 고려해야 할 모든 사항을 관리하도록 한다. 관료주의 조직에서는 관리부서나 다른 관리자들이 했을 리뷰를 팀이 직접 수행하는 것이다. 이는 지나친 하향식 지시를 피하는 데 도움이 된다.

예를 들어 재무부서는 여전히 예산을 관리할 것이다. 하지만 애자일 이니셔티브 책임자의 결정에 재무관리자가 계속 이의를 제기할 필요는 없다. 비디오게임업체 라이엇게임즈의 개발 경영 책임자 아메드 시드키Ahmed Sidky는 이렇게 말한다.

"우리의 CFO는 자율권이 부여된 애자일팀에 지속적으로 책임을 넘깁니다. CFO는 '나는 회사의 재정을 운영하려고 여기 있는 것이 아니다. 그것은 팀 리더인 여러분의 일이다. 나는 자문 자격으로 이 자리에 있는 것이다'라고 말합니다. 일반적인 조직에서 재무 파트너들은 애자일팀 그룹에 배정됩니다. 그들은 팀이 무엇을 하고, 무엇을 하지 말지 통제하지 않습니다. 그들은 재무 코치에 가깝습니다. 까다로운 질문을 던지고 깊이 있는 전문지식을 제공합니다. 라이엇게임 유저들에게 무엇이 최선일지 생각하고 그에 따라 최종적인 결정을 내리는 것은 팀 리더입니다."[3]

라이엇게임즈는 애자일 경험이 풍부한 디지털 기업이다. 하지만 스코틀랜드왕립은행은 경우가 다르다. 라이엇게임즈와 비슷한 목표를 추구하는 이 은행의 개인금융 부문은 애자일팀에게 더 많은 자율권을 부여하기 위해 분기별 예산 검토 프로세스를 조정하고 있다.

이전에는 프로젝트 지출과 완성 정도를 예산과 비교해 검토했다면, 지금의 분기별 리뷰를 통해서는 측정 가능한 최종결과로 이루어진 CBA와 지속여정팀의 성과 목표를 중심으로 하여 보다 가치 있는 일련의 논의가 이루어진다. 책임자들은 달성하거나 그러지 못한 최종결과에 대해 보고하고, 이유를 논의하면서 개선을 위한 인풋을 모색한다.

리뷰의 초점이 이런 식으로 변하자 책임자와 팀의 참여도와 만족도가 크게 높아졌다. 아직까지는 기업을 변환하는 혁신팀의 성과 목표와 사업을 운영하는 운영팀의 성과 목표가 구분되어 있다. 하지만 이 은행은 각 고객 여정에 배정된 두 종류의 팀을 위해 통일된 일련의 목표와 약속을 만들 계획을 갖고 있다. 또한 지속여정팀의 민첩성을 더 높이기 위해 지배구조의 변화도 개발하고 있다. 거기에는 고객에게 영향을 미치는 변화를 승인하는 과정을 줄여 속도를 높이는 것과 예산 집행에 대한 보고를 간소화하는 것이 포함된다.

델 역시 당연히 리뷰 과정을 이용해 계획을 자주 업데이트한다. 매달 경영진 회의에서는 진행 중인 전략 어젠다 이니셔티브의 최신 결과를 검토한다. 이로 인해 이니셔티브 책임자는 약속된 최종 결과를 내놓을 책임을 갖게 된다. 이런 과정을 통해 뚜렷한 결과 없이 수년간 지속되는 전형적인 관료주의적 프로젝트에서 흔히 발생하는 문제를 피할 수 있다.

델의 애자일 리뷰 프로세스는 연간 계획 및 예산의 재무관리에 필요한 정보도 제공한다. 재무팀과 사업부 리더들은 매년 4분기에 연간 계획과 예산을 수립하고, 이후 한 해 동안 두 차례 업데이트한다. 계획 및 예산에는 비즈니스 영역의 매출 및 비용 목표가 포함되며, 진행 중인 모든 이니셔티브의 예상되는 영향을 반영한다. 이 프로세스는 혁신팀과 운영팀이 공동의 목표를 추구하며 일하게 함으로써 두 팀의 조화를 이루게 만든다. 이렇게 하여 델의 리뷰는 관료주의에서 흔히 나타나는 또 하나의 문제를 피해간다. 관료주의에서는 연간 변화 상황의 영향을 예산에 반영하기 어렵지만, 리뷰를 활용하면 그런 조정이 용이해지는 것이다.

기획, 예산편성, 리뷰 사이클의 적절한 리듬은 조직에 따라, 특히 안정성과 혁신 사이의 균형이 어디에 있느냐에 따라 달라진다. 사이클이 너무 느리면 정체나 잘못된 자원 배치로 이어질 수 있다. 사이클이 너무 빠르면 운영 과정에 불필요한 작업과 혼란이 생길 수 있다. 적절한 균형을 찾는 대부분의 애자일 기업은 적게는 수개월에 한 번, 많게는 한 달에 한 번 회사와 사업부의 계획과 예산을 업데이트한다.

통제 지향적 경영진에게는 전형적인 기획과 예산편성, 리뷰 방식에서 애자일 방식으로 전환하는 것이 위험하게 느껴질 것이다. 이런 전환은 CEO, CFO, 이사회가 근본적인 책임을 지고 있는 회사 재무 관리의 핵심을 건드린다. 이것은 작업 계획과 자원 배분의 기존 매커니즘에 의문을 제기한다. 또한 애자일팀이 더 많은 책임과 의사결정 권한을 얻게 되면, 모든 관리자들 사이에 권력의 이동이 일어난다.

사실 이런 변화를 대기업 전체에 한꺼번에 실행하는 것은 몹시 위험하다. 하지만 애자일 원칙을 잘 적용하면 이런 위험은 눈에 띄게 줄어든다. 그런 전환에 성공한 기업들은 기존 프로세스의 실패 요인을 밝히고 새로운 모델로 극복한 방법을 보여준다.

그들은 CFO를 비롯한 경영진을 성공적으로 전환한 다른 기업과 연결시킨다. 그들은 새로운 기획 – 예산편성 – 리뷰 모델을 시범적으로 운영해 이점을 입증한 뒤 사업부나 지역 단위로 점차 확대해간다.

그들은 애자일 기획, 예산편성, 리뷰로의 여정에 나설 것이다. 그것은 애자일 기업을 꿈꾸는 모든 기업에 꼭 필요한 과정이다.

1. 익히 알려진 신화와 달리, 계획은 애자일의 필수적인 부분이다. 기획, 예산편성, 리뷰가 적응 사이클 안에서 함께 자주 이루어져야만 한다.

2. 애자일 기획을 잘 수행해내기 위해서는 광범위한 상향 인풋을 수집하고, 정확히 필요한 시간 안에 필요한 만큼의 계획을 세우고, 추진 과정에서의 작업량과 다중 작업을 최소화할 수 있도록 이니셔티브의 우선순위를 결정하고 순서대로 배열해야 한다. 그리고 새로운 정보를 반영하여 계획을 수정해야 한다.

3. 예산편성을 잘 실행하기 위해서는 중요한 전략적 사항을 우선시하면서도 당초 계획에 없었던 매력적인 이니셔티브를 받아들일 수 있어야 한다. 또한 지속 애자일 팀이 기회를 확보할 수 있게 자금을 조달하며, 벤처캐피털 방식의 접근법을 사용해 결과를 근거로 성과 예측을 유연하게 조정하도록 한다.

4. 리뷰 과정에서는 실제 성과와 예상 성과를 비교하고, 계획과 예산에 변화를 주어야 할지, 계획 달성을 위한 활동에 변화를 주어야 할지 결정하는 비공식적이고 투명한 기회를 자주 만드는 것이 중요하다.

5. 통제 지향적인 경영진에게는 기획, 예산편성, 리뷰 프로세스의 변화가 위험해 보일 수 있다. 하지만 사실 애자일 기업이 되는 길에서 가장 쉬운 단계들 중 하나이다. 이런 변화는 시범적인 적용으로 새로운 모델을 입증하고 단계적으로 실행하는 등의 애자일 접근법을 통해 성공적으로 모색할 수 있다.

6장

애자일 기업의
조직구조와
운영모델

AGILE
ORGANIZATION,
STRUCTURES,
AND PEOPLE
MANAGEMENT

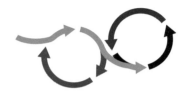

애자일 기업이 되려면 회사 운영모델을 바꾸어야 하고, 운영모델에 수반되는 모든 것이 바뀌어야 한다. 역할과 책임을 새로 규정하고 의사결정권을 조정해야 한다. 핵심 경영방식과 절차를 개선해야 한다. 인재관리 방식을 재고하고 기본적인 업무방식을 점검해야 한다. 종종 조직구조의 개조도 필요하다. 리더들이 모든 것을 한 번에 변화시키기로 결정하지 않는 한(최선의 옵션일 확률이 낮다.), 이 모든 변화를 적합한 애자일 방식으로 배열하고 테스트할 방법을 찾아야 한다. 대단히 어려운 일이다. 대부분의 리더들, 즉 관료주의적 방법에 익숙한 사람들은 종종 지름길을 찾고 싶은 유혹을 느낀다.

가장 흔한 유혹은 회사의 구조를 개조해버린 뒤 거기서 멈추는

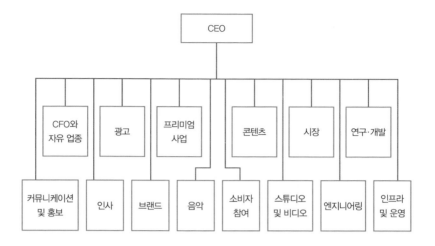

출처: 스포티파이 공시자료, https://www.theofficialboard.com/org-chart/spotify (2020년 1월 22일 기준)

것이다. 너무나 손쉬운 방법이다. 사무실을 옮기고 보고체계를 바꾼 다음 조직도를 개편한다. 구조조정은 사람들을 해고하고 비용을 낮출 기회로 활용된다. 당신이 염두에 두고 있는 변화를 지지하는 사람들을 중요한 자리에 앉힐 수도 있다. 당신은 사람들의 업무를 바꾸면 일에 접근하는 그들의 방식도 바꿀 수 있다고 생각할지도 모른다. 일의 방식을 바꾸면 아웃풋과 최종결과도 바뀔 것이다. 이렇게 '짠!' 하고 애자일 기업이 되는 것이다.

이와 관련된 유혹은 '모방'이다. 우리는 앞서 모방의 위험을 언급했다. 하지만 조직의 문제는 모방과 특히 밀접한 관련이 있다.

다른 회사의 조직도를 보고 지침으로 삼을 수 있기 때문이다. 가장 자주 애자일 조직 모델의 모방 대상이 되는 스포티파이의 조직도를 한번 살펴보자.([도표 6-1])

이 도표를 보면 놀랍지 않은가? 당신 회사의 조직도와 거의 비슷할 것이다. 실제로 기존 조직들로 이루어진 기업의 조직도와 별 차이가 없다. 물론 더 깊이 파고든다면 스쿼드, 트라이브, 챕터, 길드 등 비교적 친숙하지 않은 용어들을 발견하게 될 것이다. 하지만 이런 애자일팀이나 그룹들 대부분은 스포티파이 연구개발 기능 내에 있다. 그 외의 운영, 지원, 관리 기능을 담당하는 사람들은 전형적인 부서들로 편성되어 있다. 디지털에 뿌리를 둔 스포티파이의 경우 직원의 절반 가량이 연구개발 부문에 속해 있다. 하지만 다른 기업의 경우 애자일 혁신에 집중하는 직원의 비율은 보통 10~15퍼센트뿐일 것이다.

우리가 이런 관찰 결과를 제시한 것은 세 가지 사항을 이야기하기 위해서이다.

- 조직의 운영모델을 공식적인 구조와 혼동해서는 안 된다. 운영모델에는 구조 외에도 책임과 의사결정권, 경영시스템, 리더십 활동, 문화, 협력 방법론 등이 포함된다. 구조가 변한다고 이런 요소들이 자동적으로 바뀌지는 않는다.
- 운영모델 변화의 과정은 변화 자체만큼이나 중요하다. 사람들에게는 새로운 모델을 만들 시간뿐 아니라 거기에 익

숙해질 시간도 필요하다. 더구나 조직은 복잡한 시스템이며, 주어진 변화가 조직에 어떤 영향을 줄지 정확하게 예측하는 것은 어려운 일이다. 대개 테스트, 학습, 단계적인 확장이 필수적이다.

• 운영모델은 각 회사의 전략과 상황에 맞추어 달라져야 한다. 다른 모델을 무작정 모방해서는 안 된다. 애자일 조직구조의 부분들을 떼어다 다른 회사에 적용하는 것은 위험한 일이다.

다행히 조직을 변화시키기에 더 나은, 보다 보편적인 방법들이 있다. 이 장에서는 조직을 변화시킬 때 많은 경우 구조조정부터 시작하지 않는 이유, 인재관리 모델 조율이 애자일 전환에서 매우 중요한데도 평가절하되고 있는 이유 등 우리가 권고하는 것에 대해 이야기한다. 이미 언급했던 보쉬는 물론 다른 여러 기업에 대한 사례를 통해 이런 내용들을 설명할 것이다.

비즈니스 정의에 따른 미래 운영모델

많은 인사 담당 임원들이 알프레드 챈들러Alfred Chandler Jr.의 유명한 말을 인용한다. "조직구조가 전략을 따르지 않는 한, 비효율이라는 결과를 얻게 될 뿐이다."[1] 하지만 전략을 뒤따르는 것이 조직구조만은 아니다. 운영모델 전체, 즉 구조, 리더십, 기획, 예산편성, 리뷰, 심지어는 프로세스와 기술까지 모두가 전략을 뒤따른다. 이 모든 부분을 통합하고 조화시켜야만 회사의 가치가 부분들의 단순한 조합을 뛰어넘게 된다.

기업 전략은 어디에서 경기를 벌일지, 어떻게 승리하고, 어떤 사업부가 필요할지, 그들이 어떻게 작동해야 할지를 결정한다. 중앙 집중형 사업 부문이나 분산형 사업 단위, 아니면 규모와 자율성 두 가지의 이점을 모두 포착하려고 노력하는 매트릭스 조직 중 어느 것을 택해야 전략의 성공 확률이 높아질까? 이것이 결정되면 다시 두 가지 중요한 문제를 살펴야 한다. 하나는 얼마나 많은 사업부가 있어야 할까 하는 것이고, 또 하나는 그 사업부를 어떻게 정의해야 할까 하는 것이다. 어떻게 정의하면 사업부 리더들이 다른 부서와 문제를 일으키지 않고 힘든 절충을 빠르게 이뤄낼 권한을 갖게 될까? 사업부를 정확하게 정의해야 강력한 자율권을 가지고 성과 달성을 전적으로 책임지는 리더를 만들 수 있다. 사업부를 적절히 정의하지 못하면 회사 내에 업무 중첩과 혼란이 발생한다.

경영진은 사업부를 정의하기 위해 종종 단순화된 지름길이나 복잡한 수학적 기법을 사용한다. 운영부서들이 서로 공유하는 비용을 계산하고, 역량을 공유할 가능성을 결정하고, 기존 고객의 구매 패턴에서 중첩되는 부분을 측정한다. 이런 정량적 분석에서 높은 수치가 나오면 그 운영부서들을 단일한 사업부로 합치고, 그렇지 않으면 분리한다. 이런 기법을 통해 기존 시장 상황에서 효과적인 비즈니스를 빠르게 정의할 수 있다. 하지만 여기서 끝내면 안 된다. 고객 니즈에서부터 출발할 필요가 있다. 사업부는 수익을 내면서 고객의 니즈를 만족시키기 위해 존재하는 것이지, 단순히 제품을 빠르게 찍어내기 위해 존재하는 것이 아니기 때문이다. 백과사전 출판사나 위키피디아는 동일한 사업을 한다. 하지만 비용 구조나 제작 프로세스는 판이하게 다르다. 백열전구와 LED 역시 마찬가지이다. 현재 고객의 니즈 충족에 유리한 비즈니스 정의와 포맷의 선택이 미래에 고객의 니즈를 충족시킬 방법을 바꿀 역량을 저해해서는 안 된다.

비즈니스의 본질을 적절히 정의하지 못하는 것은 기업의 사망률을 높이는 주요 요인이다. 오프라인 소매업체들은 아마존에 의해 파괴되고 있다. 필름 카메라는 디지털 카메라에 의해 사라져갔다. 타자기는 워드프로세서 때문에 사라졌다. 비디오 대여점은 비디오 스트리밍으로 인해 파산했다. 이 모든 것은 지나치게 많은 업체들이 고객의 구매 이유를 생각지 않고 자신들이 제조 방식에 근거해 비즈니스의 한계를 규정했기 때문에 생긴 일이다.

어느 날 갑자기 새로운 경쟁자들이 등장한다. 이들은 기존 제품과의 비용 공유가 불가능하다. 혁신에는 완전히 새로운 역량이 요구된다. 심지어 새로운 제품을 사는 일부 고객들은 기존 고객이 아니다. 그런 격동의 시기에 사업부가 사업 운영과 변화를 동시에 이뤄내려면, 변화하는 고객 니즈에 끊임없이 적용할 수 있도록 유도하는 방식으로 비즈니스를 정의해야만 한다.

애자일팀은 그런 적응력을 제공할 수 있다. 그러니 적절한 비즈니스 정의를 통해 그들이 어디에 위치해야 하는지 어떻게 이용되어야 하는지를 안내해야 한다. 적절한 사업부에 애자일팀을 배치하면 혁신 작업이 빠르고 효과적으로 적용되고, 확장 가능성이 높아진다. 애자일팀이 사업부를 조각내서 사업의 책임이 불명확해지는 일이 없다면 성과를 높일 수 있다. 애자일팀에 고객 지향적인 사명을 부여한다면 리더들이 변화하는 고객 니즈에 맞추어(혹은 그보다 앞서) 사업을 바꿀 수 있다.

경영진이 이 일을 제대로 한다면, [도표 6-2]와 같은 구조가 만들어지고 애자일 혁신팀이 회사 전체에 확산된다. 기존 사업부 밖에 있거나 몇몇 사업부에 걸쳐 있는 급진적인 혁신을 제외하고는 애자일팀은 그들을 채택하고 확장할 운영 영역과 가능한 가까운 곳에 위치하게 될 것이다. 이런 조언은 팀이 운영에서 멀리 떨어져서 대규모 트라이브로 뭉치는 것을 선호하는 많은 확장 모델과는 어긋난다. 하지만 사업부 책임자들이 가능할 때마다 애자일팀을 설치하려는 데에는 그럴 만한 이유가 있다. 첫째, 최고의 리더들은 변화 지향적이다. 사업부로부터 변화의 책임을 빼앗는 것은 리더의 비전, 창의성, 영감을 앗아가는 일이다. 그런 상황에서 리더는 더 이상 사업을 미래로 이끌 수 없다. 성과가 높은 리더들을 원하는 기업이라면 그들에게 자율권을 주고 사업을 이끌어갈 책임을 부여해야 한다. 둘째, 보통 성공적인 혁신을 이루는 데 가장

도표 6-2 **애자일 기업의 조직구조**

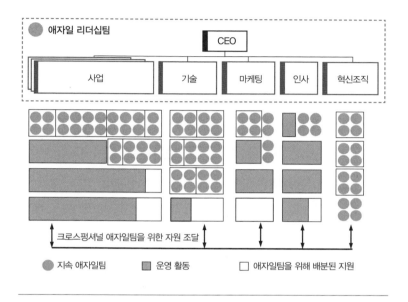

어려운 부분은 창의적인 아이디어의 창출이 아니다. 가장 어려운 부분은 확장이다. 프로토타입의 구축은 그 프로토타입을 회사 전체에 수익성 있게 확장시키는 일에 비하면 쉽다. 부문 관리자가 혁신적인 해법을 받아들이지 않는다면, 이런 해법들은 화려한 혁신 연구소 구석에서 썩어갈 것이다.

조직구조는 도표로 보여주기에는 가장 쉬운 부분이다. 하지만 기업에게는 전체 운영모델을 스케치하는 것이 중요하다. 의사결정권은 어떻게 작동하는가? 누가 예산의 수준을 정하는가? 구성원의 원래 소속은 어디인가? 누가 채용, 교육, 평가, 보상, 진급, 커리어 경로를 다루는가? 각 기능은 중앙집중화된 공유 서비스가 되어야 할까, 분권화된 운영이 되어야 할까? 비용 배분은 어떻게 결정할까? 사업부는 외부의 제3자로부터 공유서비스를 구매할 수 있을까? 공유서비스 부서는 자신들의 서비스를 외부의 제3자에게 판매할 수 있을까? 어떤 구조도 완벽할 수는 없다. 다행히도 완벽한 모델은 필수 요소가 아니다. 경영진이 운영모델의 모든 요소를 현명하게 혼합한다면 어떤 요소도 성공을 방해하지 않을 수 있다. 구조의 변화는 필요 없을지도 모른다. 혹은 의사결정권이나 리더십, 작업 방법과 같은 영역의 변화에 집중하기 위해 구조 변화가 상당히 지연될지도 모른다. 심지어 애자일팀이 구성되었는데도 직원들의 보고체계가 바뀌지 않는 경우도 있다. 애자일팀 구성원은 여전히 원래 소속 부서에 보고를 한다. 다만 관리자들은 일상적인 감독자가 아닌 장기적인 전문 개발 코치의 역할을 맡는다. 일상적 활동들은 팀이 계획하고 실행한다.

테스트, 학습, 확장을 통한 변환

애자일 변환을 시작한 기업은 다른 종류의 변화를 모색하는 기업에 비해 내재적 이점을 가진다. 애자일 도구를 이용할 수 있기 때문이다. 애자일 변환을 시작한 기업은 얼마나 많이, 얼마나 빠르게 변화할지, 어디에서 시작할지, 변화를 어떤 순서로 배열할지 등과 같은 질문을 해야 한다. 리더들이 애자일 원칙에 익숙하다면 (지금쯤은 그렇기를 바란다.) 테스트, 학습, 확장이 적절한 순서라는 것을 알고 있을 것이다. 또 리더들이 그 과정에 있는 조직에 반드시 참여해서 회사 내 모든 분야, 모든 직급의 구성원들과 함께 테스트할 변화를 공동으로 설계하고 만들어야 한다는 것도 이해하고 있을 것이다. 각 단계의 설계 프로세스는 무슨 작업이 어느 그룹에 의해 완수될지, 각각의 중요한 결정은 누가 책임질 것인지를 명확히 해야 한다. 언제 결정을 상위 단계로 올려야 할지에 대해 적절한 지침만 있다면, 애자일의 의사결정은 최대한 조직의 하부에서 이루어지는 것이 효과적이다.

기업은 운영모델에서 제안된 변화의 전체적인 지형도 고려해야 한다. 구조뿐만 아니라 책임과 의사결정권, 관리 시스템, 리더십 등에서의 변화까지 고려해야 하는 것이다. 일이 어떻게 진행되느냐를 기준으로 속도를 높일 수도 낮출 수도 있다. 최대한 빨리 변화하려 하는 기업보다 신중한 속도로 변화를 추진하여 다른 팀들로부터 견인력을 얻는 기업이 더 나은 사업 결과를 달성하는 것이 일반적이다. 전자는 확연한 수익 없이 조직 내에 혼란을 조장하여, 결국 미래에 대한 그들의 주장을 약화시킨다.

보쉬 전동공구는 이런 수칙을 보여주는 교과서적인 사례이다. 이 사업 부문은 신중하게 정해진 순서에 따라 수년에 걸쳐 애자일 기업이 되어가는 접근법을 취했다. 첫 파일럿팀은 주택 및 정원 사업부에 마련되었다. 파일럿팀을 통한 약 6개월간의 학습 후에,

리더들은 팀의 숫자를 늘리기 시작했고 결국 전체 사업부를 아우르게 되었다. 이후 이 사업 부문은 2년에 걸쳐 다른 5개 사업부를 차례로 변환시켰다. 현재 보쉬의 전동공구 사업 부문은 재무, 인사, 물류와 같은 지원 및 관리 기능을 향상시킬 방법 마련에 집중하고 있다.

사업 부문은 우선 애자일 변환을 이끌 5개의 축(전략, 조직, 리더십, 프로세스 및 방식, 문화)을 만들었다. 각각의 새로운 사업부들이 프로세스를 시작하자, 모든 직급과 부서로부터 온 자원자들이 임시 프로젝트팀을 꾸려 새로운 조직을 설계했다. 논의는 완전히 투명하게 이루어졌으며, 팀들은 반복적 프로세스를 사용해서 피드백을 통합하고 그에 맞춘 조정 작업을 실시했다. 한 사업부에서는 조직구조를 책임진 팀이 여러 색상의 레고 블록을 사용해서 다양한 분야를 표시했다. 이 활동을 통해 팀원들은 여러 대안을 가지고 사람들을 어떻게 배치할지 논의하고 테스트해볼 수 있었다. 이런 프로토타입 구축은 종이 위에 칸이나 선을 그리는 것보다 훨씬 더 강력한 효과를 발휘했다.

시간이 흐르면서 전동공구 부문의 리더들은 경험에서 배움을 얻어 접근법을 조정하게 되었다. 세 번째 사업부를 시작할 때는 첫 2개월을 이유에 집중하는 시간으로 삼았다. 사람들이 변환 뒤에 있는 논리를 이해하도록 한 것이다. 또한 프로세스의 첫 해 동안은 구조에 집중했지만, 1년 후에는 협력과 문화에 좀 더 집중할 필요가 있겠다는 결론을 내렸다. 작업의 방법은 구조보다 더 중요했고 구조만을 변화시키는 것보다 더 큰 변화를 의미했다. 또한 리더들은 회사 전체를 아우르는 리더십의 날 행사를 개최해 새로운 리더십 행동을 지원하는 데 훨씬 더 집중했다. 그들은 학습에 상당한 투자를 했다. 각자의 역할에 따라 어떤 이들은 리더십 교육기관에 다니기도 했고 기능을 익히는 교육기관에 다니기도 했다. 직원들은 집중적인 피드백과 코칭을 받았다. 그들은 애자일의 기초, 디자인씽킹, 마음챙김을 배웠다. 초기부터 애자일 코치를 배치한 것이 각 사업부가 새로운 접근법을 이해하고 생산성 개선을 견인하는 데 도움을 주었다.

전동공구 부문은 구조 면에서 상당한 변화를 거쳤고 회사 리더들은 전동공구 부문을 애자일 변환의 지원장치enabler로 보게 되었다. 새로운 구조는 기능부서별 사일로를 무너뜨리고, 손익을 책임지는 보다 작은 규모의 단위를 만들었고, 계층을 5개에서 3개로 줄였다. 하지만 회사는 먼저 파일럿팀을 운영한 뒤 3년에 걸쳐 실행하는 식으로 신중하게 변화를 추진했다. 구조는 여러 트랙 중 하나에 불과했고, 사실 더 큰 영향은 작업 과정에 있을 수도 있었다. 시간이 흐르면서 이 사업 부문은 제조까지 아울러 전 영역에 대한 책임과 의사결정권을 지닌 55개의 사업팀을 만들었다. 이런 변화는 4장에서 설명한 애자일 리더십 프로세스와 결합되어 의사결정의 속도를 높였다. 팀들은 사업부의 운영과 밀접하게 연결되었고 이로써 사안이 불거졌을 때 반응하는 시간을 더 단축할 수 있었다. 한때는 제조 사일로까지 갔다가 다른 관련 사일로들로 넘어가곤 했던 결정들이 이제는 그 자리에서 이루어졌다. 천공기와 끌 부문 전동공구 솔루션의 사업책임자인 다니엘라 크레머는 이렇게 말한다.

"우리는 모두가 하나의 목적을 가진 팀에 속해 있습니다. 예를 들어 우리는 중국에 공장을 가지고 있습니다. 공장의 직원들은 스위칭 소자switching element(접점을 쓰지 않고 회로의 개폐 기능을 갖는 부품의 총칭)와 관련해 공급업체의 문제를 발견하고 생산을 중단했습니다. 같은 날 우리는 대책을 마련했고, 영업팀과 마케팅팀은 고객들과 소통했습니다. 그보다 더 빠를 수는 없었습니다. 우리는 협력을 통해 문제를 해결했습니다."[2]

인적자원 관리에서 자주 놓치는 요소

"인재에 대한 작업을 좀 더 일찍 시작했으면 좋았을 걸 하는 생각을 합니다."

애자일을 시작한 기업의 경영진들은 이런 후회의 말을 하곤 한다. 반면 처음부터 인사 담당 리더들에게 결정권을 주며 인재 개발에 앞장서온 기업은 자신들의 애자일 변환 프로세스가 대단히 빨라진 것을 알게 되었다.

왜 이런 현상이 발생한 것일까? 어느 기업에서나 사업 전략은 인사 전략에 영향을 미친다. 기업의 전략 및 운영상의 요구 사항은 필요한 사람들의 종류뿐 아니라 이 사람들이 합리적으로 기대하고 열망할 만한 것이 무엇인지까지 결정짓는다. 이상하게도 많은 기업들이 이런 연계가 요구하는 인력 계획을 세우지 않는다. 그들은 새로운 사업 전략에 인재가 미치는 영향을 분석하지 않는다. 회사는 그들에게 어떤 유형의 사람들이 필요한지, 얼마나 필요한지, 그런 사람들이 어디에서 일해야 하는지, 그들의 파트너들을 통한 평가를 받아야 하는지를 파악하지 않는다.

애자일 변환은 이런 인력 계획 없이 성공할 수 없다. 애자일은 의미상 특정한 새로운 기술을 필요로 하며, 그에 따라 새로운 인재도 필요로 한다. 인사 담당 리더라면 인력의 공백, 특히 중요한 내부 기술 분야의 공백을 바로 발견할 수 있다. 그들은 프로젝트에 인적자원을 공급하는 일부터 시작하기 때문에 특정 전문 분야의 공백을 발견할 가능성이 높다. 과거에는 10여 개의 프로젝트에서 전문가들을 공유했다. 하지만 애자일 환경에서 전문가는 옵션이 아니다. 일부 역량에 대해서는 예비 인력까지 갖추고 있어야 하는 경우도 있다. 예비 인력을 보유하는 비용이 필요한 기술 인력을 확보하지 못하여 발생할 잠재적인 비용보다 낮을 때가 그런 경우다. 좋은 소식은 여기에 애자일 자체가 도움이 된다는 점이다. 예를 들어 인사관리자가 한 사업 영역에서 병목 현상에 갇힌 자원을 위한 인력 계획 개선의 프로토타입을 만들면, 그 경험에서 학습한 것에 따라 계획을 확장할 수 있다.

외부에서 인재를 찾는 것보다 기존의 직원에게 새 기술을 교육

하는 것이 더 저렴하고 쉽다는 것을 알게 되는 경우도 있다. 신규 고용 및 해고를 추진한다면 퇴직금, 채용 비용, 신규 합류에 따른 인센티브 등 많은 비용이 든다. 대부분의 경우 애자일 기업에서 필요로 하는 사람 중 대다수는 지금 조직에 있다. 그들은 비용이 아닌 자산이다. 결국 당신에게 필요한 사람들은 당신의 고객을 다루어본 경험이 있는 사람들, 고객이 무엇에 가치를 두는지 아는 사람들이다. 당신에게는 당신의 운영과 프로세스와 시스템이 어떻게 돌아가는지 파악하고 있는 사람들이 필요하다. 애자일을 교육 받은 사람이라고 특별할 것은 없다. 조직 내에서 애자일이 어떻게 작동할지 아는 것뿐이다. 이런 사람들 중 대부분은 애자일 방법론을 직접적으로 이용하지도 않는다. 운영팀은 애자일 전환이 자신들에게 어떤 의미인지 알아야 한다. 테스트나 확장에 참여하는 식으로 애자일팀에 협력하거나 새로운 기술을 배워야 할 수도 있기 때문이다. 하지만 대개는 애자일팀에 속하게 되지 않을 것이다. 따라서 애자일 방법이 아닌 애자일 가치만 채택하면 된다.

인재 시스템의 진화

인재 전략은 회사의 인재 시스템, 즉 직원을 채용, 개발, 배치, 관리하고 직원에게 보상을 주기 위해 존재하는 프로세스에 영향을 준다. 애자일 변환을 위해 이 시스템의 몇몇 측면은 개조되어야 할 것이다. 경영진과 인사 업무 담당자들은 인사부서 자체를 비롯한 각각의 측면이 어떻게 진화해야 할지 파악해야 한다. 다음의 사례가 관련 내용들을 알아보는 데 도움이 될 것이다.

월마트Walmart는 100만 명이 넘는 직원이 소속되어 있다. 이 회사의 최고인사책임자 줄리 머피Julie Murphy는 많은 고객을 보유하고, 그들의 경험을 개선할 책임을 맡고 있다. 때문에 그녀는 고객에 기반한 다양한 부분에 대해 연구하고 그들의 전체적인 여정과 그 안에 있는 핵심적인 경험들까지 파악하기 위해 노력한다. 그녀와 그녀의 팀은 다양한 에피소드에서 얻은 개선의 기회, 빈도, 중요성에 대한 정보를 기반으로 우선순위에 따른 사안을 정한다.

2018년 초 머피는 이런 우선순위를 바탕으로 혁신의 속도를 높이기 위한 5개의 애자일팀을 만들었다. 이 팀들은 고용, 학습, 진전, 성과관리, 간소화에 집중했다. 애자일팀으로의 변화로 업무의 투명성이 개선되었다. 우선순위를 정하는 그룹의 능력도 향상되었다. 실제로 혁신의 속도가 극적으로 빨라졌다. 예를 들어 한 팀은 일선 직원의 채용에 집중했다. 이 업무를 수행하는 그룹에는 인사 및 기술 분야의 전문 지식을 가진 전담 구성원들이 포함되었다. 그들은 후보를 보다 잘 평가하고, 채용 과정에서의 편향을 줄이고, 모두의 서류작업을 줄일 도구를 개발했다.

팀이 내놓은 첫 번째 버전의 시스템은 20개 이상의 데이터 포인트를 집계하고 분석한 기본 자료에 알고리즘을 활용해 우선순위대로 배열한 후보 목록을 만드는 것이었다. 이 목록은 일선 인사 담당자들에게 제공된다. 팀원들은 한 시장에서 이 시스템을 론칭하고 그 분야의 매장 매니저들과 인사 담당자들로부터 피드백을 얻은 뒤, 두 번째 버전을 만들어 더 많은 테스트와 학습을 위해 다른 시장에 론칭했다. 2019년 중반에 만들어진 채용-헬퍼Hiring Help-er라는 이름의 새로운 시스템은 종래의 선정 방식에 비해 고용 적합도를 20퍼센트 개선시켰다. 뿐만 아니라 이 시스템을 사용해 선정된 후보들의 경우 이전의 두 버전에 비해 감원율(자발적 퇴사에 의한 직원 감소 비율)은 5퍼센트, 결근율은 15~30퍼센트 감소했다. 이 팀은 현재도 테스트, 학습, 확장을 이어가고 있다.

물론 월마트는 하나의 사례에 불과하다. 기업이 인사 영역에서 필요로 하는 애자일팀의 수는 변화의 규모와 범위에 따라 달라진다. 단순한 인사정책 및 방식의 변화는 간단하게 구현할 수도 있을 것이다. 보다 규모가 큰 프로세스 및 기술 혁신은 애자일팀 구성을 통해 효과를 높일 수 있을 것이다. 이런 변화들을 인도하는 몇 가지 원칙에 대해 이야기해보자.

애자일 환경에 기여하는 리더십

리더십이란 단순히 어떤 집단을 맡아 바람직한 최종결과를 내놓는 것 이상의 의미를 가진다. 특히 애자일 리더에게는 애자일 환경에 어떻게 기여하느냐에 따른 보상이 주어져야 한다. 보쉬 전동공구 사업 부문의 한 영역을 예로 들어보자. 이 영역의 리더들은 50여 명의 사람들에게 일련의 리더십 속성, 즉 승진 후보 평가에 사용될 기술과 특성에 대해 정의하도록 했다. 이 그룹은 관찰, 공감, 마음, 자율성, 적응력의 다섯 가지 기준을 제시했다. 간단히 말해 좋은 결과를 내는 것만으로는 충분치 않다는 것이다. 사람들은 올바른 리더를 원했다. 이 부문은 또한 상관이 후보를 지명하는 프로세스에서 벗어나 위원회가 후보자를 판단하는 자체 지명 프로세스를 채택했다. 보통 관리자들은 계속 자리를 이동하기 때문에 상관이 승진 결정을 내릴 만큼 오랫동안 한 상사와 함께 하는 경우가 많지 않다. 새로운 지명 프로세스는 이런 상황에서 오는 문제도 줄일 수 있다.

또한 애자일 기업은 진로에 대한 코칭을 강조한다. 최고가 되는 길은 더 이상 하나가 아니다. 애자일 기업의 직원들은 승진하지 않아도 학습을 할 수 있고, 큰 기회를 얻을 수 있고, 스스로의 가치를 높일 수 있다. 자기만의 모험을 선택하는 기회가 늘어나면서, 많은 기업들이 커리어 개발의 방향을 개인에 맞추고 코칭 지원을 제공하게 되었다. 이런 기업들은 리더들의 코칭 기술 개발도 지원하고 있다. 보쉬에서는 코칭이 애자일 변환을 위한 학습 프로그램의 핵심 주제이며, 그 범위가 애자일팀을 넘어 운영 영역에까지 확대되었다. 이런 학습에 영향을 받은 중국의 한 공장 관리자는 자신의 개인 시간을 투자해 공인 애자일 코치가 되기도 했다.

회사의 미션에 공감하는 새로운 인재를 유치한다

애자일 기업은 지위나 화려한 이력서가 아닌 미션과 성과에 인재 영입 접근법의 초점을 둔다. 디지털 결제 업체인 스트라이프Stripe의 미션 선언은 '경력에 가장 중요한 일을 하면서 세계 경제로 영향력을 확장할 전례 없는 기회'를 가질 방법을 설명하는 것으로 시작된다.[3] 스트라이프는 직책을 거의 사용하지 않는다. 이 회사는 후보자들에게 경고한다. "몇 년 후 당신의 링크드인Linke-dIn 프로필이 다른 회사에 있는 동료들만큼 두드러져 보이지는 않을 것입니다."[4] 그 결과 이 회사는 자신들의 문화와 애자일 환경을 편안하게 생각하는 사람들만 받아들이게 되었다. 문화적인 이익만 있는 것은 아니다. 마이클 맨킨스Michael Mankins와 에릭 가튼Eric Garton은 그들의 책《시간, 인재, 에너지Time, Talent, Energy》에서 의욕 있는 직원은 생산성을 높인다는 연구결과를 이야기하고 있다.[5] 사람들은 회사의 미션, 직속 상관, 생산적인 애자일팀 참여로부터 영감을 받고 의욕을 얻는다.

성과관리는 개선에 초점을 맞춰라

애자일팀은 명확한 목표를 설정한다. 그들은 이런 목표를 추구하면서 잘 되어가는 것과 그렇지 않은 것이 무엇인지 파악하려 한다. 미래의 결과를 개선하기 위해서는 피드백을 통해 이런 것을 학습해야 한다. 보상이 전부가 되어서는 안 된다. 성과관리가 보상에 지나치게 집중하면 논의의 성격이 바뀐다. 자신이 하는 피드백에 따라 누군가의 보상이 변한다면 상관들은 피드백을 하는 데 제약을 느낀다. 이전까지 보쉬 전동공구는 다른 많은 기업들과 마찬가지로 1년에 한 번씩 연례 성과 검토를 통해 직원들에게 피드백을 주곤 했다. 이후 애자일 기업으로 진화하면서 각 팀에 정기적인 피드백을 줄 수 있는 도구들이 개발되었다. 보쉬 전동공구 CEO 헹크 베커는 이렇게 말한다.

"좋은 피드백은 행동과 태도의 유연한 변화로 이어집니다."[6]

구성원이 참여하는 인사 시스템

애자일 기업은 일자리의 구조, 즉 직책, 직급, 급여체계 등을 단순화시킨다. 애자일팀에 구성원을 제공할 가능성이 높은 분야에서는 특히 더 그렇다. 전문가 육성 코스를 개발해야 하는 경우도 있다. 팀은 그들이 필요로 하는 인재를 설명할 수 있어야 하고 선정 과정에도 참여해야 한다. 베커는 이렇게 말한다.

"이전에는 인사팀과 상사가 개입했습니다. 이제는 팀의 충원에 여러 분야와 직급의 구성원들이 참여해야 합니다. 팀에서는 이런 상사를 원하는지 여부에 대한 투표가 이루어져야 합니다. 이 과정에서는 역량과 인성이 고려됩니다."[7]

직위가 높아지지 않아도 직원들의 성장이 가능해야 하고, 직책의 의미는 회사 전체에서 통해야 한다. 베커는 이렇게 이야기한다.

"보쉬 전동공구의 경우, 커리어 경로 자체가 다릅니다. 우리에게는 전문적인 역할, 탁월한 역할, 그리고 사업책임자가 있습니다. 우리가 만든 새로운 역할을 통해 직원들은 T형 커리어를 형성할 수 있습니다. 즉 T 자의 기둥처럼 특정 영역에 깊이 있는 전문 역량을 갖추면서 T 자의 머리처럼 다양한 영역의 업무를 수행한다는 뜻입니다."

애자일 마스터(스크럼 마스터)가 되는 것 역시 보쉬에서 가능한 새로운 커리어 개발의 기회이다.

문제 해결과 팀워크 향상을 위한 관리 시스템

보쉬 전동공구는 팀이 보다 성공적으로 기능하도록 하기 위해 다양한 관리 시스템들을 테스트했다. 이 사업 부문은 개인 육성 토론IDD, individual development discussion이라 불리는 시스템을 갖고 있었다. 직원들은 이를 통해 동료에게 피드백 제공을 요청할 수 있다. 그 전에는 인풋이 다른 영역이나 분야의 사람들에게서 나왔는데, 이 제 어떤 팀들은 이 프로세스를 이용해 늘 같이 일하는 사람들에게 서 인풋을 얻고 있다. "피드백을 요청하는 사람들이 점점 늘어나 고 있습니다." 이 부문의 인사 전문가 앤 리스의 말이다.[8] 보쉬 전 동공구 부문은 팀의 타깃 워크숍도 지원했다. 팀은 워크숍에 모여 리더들로부터 나온 재무적 예측에 대한 인풋을 기초로 공동 목표 를 정한다. 구성원들은 그 목표에 이르기 위한 역량을 정의하고 그런 역량들을 획득하기 위해 필요한 것을 결정한다. 이때 애자일 마스터나 인사 담당자 혹은 팀원이 모더레이터moderator(회의에서 토 론을 진행하고 분쟁을 중재하며, 유용한 결과를 도출하기 위하여 문제 해결을 유도하는 역할을 수행하는 사람)의 역할을 맡는다.

팀 기반의 보상체계

기업은 개인, 팀, 여러 팀으로 이루어진 상위 팀, 기업 등의 네

가지 다른 수준의 보상을 생각해야 한다. 애자일 기업은 보상의 초점을 개인이 조직에 가져오는 가치와 각 개인이 속해 있는 팀 공동의 성공 모두에 둔다. 기본 보상은 시장 주도적일 수 있지만 인센티브 보상은 거의 언제나 팀이나 기업의 최종결과를 기초로 해야 한다. 진급을 하고 더 많은 책임을 맡게 될수록, 기업 실적에 초점을 둔 보상의 비율이 늘어난다.

개인 실적과 팀 실적에 따라 보상받는 하급 직원들이 늘어나면서 동시에 상급자들은 개인별 성과와 상위 팀, 기업의 실적을 혼합한 기준으로 보상받게 될 것이다. 물론 보상을 정할 때는 언제나 맥락을 파악해야 한다. 기업이 장려하는 문화나 가치관, 행동을 기준으로 삼아야 한다는 것이다.

마이크로소프트가 2000년대 초 사용했던 악명 높은 성과관리 및 보상 접근법은 경계의 메시지를 전해준다. 이 소프트웨어 업계의 거물은 오랫동안 성과 평가 모델의 한 부분에 누적 순위 시스템stack ranking system을 사용했다. 맨킨스와 가튼은 이 시스템에 대해 이렇게 이야기한다.

"팀의 전체적인 성과와는 상관 없이 정기적으로 일정 비율의 팀원은 '탁월', '우수', '평균', '평균 이하', '나쁨'이라는 평가를 받았습니다."[9]

이렇게 되면 팀 내의 성과 순위가 보상과 직결된다. 따라서 능력이 탁월한 사람들은 자신의 성과 순위와 보상이 낮아질 위험이 있기 때문에 뛰어난 사람들과 팀을 이루는 것을 피하게 된다. 이런 내부 경쟁 시스템은 결국 팀워크를 해친다.

"애플의 경우, 600명의 엔지니어가 회사 운영 시스템의 혁명적인 변화인 OS X를 개발하고, 오류를 검출하고, 배치하는 데 2년이 채 안 걸렸다. 반면 마이크로소프트의 윈도우 비스타Windows Vista는 개발, 결함 제거, 배치, 그리고 결국은 철수할 때까지 1만 명의 엔지니어와 5년 이상의 시간이 필요했습니다."[10]

생산성에서 40배 이상의 차이가 나타났던 것이다. 애플이 팀 기반 보상에 집중한 반면 마이크로소프트는 누적 순위 기반의 개인별 보상 방식을 사용했던 것이 이런 결과의 차이를 만든 주된 요인이었다.

———•———

전체적인 운영모델을 설계할 때에는 조직구조의 통합, 책임과 의사결정권, 관리 시스템, 작업 방법, 인적자원 관리 방식 등 고려할 것이 대단히 많다. 이것을 잘 해낸다면 미션에 공감하는 팀을 만들 수 있을 것이다. 그런 팀에서는 운영 부문과 혁신 부문 할 것 없이 조직 전체가 협력하며 일할 것이다. 처음부터 모든 해답을 갖고 시작할 수는 없다. 그건 문제가 아니다. 결국에는 답을 찾게 될 테니 말이다.

1. 조직 전체가 하나로 일하는 방법, 즉 그런 운영모델은 형식적인 구조 자체보다 훨씬 더 중요하다. 사일로와 직급 간 계층 구조를 제거하기 위해서는 구조 변화 이상의 것이 필요하다.

2. 전략적 타당성이 있는 사업부와 손익 구조를 설계하려면 적절한 비즈니스 정의를 갖춘 미래 운영모델을 구상해야 한다. 애자일팀은 조직 전체에 분산되어야 한다. 애자일팀을 다른 애자일팀과 가깝게 배치하는 것보다는 혁신이 적용될 곳 가까이에 배치하는 것이 더 중요하다.

3. 견인력과 추진력을 발휘할 수 있는 속도에 맞춰야 한다. 우선순위에 따라 배열된 계획에는 책임과 의사결정권, 관리 시스템, 리더십과 문화, 인적자원 관리 방식 등 운영모델의 모든 요소가 포함되어야 한다.

4. 인재관리 전략을 지속적으로 검토해야 한다. 이때 새로운 인재도 필요하겠지만 미래의 조직에 있어야 할 대부분의 사람들은 이미 조직 내에 있다는 점을 인식해야 한다.

5. 회사의 인재 시스템을 바꾸는 데에는 상당한 양의 작업이 필요하다. 일찍 시작해서 인사부서를 필수적인 동반자로 만들어야 한다.

7장

애자일 프로세스와
기술 혁신

AGILE
PROCESSES
AND
TECHNOLOGY

2013년 말 스코틀랜드왕립은행의 CEO가 된 로스 맥이완Ross McEwan은 대담한 어젠다를 계획했다. 고객에게 좋은 서비스를 하는 것이 스코틀랜드왕립은행의 핵심 목표가 되었다. 이 은행은 고객 서비스, 신뢰, 고객 지지도에서 업계 최고가 되겠다는 목표를 세웠다. 하나의 팀으로 협력하고 언제나 진실하게 행동한다는 핵심 가치는 이런 포부를 반영하고 지지한다. 몇 개월 후 맥이완은 개인 및 기업금융 사업 부문의 CEO로 레 매디슨Les Matheson을 임명했다. 3년 후 매디슨은 주택담보대출 사업을 영국 전체에서 상위 3위 안으로 끌어올렸고, 아울러 고객 서비스, 고객 지지도, 비용 포지션도 개선했다.

그렇지만 당시 이 사업은 강한 역풍을 맞고 있었다. 시장 수요는 감소하고 이윤도 낮아지고 있었다. 기술에 정통한 새로운 경쟁 업체들이 속속 등장하고 있었다. 트러슬Trussle 같은 온라인 담보 대출 브로커나 하비토Habito와 같은 핀테크 기업이 빠르게 성장했다. 이런 도전에 대응하고 새로운 성장 기회를 모색하기 위해, 매디슨은 우선 고객에게 좋은 서비스를 제공한다는 스코틀랜드왕립은행의 핵심 목표에 눈을 돌렸다. 그는 전형적인 담보대출 사업을 양질의 고객 경험을 기반으로 하는 디지털 주택 구매 및 소유권 취득 사업으로 전환할 수 있다면 담보대출 이용 고객이 더 나은 서비스를 받을 수 있을 것이라고 생각했다.

고객의 기본 니즈를 가장 잘 충족시킬 방법을 찾아야 사업을 크게 성공시킬 수 있다는 매디슨의 확신은 그의 첫 경력에서 비롯된 것이었다. 그는 프록터앤드갬블P&G, Procter & Gamble에서 브랜드매니저로 사회생활을 시작했다. 고객을 이해하고 고객이 기대하는 결과를 내놓는 일이 P&G가 가장 중요하게 생각하는 것이었다.

하지만 디지털 주택 소유권 취득 사업을 진행하는 과정에서 그는 세 가지 큰 장애물을 만났다. 하나는 5장에서 논의했던 예산편성 과정이었다. 또 다른 장애물은 고객 관련 고려 사항보다 금융상품 같은 내부적 고려 사항을 더 중시하는 조직구조였다. 이 역시 5장에서 한 번 다루었다. 세 번째 장애는 스코틀랜드왕립은행의 유연하지 못한 절차와 시스템, 데이터였다. 예를 들어 매디슨은 평균 66장의 서류로 이루어지는 복잡한 담보대출 신청을 서류 없는 신청 방식으로 대체하기 위해 수년간 노력을 기울였다. 이런 혁신에는 여러 다른 부서의 프로세스 변화가 필요했다. 하지만 대부분은 이런 협력에 익숙하지 않았다. 또한 많은 소프트웨어 개발 인력이 투입되어 다양한 시스템도 바뀌어야 했다. 회사와 IT, 혁신 조직 사이의 사일로적인 업무방식이 이런 문제들을 악화시켰다.

매디슨은 이 같은 방식으로는 비전을 달성할 수 없다는 판단을 내렸다. 가장 근본적으로, 금융상품을 개발하고 판매한다는 생각에서 고객들의 재정적 니즈에 부응한다는 관점으로 접근법을 바꿔야 한다는 것이 그의 생각이었다. 그는 7개의 여정에 집중하는 7개의 소규모 크로스펑셔널팀을 만들기 시작했다. 각 팀은 하나의 고객 니즈를 담당했다. 여기에는 '담보대출 받기' 같은 크고 복잡한 여정, '사기 신고 및 관리' 같은 중간 규모의 여정, '직불카드 교체' 같은 소규모의 여정이 포함되었다.

매디슨은 이들의 작업을 지켜보면서 두 가지 중요한 것을 배웠다. 첫째, 주택 구매 및 소유권 취득에 관련된 이 여정에는 고객들에게 더 많은 가치를 제공할 수 있는 큰 가능성이 있어 보였다. 따라서 그는 우선 거기에 집중하기로 마음먹었다. 둘째, 단순히 한데 모아서 임무를 맡기는 크로스펑셔널팀만으로는 충분치 않다는 것을 깨달았다. 그는 한동안 은행 안팎의 동료들로부터 애자일 혁신에 대해 들어왔다. 그래서 보다 광범위하게 일련의 애자일 방식을 따르면 팀이 더 효율적이고 좋은 방법으로 성공을 지속할 수 있게 된다는 것을 알게 되었다. 그는 애자일에 대해 좀 더 알아본 후 주택담보대출 사업에서부터 고객 중심의 애자일 변환에 착수하기로 결정했다.

매디슨이 이 목표를 추구하기 위해 만든 리더십팀이 일을 시작했다. 팀원들은 우선 인간중심 설계라고 알려진 방법을 이용해 고객 중심의 북극성NorthStar을 개발하고 혁신 활동을 이끌어갔다. 북극성이란 금융서비스 제공업체가 전달하는 경험과 수익 중에서 고객이 가장 큰 가치를 두는 것에 대한 비전을 말한다. 개발 회사 대표들은 인터뷰 자리에서 북극성의 두 가지 요소에 대해 설명했다.

"저는 은행을 고객에게 필요한 전문가와 도구를 연결시켜주는 관문이라 봅니다. 고객은 필요할 때마다 은행의 도움을 받아 주택을 찾고, 사고, 관리하는 일을 디지털로 쉽게 할 수 있습니다."[1]

다음으로 팀은 구조를 개발했다. 그 구조는 각 팀이 핵심적인 고객 경험과 각 경험의 사업 목표를 포함하는 것이었다. 주택담보 대출 신청은 그런 경험 중 하나였고, 그 경험의 목표에는 고객이 신청을 완료하고 은행이 승인하는 데 드는 시간과 노력을 극적으로 줄이는 것이 포함되었다. 이후 리더십 그룹은 이런 경험들을 바탕으로 전담 크로스펑셔널 애자일팀을 꾸리기 시작했다. 또한 다양한 지원장치를 배치하여 팀들이 빠르게 혁신하도록 했다. 예를 들어 혁신팀원과 운영팀원이 함께 배치되었고, 예산 지원은 제품 특성이 아닌 사업의 최종결과에 연계되었다. 매디슨은 이렇게 말했다.

"고객 여정을 중심으로 한 조직 구성이 우리 새로운 모델의 핵심입니다. 이런 구성을 통해 크로스펑셔널팀은 고객과 은행 사이의 모든 상호작용에 대해 고객의 관점을 취할 수 있습니다. 낡은 금융상품 중심의 기능 조직으로는 아무리 노력해도 이런 일이 가능하지 않습니다."[2]

소매금융 부문의 디지털 담당 수석 책임자인 프랑스 뷀더쉬Frans Woelders가 이끄는 애자일 리더십팀은 애자일 전환을 위한 추진력을 얻기 위해서는 인상적인 성과를 내야 한다고 생각했다. 이들은 우선 사업부와 혁신팀들이 달성할 가능성이 가장 높은 한두 가지에 집중하기로 했다. 담보대출 신청 경험은 가장 초기의 지속 고객 여정팀(애자일 그룹) 중 하나가 맡게 되었다. 그들은 스마트폰이나 컴퓨터로 한 시간 이내에 담보대출 신청을 완료할 수 있도록 하는 것을 비전으로 삼았다. 후속 논의(규제 목적의)는 직접 대면이 아닌 전화상담으로 이루어진다. 신청자들은 몇 주가 아닌 며칠 내에 대출 심사 결과를 알게 된다.

설계자들의 주도로 팀원들이 고객 리서치를 실시해 피드백을 모았다. 이후 운영 분야와 고객 서비스 분야 소속 팀원들은 고객이 원하는 경험을 창출하기 위해 새로운 인적 기반의 디지털 프로세스를 설계했고, 팀의 소프트웨어 엔지니어들은 이런 새로운 프로세스를 구현하는 코드를 작성했다. 데이터 엔지니어들과 데이터 분석가들은 정확한 데이터의 이용 가능성과 유지 방식을 확보하여 코드 작성을 지원했다. 구성원들은 이 모든 단계를 2주 스프린트로 진행했고, 스프린트의 마지막에는 고객의 피드백을 받았다. 처음에 고객들이 볼 수 있었던 것은 부분적인 프로토타입뿐이었지만 이후에는 완전한 프로토타입과 완성된 시스템을 보게 되었다. 운영 분야의 경험을 가진 애자일 팀원들은 대출 어플리케이션 어드바이저들에 대한 새로운 프로세스 교육을 주도했다. 처음 새로운 어플리케이션을 제한적으로 출시했을 때는 소규모로, 전면 실시를 앞두고는 전체 어드바이저들을 대상으로 교육을 실시했다. 뵐더쉬는 이렇게 말했다.

"운영과 기술 분야의 인력이 하나의 팀으로 일하는 것이 성공의 필수 요소입니다. 이들 그룹이 개별적으로 일하면 아무리 조정해도 속도와 제품 품질 면에서 우리가 필요로 하는 결과를 얻을 수 없습니다. 주택 구매 및 소유권 취득 분야에서 시작해 현재는 모든 고객 사업 영역에 새로운 작업 방식이 적용되고 있습니다."[3]

스코틀랜드왕립은행은 담보대출 신청팀과 다른 여정팀들이 이런 수준의 성공과 속도를 달성할 수 있도록 여러 다른 애자일 지원장치를 배치했다. 이 은행은 우리가 5장에서 논의했던 예산편성, 예산조달, 관리방식 변화를 실행했다. 그리고 팀 기반의 성과 측정도 추가했다. 스케일드 애자일 프레임워크에서 엄선한 방식을 가동시켜 핵심 시스템과 이런 시스템이 서비스하는 많은 여정 팀들 사이의 상호의존성을 관리했다.

조직의 애자일 역량이 개선되자 결과도 개선되었다. 개인금융의 주택 구매 및 소유권 취득 사업에서의 혁신 속도가 급격히 빨라졌다. 영국 최초로 무서류 담보대출 신청 상품을 론칭했고, 현재 모든 신청의 90퍼센트는 서류 없이 진행되고 있다. 디지털 채널을 통한 담보대출 전환율은 2017년 상반기 34퍼센트에서 하반기 약 60퍼센트로 증가했다. 신청에서 대출까지의 평균 소요 시간은 23일에서 11일로 단축되었다. 이런 혁신 덕분에 스코틀랜드왕립은행은 새로운 담보대출을 받은 고객들로부터 시장 최고의 순추천고객지수를 받았다. 이들의 담보대출 신청팀은 여전히 건재하며 프로세스의 지속적인 개선을 위해 노력하고 있다. 이들의 목표는 고객의 수고로움과 승인 시간을 더 줄이고 점점 유능해지고 있는 경쟁업체들보다 앞서 나가는 것이다. 한편 주택 구매 및 소유권 취득 사업에서의 성공은 애자일 작업 방식에 대한 조직의 보다 광범위한 헌신을 이끌어냈으며 이로써 개인 뱅킹 전체에서 애자일 혁신이 시작되기에 이르렀다.

프로세스와 기술 혁신의 장애물

기업이 훌륭한 고객 솔루션, 즉 소비자나 기업 구매자들에게 그들이 추구하는 가치를 제공하는 제품과 서비스를 설계하는 데 애자일이 어떤 역할을 하는지 잘 알게 되었을 것이다. 하지만 모든 서비스와 모든 제품은 기업이 이런 제품을 만들고 유통하는 프로세스, 단계, 절차에 좌우된다. 또 프로세스는 거의 언제나 기술, 주로 소프트웨어를 기반으로 한다.

하지만 대부분의 기업에서 기존의 프로세스나 기술은 훌륭한 고객 솔루션의 지원장치가 아니라 장애물이다. 스코틀랜드왕립은행의 경우를 생각해보라. 복잡하고 느린 프로세스와 시스템이 훌륭한 서비스의 제공을 방해하고 있었다. 이런 상황은 흔히 볼 수 있다. 예를 들어 한 회사의 지역 조직이나 현지 사업부들은 서로 매우 다르게 일하고 있어서 이들을 통합하거나 교육하기란 어렵거나 불가능하다. 누군가 고의로 그렇게 만든 것이 아니다. 그저 오랜 시간 여러 사람들이 내린 수천 개의 작은 결정들로 인한 결과일 뿐이다. 혹은 회사가 일련의 인수합병을 한 뒤 인수한 기업을 효과적으로 통합하지 못하면서 적합하지 않은 여러 시스템을 보유하게 되었을 수도 있다. 이런 경우 그런 프로세스와 기술을 처리해야 하는 직원들의 불만과 비효율성이 쌓여간다.

IT 부서와 그들이 개발하는 소프트웨어는 그런 문제를 발생시키는 것으로 악명이 높다. 일부 기업들은 자신들의 니즈에 적합한 상용 솔루션이 존재하는데도 맞춤형 소프트웨어 개발에 수백만 달러를 투자한다. 그들은 전형적인 워터폴 프로세스를 통해 소프트웨어를 개발한다. 개발 전에 모든 요구 조건을 나열하다 보니 결국엔 아무도 사용하지 않는 기능들이 잔뜩 탑재된 소프트웨어가 만들어진다. 따라서 인간이 대처할 수 없을 정도로 복잡해지는 것이다. 많은 IT 부서에 프로그램 수정 요청과 신제품 개발 요청이 밀리다 보니 일종의 그림자 IT 부서가 등장하게 된다. 기다리다 지친 임원들이 나름의 소규모 IT 부서를 만들거나 외부업체를 찾는 것이다. 이는 불필요하게 다양한 프로세스와 시스템, 기술 기준을 만들어 더 복잡하게 만들 뿐이다.

관리자들은 보통 기존의 프로세스와 기술을 최대한 오래 고수하려 한다. 대개는 이 기간이 지나치게 길다. 결국 변화에는 많은 비용이 들게 된다. 그런 변화는 일상적인 사업에 방해가 된다.

이런 관료주의적 사고방식 하에서는 변화의 결과도 그리 좋지 않다. 일이 지나치게 악화되거나 비용이 커지면, 그제서야 리더십 팀은 변화할 때가 왔다는 판단을 내린다. 그들은 밀실에서 새로운 프로세스와 시스템의 사양과 예산을 결정한 뒤 부하직원들에게 해결책을 도출하라고 지시한다. 이런 조직들은 정체와 비효율적이고 급격한 변화 사이를 오가는 만성적인 불균형 상태에 있는 것이다.

스코틀랜드왕립은행의 사례에서 보았듯이, 애자일 여정을 추구하는 기업들은 이와 다르게 일을 시작한다. 그들은 고객 솔루션이 고객의 니즈에서 출발해야 한다는 것을 알고 있다. 또한 이런 솔루션에서 프로세스를 만들어내야 하며, 기술은 이런 프로세스를 지원하고 자동화해야 한다는 것도 알고 있다.([도표 7-1] 참조) 애자일 실무자들은 고객의 니즈 변화에 따라 솔루션, 프로세스, 기술이 계속 적응해가야 한다는 것도 알고 있다. 그들은 어떤 성과를 어떻게 이루어내야 할지 모호하고 예측 불가능한 상황, 즉 고객 니즈를 다루어야 하는 전형적인 상황에서 혁신적인 솔루션을 개발하는 데 가장 적합한 도구는 애자일팀이라고 생각한다. 또한 이때에는 혁신팀과 운영팀이 긴밀히 협조하고, 어떤 경우에는 합

도표 7-1 **세 가지 요소에 부합하는 가능성의 분류체계**

1. 고객 솔루션
   고객의 니즈, 불만, 요구
   이익을 기반으로 한다

2. 비즈니스 프로세스
   고객의 이익과 핵심
   비즈니스 프로세스 사이의
   관계를 규정한다

3. 기술
   그런 프로세스를 지원하는
   기술을 규정한다

처져야 한다고 알고 있다.

이 장에서는 프로세스와 기술에서의 혁신을 탐구하고 그들이 어떻게 업계를 선도하는 고객 솔루션의 창출을 뒷받침하는지 살펴볼 것이다. 이 장은 물리적인 제품보다는 서비스 관련 고객 솔루션의 기저를 이루는 프로세스와 시스템을 주로 다룰 예정이지만 여기에도 물리적인 제품을 지원하는 여러 가지 서비스가 포함된다.

출발점은 언제나 고객 솔루션이다

프로세스와 기술을 혁신하는 솔루션팀은 다른 애자일팀과 마찬가지로 고객에 초점을 맞춰야 한다. 때로는 관련 고객이 내부에 있을 수도 있다. 하지만 그 경우에도 중요한 것은 내부 고객의 서비스를 받는 외부 고객의 니즈이다. 그런데 IT나 재무부서와 같은 기능부서들의 혁신은 그들이 서비스하는 고객의 니즈보다 내부에 초점을 맞추는 경우가 너무 많아서 좋지 못한 평가를 받곤 한다. 고객이 가치를 두는 것보다 소프트웨어 엔지니어나 재무 전문가들이 중시하는 것을 반영하는 경우가 너무나 많기 때문이다.

반면 프로세스와 시스템을 변화시키는 애자일팀은 고객 솔루션, 프로세스, 기술 등의 혁신을 애자일 제품으로 취급한다. 고객의 입장에서 출발해 기존과 반대 방향으로 일하는 그들의 목표는 이런 모든 혁신이 최대한 간단하고 효과적으로 고객의 니즈를 충족시키는 것이다. 출발점은 언제나 고객 솔루션이어야 한다. 예를 들면 담보대출 신청과 같은 특정 고객 경험이라든가 고객의 신고소득과 자산을 확인하는 등의 특정 역량 개발 등이 그것이다. 일반적으로 고객 경험은 솔루션 개발에 매우 적절한 도구이다. 고객의 경험은 그들이 가치를 두는 것과 쉽게 연결되기 때문이다.

하지만 역량이 더 나은 상황도 있다. 역량이 많은 다른 경험을 뒷받침하거나, 경험을 통한 조직화가 비현실적인 경우 등이다. 경험과 역량 모두가 기능과 부서의 한계를 넘나드는 개념이기 때문에 영향을 받는 모든 사업부를 포함해야 가장 효과적인 팀을 만들 수 있다. 솔루션이 하나 이상의 팀을 아우를 정도로 광범위한 것이라면, 솔루션을 모듈형 구성 요소들로 나누는 것도 가능하다.

그렇게 하면 각 팀은 고객과 옵션을 테스트하면서 비교적 독립적으로 작업을 진전시킬 수 있고, 동시에 모든 팀을 최대한 관리하면서 빠르게 진행시킬 수 있다.

2장에서 관련 솔루션의 분류체계를 중심으로 애자일팀을 구성하는 일의 이점에 대해 논의했다. 이것은 프로세스와 기술을 주도하는 고객 솔루션에도 해당된다. 예를 들어 미국의 한 건강보험 회사는 보험 가입자, 고용주, 의료서비스 제공자, 보험 중개인, 고용인 등 다섯 가지 포트폴리오를 기반으로 한 분류체계를 개발했다. 5개 포트폴리오 책임자들은 각각의 포트폴리오에 기여하는 일련의 경험과 역량에 대해 수석 프로덕트오너 역할을 한다. 보험금 처리와 같은 몇 가지 역량은 다수의 포트폴리오에 영향을 미치기 때문에 최고역량책임자의 지휘를 받는다. 이런 구조를 통해 회사는 상위 팀을 필요로 하는 보다 큰 솔루션의 로드맵을 만들며, 이런 구조는 팀들 간의 상호의존성을 강화한다.

고객 솔루션, 프로세스, 기술의 변화는 상호의존성이 대단히 높기 때문에 한 영역의 혁신에 책임을 진 팀은 세 가지 모두를 변화시킬 권한을 얻는 경우가 많다. 그 과제가 하나의 팀이 맡기에 너무 클 때에는 다수의 팀이 긴밀하게 협력한다. 또한 5장에서 언급했듯이, 대부분의 회사들은 지속 애자일팀이 프로젝트팀보다 솔루션 혁신에 효과적이라는 것을 확인하고 있다.

실험을 통한 학습은 애자일 혁신의 기본이다. 하지만 프로세스와 기술에 기반을 둔 고객 솔루션의 경우 혁신을 실험하는 데 몇 가지 문제가 있다. 관료주의는 명확하고, 안정적이며, 예측 가능한 운영을 추구한다. 대부분의 전형적인 운영부서들은 소규모의 잦은 프로세스 변화를 감당할 준비가 되어 있지 않다. 마찬가지 이유로 기존의 IT 부서들은 시스템 기능 내에서 작은 변화를 자주 쉽게 일으킬 수 없다.

더 큰 문제도 있다. 프로세스나 기술에 변화를 주려는 많은 기업, 특히 규제를 받는 산업은 길고 복잡한 절차를 반드시 따라야 한다. 또한 대부분은 엄청나게 학습을 늘려가며 테스트를 설계하고 최종결과를 측정할 분석적, 기술적 기량을 갖추고 있지 않다. 경영진과 관리자들은 종종 테스트에 실패해 고객들에게 상당한 위험을 안겨줄 수 있다는 우려를 표현한다. 이런 문제들에 대해 상세히 살펴보자.

프로세스 혁신을 위한 전진

스코틀랜드왕립은행은 고객 솔루션의 변화에 따라 프로세스를 바꾸어야 한다는 것을 알고 있었다. 예를 들어 디지털로 신청 받은 정보의 정확성을 검토하는 담보대출 담당자의 업무는 서류 신청을 받는 담당자의 업무와 매우 다르다. 따라서 디지털 담보대출 신청이 도입되었을 때 담보대출 담당자의 프로세스를 재설계해야 했다.

그렇다면 애자일팀은 프로세스 혁신을 어떻게 시작해야 할까? 어떤 면에서 프로세스 혁신은 다른 애자일 혁신과 매우 흡사하다. 고객의 니즈를 점진적, 반복적으로 해결하기 위해서는 고객 입장에서 시작해서 역방향으로 작업해야 한다. 자율권을 가진 크로스 펑셔널팀을 통해 이 일을 해야 한다. 그렇지만 다른 의미에서 이 접근법은 더 높은 수준의 정교함을 요구한다. 기업들은 매우 유용한 두 가지 방법을 발견했다.

모듈형 운영 설계

현재의 소프트웨어 시스템은 보통 마이크로서비스microservice, 즉 명확하게 규정된 인터페이스를 가진 소규모의 모듈형 기능 단위로 만들어진다. 마이크로서비스가 수행하는 기능을 알고 그 인터페이스를 이해하기만 하면 모든 시스템 개발자가 마이크로서비스를 이용할 수 있다. 운영 기능부서에서도 같은 방식으로 설계할 수 있다. 예를 들어 기업 부동산 관리부서에서는 수용해야 하는 인원수, 구성원이 하는 일의 유형, 입지 요건 등에 대한 매개변수를 준다. 그런 다음 그 사양을 충족시킬 공간을 찾고 계약하는 임무가 주어진다. 이같은 모듈형 처리로 애자일팀은 조직의 다른 부분을 방해할 걱정 없이 역량을 개선할 수 있다.

공개 시장에서의 역량 경쟁

외부 고객이 어떤 회사에서 구매할지 선택할 수 있는 것처럼,

조직의 다른 부분에게도 외부업체를 이용할 수 있는 선택권을 주면 내부 역량이 정말 세계적인 수준인지 판단할 수 있다. 그러기 위해서는 역량이 모듈형 방식으로 연계될 수 있게 고안되어야 한다. 앞서 언급한 부동산 관리부서의 사례에서는 외부 공급자도 서비스를 제공할 수 있었기 때문에 회사는 결과를 비교할 수 있었다. 일부 기업은 거기서 더 나아가 내부 역량들이 외부 마케팅에 나서도록 장려하기도 한다. 그중 가장 많이 알려진 사례가 아마존 웹서비스이다.(아마존웹서비스에 대한 더 자세한 내용은 8장 참조.) 외부에서의 상업적 성공은 세계적인 수준의 역량인지 여부를 판단할 가장 좋은 지표이다. 이를 통해 상당한 예산조달과 학습이 가능하기 때문에 해당 역량의 계속적인 발전도 확보할 수 있다.

프로세스 혁신팀에 있는 사람이라면 다른 차이점을 발견할 수도 있다. 외부 고객을 만족시키기 위해 노력하는 내부 고객이 당신의 주고객인 경우가 있다. 두 그룹과 일을 해야 할 수도 있다. 스코틀랜드왕립은행 담보대출 신청팀은 담보대출 담당자(내부)와 담보대출을 신청하는 고객(외부) 양쪽으로부터 인풋을 얻었다. 또는 다수의 내부 고객이 사용할 역량을 구축해야 하는 경우도 있다. 이때는 각 고객에 따라 솔루션을 커스터마이징하거나 힘겨운 절충을 해야 할 수도 있다. 전 세계에 50개 공장을 둔 한 산업 설비 제조업체의 경우, 공급망 시스템을 업그레이드하기 위해 각 공장 시설들의 프로세스 차이에 맞춰 공급해야 했고, 상당한 수준의 표준화를 추진해야 했다.

애자일 프로세스 혁신에는 종종 많은 기술이 필요하다. 사람, 특히 필요한 사업 역량과 기술 역량을 모두 갖춘 프로덕트오너를 찾는 것은 대단히 어려운 일이다. 성공을 위해서는 특별한 사람들과 팀들이 필요하다. 스코틀랜드왕립은행은 고객 경험 책임자들로 구성된 핵심 그룹을 구축하면서 양쪽의 역량을 모두 갖춘 사람들을 확보하거나 이들 기량을 개발하기 위해 상당한 노력을 기울였다.

또 다른 문제는 운영팀과의 연계를 관리하는 것이다. 안정적인 유지가 목표로 설정되어 있는 것들을 바꾸는 일은 어렵다. 이를 위해서는 좋은 아이디어들이 운영 영역에서 프로세스와 기술 혁신을 책임진 팀까지 막힘없이 소통되어야 한다. 그리고 이들에 의해 개발되는 혁신을 운영 부문에서 구현시킬 효과적인 방법을 마련해야 한다. 기업들은 다양한 기법을 동원한다. 프로덕트오너가 혁신 대상인 운영 부문 출신이라면 팀과 관련된 실무 지식은 물론 신뢰감을 줄 수 있다. 운영 부문에서는 관리자와 일선 직원 대표가 핵심 이해관계인으로 스프린트 리뷰에 참석해야 한다. 프로덕트오너는 이들 대표들과 개선 아이디어 및 프로토타입에 대해 논의하는 데 충분한 시간을 투자해야 한다. 어떤 프로덕트오너들에게는 시범적으로 변화를 적용해보기 위해 혁신팀과 긴밀하게 협력할 임무가 주어진다. 운영 부문의 구성원들은 자동화 시스템을 통해 아이디어를 제출할 수 있어야 하며, 필요한 경우 개별적인 후속 조치가 뒤따라야 한다.

포상을 할 때는 혁신팀과 운영팀 모두에게 매출, 운영 비용, 신뢰성, 순고객추천지수 등의 동일한 비즈니스 지표를 적용해야 한다. 6장에서 살펴본 것과 같이 혁신팀을 그 팀이 서비스를 제공하는 조직 단위 내에 배치하면 운영 부문이 변화를 더 잘 적용할 수 있다.

기술 혁신, 애자일 소프트웨어의 개발

애자일은 기술 혁신가들, 특히 소프트웨어 엔지니어들 사이에서 가장 빠르게 확산되었다. 애자일이 소프트웨어 개발에서 특히 효과적인 이유는 무엇일까? 해결해야 할 문제들은 복잡하고 해법은 알려지지 않은 상태이기 때문이다. 제품 요구 조건의 변동이 많으며, 작업의 모듈화와 점진적 수행이 가능하다는 점도 이유이다. 그 외에도 여러 가지 이유가 있다. 최종 사용자와의 긴밀한 협력(그리고 그들로부터의 빠른 피드백)이 가능하다. 테스트를 자동화시킬 수 있다. 성공 가치가 높다. 디지털 솔루션의 고객이 점점 중요해지는 상황에서는 더 그렇다. 그러나 전형적인 워터폴 프로세스로 성공할 확률은 낮다.

애자일 기술팀을 가진 조직은 많지만, 애자일 기술 조직은 많지 않다. 기술 부서들은 애자일 소프트웨어 개발을 광범위하게 채택해왔지만 대부분은 비즈니스 프로세스와 고객 솔루션에서 요구하는 변화에 속도를 맞추지 못하고 있다. 이런 실망스러운 불일치가 나타나는 이유 중 몇 가지는 이미 알고 있는 것들이다.

첫째, 목표를 결정할 때 고객 입장에서부터 역방향으로 작업하지 않는다. 둘째, 하향식의 갑작스런 명령이 열의 없고 일관적이지 못한 애자일 방식 채택으로 이어진다. 셋째, 목소리를 높여 애자일을 주장하는 리더들이 정작 자신들의 경영 스타일은 바꾸지 않는다. 넷째, 융통성 없고 느리고 지루한 기획, 예산편성과 리뷰. 다섯째, 애자일 가치관을 약화시키는 보상, 승진 등의 인적자원 관리 정책. 하지만 이런 이유들 외에도 소프트웨어 개발 특유의 다른 요인들도 작용한다.

- 아키텍처: 이것은 무엇보다 중요한 요인이다. 애자일 소프트웨어 개발은 모든 종류의 아키텍처에서 전형적인 방법으로 할 때보다 좋은 결과를 낸다. 그러나 획일적인 시스템은 그런 개선을 크게 저해할 수 있다. 아키텍처의 문제가 해결되지 않는다면 애자일에서 비롯된 결과는 계속 부진할 것이다.
- 과도한 전문화: 소프트웨어 엔지니어들은 종종 대단히 전문화된 기술을 가지고 있다. 우리는 보통 애자일팀은 고객의 문제 해결에 집중해야 한다고 조언하며, 가능하다면 몇 개월에서 몇 년은 붙잡고 있을 것을 추천한다. 하지만 이질

적인 기술들이 존재하게 되면 크로스펑셔널 경험팀의 백로그를 해결할 기술들도 다양해진다. 엔지니어들이 과도하게 전문화될 경우, 결국 팀이 지나치게 커지거나 끊임없는 구성원 전환이 필요해질 것이다.

- 부서 간 사일로: 전통적으로 개별 IT 부서는 소프트웨어 개발, 시스템 유지·보수, 지원, IT 운영, 정보 보안 등 각기 다른 과제를 맡는다. 일부 업계에서는 법무나 감사 등 더 많은 부서가 관련되기도 한다. 이들 각각의 그룹은 각자의 사일로 안에서 일하며 각자 다른 목표를 책임진다. 그러다 때로는 서로 불화를 일으켜 진전의 속도를 늦추기도 한다. 애자일 기술 조직에서는 잘 조합된 애자일팀이 모든 기능을 수행한다.

연관된 물리적 작업이 없고 프로세스가 전적으로 소프트웨어 내에서 코딩되는 순수한 디지털 제품의 경우, 애자일팀이 제품의 처음부터 끝까지 책임진다. 이들 팀은 본질적으로 혁신과 운영을 겸비한다. 디지털 제품의 경우, 프로세스 변화를 채택하기 위해 직원을 재교육할 필요가 없기 때문에 보다 빠른 혁신이 가능하다. 이런 특성은 구글, 페이스북, 트위터, 스포티파이 같은 디지털 네이티브들 사이에서 애자일 방식이 흔히 발견되는 이유이기도 하다. 하지만 애자일 소프트웨어 개발의 이점은 매력이 있다. 기존의 방식에서 성숙한 애자일팀으로 전환하게 되면 보통 출시 시간이 3배 이상 단축되거나 생산성이 향상된다. 이런 개선은 다양한 장점들로 귀결될 수 있다.

첫째, 설계 결정과 승인을 위한 대기 시간의 단축, 둘째, 전형적인 사업 사례를 창출하고 예산을 기다리는 데 드는 노력의 감소, 셋째, 기능이나 보안 테스트 같은 IT 관련 과제의 자동화, 넷째, 개발 환경 권한 설정 같은 다른 부서가 제공하던 과제의 자동화, 다섯째, 제품 사이클의 처음부터 끝까지 책임지는 주인의식을 통한 동기 부여 등이 그것이다. 이런 장점들보다 더 중요한 것은 애자일팀이 고객과 기업에게 가장 가치가 큰 특성을 창출한다는 사실이다. 그들은 고객이 가치를 두지 않는 것을 만드느라 시간을 낭비하지 않는다.

순수한 디지털 고객 솔루션의 한 예는 스코틀랜드왕립은행의 홈에이전트Home Agent이다. 홈에이전트는 단순한 주택 융자가 아니라 주택 구매 및 소유권 취득 영역에서 고객을 지원하는, 이 은행 전략의 핵심이다. 홈에이전트를 통해 고객들은 예산편성, 주택 구매, 주택 융자와 재융자, 주택 개조 계획과 예산조달, 주택 자산 추적 등의 다양한 주택 소유권 취득 활동에 대해 전화로 도움을 받을 수 있다. 스코틀랜드왕립은행은 고객 이해, 소프트웨어 개발, 제3자 협력에 관련해 필요한 모든 기술을 통합한 애자일팀을 활용한 결과, 4개월 만에 홈에이전트의 첫 버전을 개발, 론칭할 수 있었다. 이전의 방법으로 이 정도로 여러요소가 결합된 품질 좋은 고객 솔루션을 론칭하려면 3배 이상의 시간이 소요되었을 것이다.

그것도 우선은 성공적인 개발이 가능하다는 전제에서 말이다.

소프트웨어 개발은 상당히 어려운 일이며, 스코틀랜드왕립은행과 같은 전통적인 조직이 애자일을 통한 이익을 얻으려면 우리가 다른 경우에 설명했던 원칙과 방식을 넘어서는 광범위한 변화가 필요하다. 이 책에서 효과적인 애자일 소프트웨어 개발을 위한 요건들을 모두 다룰 수는 없다. 하지만 그 일부는 앞서 언급되었거나 앞으로 이야기될 것이다. 다른 요건들과 그 전체에 대한 설명은 베인앤드컴퍼니의 웹사이트(bain.com/doing-agile-right)에서 찾아볼 수 있다. 거기에는 다음과 같은 것들이 포함된다.

- 모듈형 아키텍처: 이를 활용하면 코드를 쓸 때 각 애자일팀은 다른 팀들과의 상호의존성을 최소화할 수 있다.
- 엔지니어링 방식의 개선과 기술 인재 업그레이드: 일선 직원과 리더 모두에게 광범위한 기술 교육과 코칭을 해야 하며, 기존의 인재를 보강하거나 대체하기 위한 선별 채용도 병행해야 한다.
- 백로그 수렴: 각 애자일팀은 제품과 관련된 소프트웨어의 개발과 유지·보수, 지원을 모두 책임지게 된다. 이렇게 처음부터 끝까지 책임을 지도록 하는 것이 주인의식을 강화하는 데 유리하며, 이 세 가지 활동을 2~3개의 집단에 나누는 것보다 더 효율적이다.
- 데브섹옵스DevSecOps: 이 개념의 시스템과 방식들을 통해 애

자일 소프트웨어 개발팀은 소프트웨어의 개발에서 생산까지의 작업을 빠르고 안전하게 처리할 수 있다.

• 새로운 IT 서비스 공급자 모델: 고정된 산출물에서 고정된 생산능력(애자일팀의)으로의 전환을 수반하며 팀원의 이직률 감소를 위한 노력까지 아우른다.

• 수정된 배치 전략: 여러 기능의 공동 배치를 확대하고 인재를 업그레이드한다.

• 지원 및 관리 기능의 변환: 기능적 임무도 완수하면서 동시에 애자일 개발팀이 속도에 맞춰 작업할 수 있도록 지원해야 한다. 여기서 중요한 것은 이런 기능 그룹이 종종 그러듯이 사후에 제품을 수정하려고 할 것이 아니라, 처음부터 유연한 제품을 만들어내도록 애자일 개발팀을 코칭하는 데 지향점을 두어야 한다는 것이다.

애자일 확장 실행의 핵심 요건은 대규모 작업을 모듈형의 구성요소로 나눈 뒤 작업 흐름을 매끄럽게 재통합하는 것이다. 소프트웨어 개발은 이러한 요건을 적용하기에 매우 적합하다. 아마존은 하루에도 수천 번씩 소프트웨어를 설치한다. 회사의 복잡한 시스템을 해치지 않고도 개발자들이 빠르게, 자주 선보일 수 있도록 IT 아키텍처가 설계된 것도 한몫을 한다. 반면 많은 대기업은 유연하지 못한 아키텍처의 제한을 받는다. 그들은 프로그램을 제아무리 빨리 코딩해도, 일주일 혹은 한 달에 몇 차례만 소프트웨어를 설치할 수 있다.

획일적인 기존 시스템에 의존하는 많은 대기업에서 아마존처럼 모듈형 아키텍처를 이룬다는 것은 불가능해 보일 수도 있다. 하지만 고객 중심의 애자일 원칙을 채용한다면 가능한 일이다. 작은 단계들을 통한 개선을 이룬 후에 고객에게 제공할 수익에 기반하여 단계들을 배열하고, 이 장에서 설명한 애자일 소프트웨어 개발 방법을 이용한다면 그 과정을 더 빠르고, 더 저렴하고, 덜 위험하게 만들 수 있을 것이다.

애자일 전쟁의 해법

기술에 대해 이야기할 것이 하나 더 있다. 애자일 방법에는 수십 가지가 있고 각각은 열정적인 지지를 받고 있다. 문제는 한 회사 내의 그룹들이 각기 다른 애자일 신념을 장기간 실행할 경우 그들을 한데 모으기가 어려워진다는 점이다. 그들은 습관적인 행동들을 키우고, 경쟁 체제를 비방하며 자기 체제의 이점을 과장한다. 이런 과정은 혼란을 야기할 뿐 아니라 균형 잡히고 조화로운 비즈니스 시스템을 구축해야 하는 동료들 사이에 적대감을 만든다. 애자일, 린, 제품관리 방법에 대한 지지자들 사이에서는 다른 어느 곳에서보다 열띤 논란이 벌어진다. 격화된 논쟁이 거의 주먹다짐 수준에 이르는 것을 본 적도 있다. 이런 상황에 싸움을 말리려 나서면 몰매를 맞게 될 것이다. 하지만 누군가는 이 혼란 속에서 분별력을 가져야 한다. 그래서 우리가 나서기로 했다.

린은 상당한 혼란의 근원이다. 사람들이 그 용어를 두 가지의 매우 다른 접근법에 사용하기 때문이다. 린생산시스템(또는 린식스시그마Lean Six Sigma)과 린제품개발(또는 린스타트업lean start-up)이 그것이다.

린생산시스템은 기업 경영을 위한, 즉 운영의 질과 효율을 개선하기 위한 툴이다. 린생산시스템은 점차 사양을 통일하고, 가변성을 최소화하고, 낭비를 줄인다. 린식스시스마는 기준 미달의 아웃풋이 100만 개 중 3.4개 이하가 되기를 요구한다. 린식스시스마는 여덟 가지 낭비 요인(결함, 과다생산, 대기, 활용하지 않는 인재, 운송, 재고, 동작, 추가 공정)을 지속적으로 감소시켜 효율을 개선한다.[4] 우리는 운영 개선에는 린 생산방법들을 적극 추천하지만 혁신 관리에는 추천하지 않는다. 혁신은 테스트하고, 학습하고, 진화하기 위해 가변성이 필요하다. 어느 정도의 비효율적인 요소는 감수해야 한다. 일부 린의 열성 지지자들은 혁신에 식스시그마를 계속 처방한다. 하지만 연구에 의하면, 가변성을 제거하는 데 능숙한 문화에서는 혁신이 이루어지기 힘들다.[5]

린스타트업과 제품관리 방법은 두 가지 모두 애자일 혁신을 위한 방법이다. 린스타트업은 GE가 광범위하게 채택하면서 알려졌다.[6] 린스타트업은 린 원칙들을 디자인씽킹과 애자일 접근법에 결합시켜 성공적인 스타트업이 하는 방식으로 지속적인 혁신을 촉진한다.[7] 제품관리를 통해 기술 개발자들은 단순히 미리 정해진 대로 기능을 산출하는 프로젝트 관리자가 아니라 중요한 고객 불만을 해결할 수익성 있는 제품을 개발하는 제품 및 브랜드 책임자로 자리매김한다. 다른 애자일 접근법과 매우 비슷해 보이지 않는가? 실제로도 상당히 닮아 있다. 하지만 여기에는 두 가지 실질적인 차이가 있다.

첫째, 애자일은 모든 혁신 활동 전체에 동일한 접근법을 적용하지만 제품관리는 기술에 의해 구동되는 제품에만 집중한다. 둘째, 제품관리 지지자들은 너무 많은 애자일팀의 프로덕트오너들이 그저 백로그만 관리할 뿐 진짜 CEO의 역할은 하지 않는다고 주장한다. 그들의 주장에 의하면 프로덕트오너들은 자신들이 개발한 제품의 성과에 전적으로 책임지지 않는다. 시장 환경, 진정한 고객 니즈, 경쟁 포지션, 복잡한 절충의 재정적 영향에 대해서 제대로 이해하지 못하고 있다. 또 수익성 있는 솔루션을 설계하고 확장하는 데 지속 애자일팀들을 배치하지도 않는다.[8]

사소해 보일 수도 있지만 이런 대조가 실제로는 애자일에 도움이 될 수도 있다. 하지만 엄청난 혼란과 충돌, 비효율을 야기할 수도 있다. 일부 지지자들은 모든 제품관리팀은 지속되어야 하고, 급박한 단기 문제에 대응하기 위한 임시팀은 절대 론칭해서는 안 된다고 주장하기도 한다. 어떤 조직들은 프로덕트오너의 책무를 명확히 하거나 업그레이드하는 대신, 새로운 층의 전략 제품관리자를 추가해 애자일 프로덕트오너를 감독하게 한다. 때로 맹신자들은 제품관리팀은 오로지 기술 관련 이니셔티브만을 위한 것이라고 주장하면서 기술 혁신을 위해 다른 것들과 차별화된 직책, 용어, 훈련 프로그램을 강요한다. 하지만 우리가 경험한 바에 따르면 애자일과 제품관리 방법을 조화시켜 회사의 문화에 잘 맞고 회사 전체가 공유할 수 있는 통일된 접근법을 개발하는 것이 불화를 조장하는 것보다 훨씬 나은 결과를 낸다.

———•———

  좋은 프로세스와 기술은 고객들이 가치를 두는 가성비 높은 솔루션 창출의 핵심이다. 더구나 로보틱 프로세스 자동화나 머신러닝처럼 프로세스의 자동화와 개선에 적용 가능한 기술들이 빠른 속도로 성장하고 있다. 하지만 많은 기업들이 이런 기술을 채택하기까지는 긴 시간이 필요할 것이다. 이 장에서 설명된 기법들이 그런 장애들을 돌파하는 데 도움이 되길 바란다.

1. 애자일은 혁신을 위한 것이다. 하지만 혁신은 고객들을 위해 새로운 제품과 서비스를 만드는 것에 그치지 않는다. 애자일 방식은 그런 제품과 서비스를 생산하는 비즈니스 프로세스를 개선하고, 그런 비즈니스 프로세스를 실현하는 기술을 향상시키는 데 효과적이다.

2. 신뢰와 효율은 비즈니스 프로세스와 기술에 대단히 중요하다. 때문에 관료들은 가변성과 변화를 줄이기 위해 최선을 다한다. 애자일 접근법 역시 표준적인 운영 절차를 엄격하게 고수하도록 권한다. 그러나 그런 절차들은 정기적인 혁신을 통해 개선해야 한다. 이후 새로운 절차가 받아들여지고, 교육에 통합되고, 적절히 실행되도록 한다.

3. 크로스펑셔널 지속 애자일팀은 비즈니스 프로세스와 기술을 개선하는 최선의 방법이다. 경험을 쌓고 운영자들과의 신뢰를 구축하면서, 팀의 개발 역량은 향상되고 채택률은 빠르게 높아진다.

4. 비즈니스 프로세스와 기술을 담당하는 애자일팀은 고객이 직접 접하는 제품과 서비스를 개발하는 애자일팀만큼 고객에 집중해야 한다. 때로 그들의 혁신은 직접적으로 고객 경험을 강화한다. 다른 경우 그들의 고객은 고객 경험을 개선하는 데 필수적인 성과를 내는 내부 고객이다.

5. 많은 기업이 여러 애자일 기술팀을 두고 있지만 애자일 기술 조직을 가진 기업은 많지 않다. 왜냐하면 최선의 방식에서 벗어난 많은 일탈들이 소프트웨어에 특화된 몇몇 팀들과 애자일팀을 방해할 수 있기 때문이다. 이런 문제를 극복하기 위해서는 아키텍처를 모듈형으로 만들고, 엔지니어들이 보다 다재다능해지도록 지원하며, IT 부서 내부와 외부 부서의 기능적 사일로를 허물어야 한다.

8장

올바른 애자일은 모두를 위한 것이다

DOING
AGILE
RIGHT

이 책을 시작하면서 서로에게 '이 책의 독자들이 무엇을 바꾸길 바라는가?'라는 질문을 던졌다. 우리가 해결할 고객의 문제는 무엇일까? 애자일에 대한 수많은 책, 논문, 블로그를 누구나 쉽게 접할 수 있는 상황에서 또 다른 책이 필요한 이유는 무엇일까? 답은 간단했다. 우리는 애자일이 혼란스러운 또 하나의 유행이 아닌 가치 있고 실용적인 도구가 되기를 원한다. 애자일 사고방식과 방법으로 조직 구성원들이 더 행복해지고 성공할 수 있다고 믿기 때문이다. 독자들이 5~10년간의 애자일 변환을 돌아보고 실망과 당혹보다는 자부심과 충족감을 느끼기 바란다.

우리가 걱정하는 것은 일시적 유행을 좇는 애자일의 오용이 애자일이라는 아이디어 자체를 손상시키지 않을까 하는 것이다. 열성 지지자들이 어떤 한 종류의 불균형을 다른 방향으로 급선회하는 방식으로 수정하려 하거나, 권위주의자들이 애자일을 더 빨리 명령에 복종하도록 강요하는 또 하나의 채찍으로 사용한다면 애자일은 얼마 지나지 않아 앞서 언급했던 품질 사이클이나 비즈니스 프로세스 재설계처럼 경영관리 매니아들이 만든 쓰레기 더미에 합류하게 될 것이다.

지난 27년 동안 다양한 경영관리 도구들의 현실을 파악하기 위해 70여 개국에서 1만 5,000명에 달하는 경영진들로부터 솔직한 피드백을 수집했다. 아마도 이 주제에 대해 세계에서 가장 방대하게 장기적으로 운영된 데이터베이스일 것이다. 이를 통해 시간의 경과에 따라 다양한 경영관리 도구들이 얼마나 사용되었고, 효과가 어떻게 변했는지 추적했다. 우리는 지식관리, 품질 사이클, 비즈니스 프로세스 재설계, 린식스시그마와 같은 도구들이 갑자기 엄청난 인기를 얻었다가 기세가 꺾이는 모습을 지켜봤다. 이런 일은 애초에 과장되어 선전되었거나 해결을 의도하지 않은 문제에 잘못 적용된 경우가 가장 많았다. 만족도에 비해 적용 사례가 지나치게 빨리 늘어났다. 결국 관리자들은 그 유행이 만병통치약이 아니었으며, 오히려 사업의 다른 측면에 소홀해지는 결과만 낳았고, 분석가들은 그 유행에 순진하게 몰려든 사람들을 비웃기 시작했다는 것을 확인할 수 있었다.

이런 경영관리 도구들의 진실을 연구해온 베인앤드컴퍼니는 애자일에 특히 주목했다. 부록 C에 열거된 연구들은 애자일이 한

때의 유행이 아니라는 점을 뒷받침한다. 클라이언트들과의 경험도 마찬가지이다. 우리는 애자일기업익스체인지Agile Enterprise Exchange를 통해 고위 경영진이 자신들의 경험에 대한 솔직한 식견을 공유할 수 있으리라 생각했다. 다양한 업계, 지역, 비즈니스 각 부문 출신의 40명이 넘는 고위 경영진이 채텀하우스룰Chatham House Rule(회의에 나왔던 안건에 대해서는 이야기해도 되지만 누가 회의에 있었는지는 밝히면 안 되는 규칙) 하에서 정기적으로 만나, 서로 지속적으로 소통하고, 성공과 도전에 대한 식견을 솔직하게 공유하기로 했다.[1] 애자일기업익스체인지는 애자일이 가치 있고 지속가능한 트렌드가 되는 데 도움을 주고 있다. 이들의 통합된 지혜가 있었기에 이번 장이 완성될 수 있었다. 서로가 올바른 애자일을 실천할 수 있도록 돕고 있는 구성원들께 이 자리를 빌어 감사를 전한다.

애자일이 일시적인 유행에 그치지 않도록 올바르게 적용하도록 하기 위한 몇몇 지침들은 단순하고 분명하다. 우리는 이 책에서 이 방법에 대해 반복해서 언급했다. 그중 하나는 애자일로 인해 두려움이 생겨서는 안 된다는 것이다. 일반적인 생각과 달리 사람들이 모든 변화를 두려워하는 것은 아니다. 대부분의 사람들은 휴가나 더 나은 미용 제품, 새로운 영화같이 새로운 것들을 좋아한다. 사람들이 두려워하는 것은 상실이다. 심리학자 대니얼 카너먼이 보여주었듯이, 상실의 두려움은 획득에 대한 희망보다 2배나 큰 심리적 힘을 가진다. 애자일로 이행하면 운영에 대한 통제력이나 기능적 전문성을 잃지 않을까 하는 우려가 생겨서는 안 된다. 새로운 방법이 더 낫다는 것을 학습하기 전에 기존 작업 방식을 포기하는 것으로 인한 두려움이 생기게 해서는 안 된다. 진정한 협력과 반복적인 시제품화, 테스트, 그리고 실제 운영 조건에서 제안된 변화의 적용 등을 통해 두려움을 피할 수 있다.

애자일은 도구라는 것에 유념해야 한다. 전기톱은 쓰러진 송전선에서 나무를 제거하거나 집 지을 목재를 마련할 때에는 훌륭한 도구이다. 하지만 회사에는 전기톱 전략이나 최고의 전기톱 책임자가 필요한 것이 아니다. 그리고 전기톱은 토마토를 따거나 심장수술을 할 때에는 최적의 도구가 아니다. 올바른 애자일 실행은 비즈니스 성과를 개선하기 위한 전략을 수행하는 도구로 애자일을 이용하는 것을 의미한다. 이는 적절한 부분에만 이용한다는 것을 의미하기도 한다.

마이클 포터Michael Porter는 전략의 정수는 '무엇을 하지 않아야 하는지 선택하는 것'이란 정확한 지적을 했다. 마찬가지로 올바른 애자일 실행은 그것을 사용하지 않아야 할 곳을 선택하는 것이다. 무엇을 전달해야 할지, 어떻게 전달해야 할지 모호하고 예측 불가능한 경우에 혁신 솔루션을 개발하기 위해 고안된 것이 애자일 방법이다. 때문에 표준화된 운영 절차의 엄격한 고수가 필요한 일상적인 운영 관리에는 적절하지 않다.

애자일이 갑작스런 비용 절감을 위한 도구가 아니라는 것도 다시 한 번 강조하고 싶다. 혁신적인 비즈니스 프로세스는 더 적은 자원으로 더 많은 일을 하기 위한 것이다. 그렇다고 애자일이 직원의 30퍼센트를 빠르게 해고하기에 좋은 방법이란 뜻은 아니다. 때로 그런 식으로 인식되는 것은 관리자들이 고양이가 생선에 달려들듯 비용 감축 방법에 달려드는 것을 보았기 때문이다. 그 도구들이 성장을 가져오고, 과거 관리에서 벌어진 실수를 숨겨준다고 약속하면 더 악화된다. "우리는 자갈 회사에서 기술 기업으로 변화하고 있습니다. 이제 우리는 애자일 방법으로 성장을 가속시키고 있기 때문에 뛰어난 직원들의 30퍼센트는 해고할 수밖에 없습니다." 같은 말은 절대 없어야 한다.

이런 간단한 지침을 유념한다면 이 여정을 생산적으로 시작할 수 있다. 하지만 올바른 애자일 실행에는 눈에 띄는 싱크홀을 피하는 것보다 많은 일이 필요하다. 애자일 여정은 정말로 철인3종경기와 비슷해서 때로는 길고 힘겨운 여정이 될 수 있다. 때문에 이 장에서 우리는 두 가지를 전하고자 한다. 하나는 오랜 시간에 걸쳐 눈에 띄게 성공적인 자신만의 애자일 버전을 만들고 유지한 기업인 아마존의 경험을 전하는 것이다. 이것이 영감을 주는 이유는 모방하기에 이상적인 회사이기 때문이 아니라(우리가 모방에 대해서 어떻게 생각하는지는 당신도 이미 알고 있을 것이다.), 아마존이 다양한 사업에서 장시간 비범한 혁신의 태도를 지속해온 방법이 배울 만한 가치가 있기 때문이다. 다른 하나는 우리의 리서치와 경험을 애자일 여정을 위한 몇 가지 규칙으로 정리한 것이다. 이 규칙들은 싱크홀을 피하게 해주고 목적지에 도달하는 데 실질적인 도움이 될 것이다.

아마존의 애자일

애자일 확장의 목적은 뛰어난 성과를 창출하고 유지하는 데 있다. 그러기 위해서는 기업을 견실하고 효과적으로 운영하고 예상치 못한 기회를 활용할 적응력을 키워야 한다. 아울러 이 모든 활동을 아우르는 시스템을 조율해야 한다. 이런 이야기를 하면서 아마존의 여정을 살펴보지 않을 수 없다. 아마존의 시스템은 오랜 시간에 걸쳐 발전해왔다. CEO인 제프 베조스는 다른 곳의 좋은 아이디어들을 잘 채택하는 것으로 유명하지만, 아마존 시스템은 아마존이 스스로 발명한 것이다. 이 시스템은 다소 복잡하여 순수주의자들의 눈에는 완벽하지 않아 보인다. 하지만 효과는 좋다. 그래서 유익하다. 또한 애자일이 한때의 유행이라고 생각하는 사람들에게 대항하는 강력한 증거이기도 하다.

모두가 알고 있듯이 아마존은 하나의 현상에 가깝다. 상장 직후 아마존에 투자한 1,000달러는 2019년 중반 135만 달러의 가치를 갖게 되었다. 미디어에서는 아마존을 가장 혁신적인 기업이자 가장 선망하는 기업이라고 칭송하고 있다. 인터넷 소매 부문 미국 고객만족지수 1위 자리를 차지한 것만도 여러 번이다. 새로운 도전, 새로운 영역, 새로운 범주, 새로운 사업을 추가하면서 전 방위의 통합을 달성한 혁신의 기적이다. 물론 경영자들은 이 모든 것들이 본보기로 삼을 만한 것인지 의심할 것이다. 우리 클라이언트들은 때때로 이렇게 말한다.

"아마존 모르는 사람이 있습니까? 그들은 처음부터 애자일에 적합한 기업입니다. 아마존이 장기적 관점을 가지고, 큰 리스크를 감수하고, 경쟁업체를 무너뜨리거나 사들인다는 뉴스는 매일 같이 나오지 않습니까. 아마존에 대한 이야기는 신물이 납니다. 우리는 현실 세계에서 회사를 운영해야 합니다. 돈을 벌고 세금을 내야 합니다. 아마존이 고용하는 사람을 우리가 고용할 수는 없지 않습니까. 우리는 그런 기술도 없습니다. 당연히 그런 CEO도 없습니다."

하지만 우리는 아마존의 전략을 복사해 붙여야 한다는 이야기를 하고 있는 것이 아니다. 아마존 시스템의 개별 구성 요소들을 다른 기업의 구성 요소에 이식해야 한다는 이야기도 아니다. 아마존이 완벽한 회사라서 모든 면에서 그들을 모방해야 한다는 것도 아니다. 사실 그렇기 때문에 아마존이 매우 통찰력 있는 사례가 될 수 있는 것이다.

부정적인 점들을 살펴보자. 아마존의 문화는 구글이나 다른 애자일 지지자들이 추천하는 심리적 안정을 제공하지 않는다. 아마존의 직원들은 그들의 문화를 설명할 때 '대립적, 지적인 측면에서 위협적인, 투쟁적인, 적자생존' 같은 단어들을 사용한다. 스택랭킹stack ranking(잭 웰치 전 GE 회장이 사용한 인사 시스템. 직원들의 성과를 백분율로 변환하고 '최고', '양호', '미흡' 등으로 표시해 직원들을 평가한다.)이나 종형 곡선의 하위에 속한 사람들을 해고하는 관행은 정서적인 고갈을 초래한다. 아마존의 직원들은 대단히 열심히 일한다. 일과 생활의 균형을 찾기가 어렵다. 아마존은 많은 전문가들이 동기 부여에 필수적이라고 말하는 원대한 사회적 목적에 대해서 이야기하지 않는다. 사실 아마존은 저임금 노동자에 대한 처우 문제와 세제 및 입지 장려책 관련 사안으로 지방 정부에 고압적인 태도를 취한 문제로 큰 비난을 받았다. 내부적으로도 정해진 일정에서 벗어난 사업 아이디어에 대한 예산조달이 여느 애자일 기업에 비해 어렵다. CEO 제프 베조스를 비롯한 고위 경영진은 세세한 부문까지 간섭하는 관리자로 악명이 높다. 제품 출시 일자나 필요 기능들이 대부분의 애자일 실무자들이 권하는 것보다 훨씬 엄격하다. 베조스는 외부인들에게 아마존은 실패를 권장한다고 말하지만, 사실 내부자들은 실패한 이니셔티브는 환영받지 못한다고 말한다.

이론적으로는 이런 약점 중 어느 것이라도 애자일 운영을 저해할 수 있다. 이들이 다 합쳐졌을 때는 심각한 손상을 줄 수 있다. 하지만 아마존의 애자일 시스템은 전진을 거듭하고 있다. 어떻게 그럴 수 있을까? 우리가 이야기를 나누었던 사람들(우리는 운 좋게도 아마존의 여러 직급에서 오랫동안 일했던 많은 경영자들과 친밀한 관계를 맺고 있다.)은 그 이유로 강점과 약점의 균형이 맞춰진 시스템을 든다. 그것들은 오랫동안 독특한 아마존 방식으로 함께 진화해왔다. 즉 이것은 시스템의 문제이지 개인의 문제가 아니란 뜻이다. 수천의 아마존 직원들이 회사에 들고 나기 때문에, 다른 기업들도 얼마든지 그들을 고용할 수 있고 실제로 그렇게 하고 있다. 아마존 직원들은 반신반인도 악마도 아니다. 그들은 아마존 시스템 내에서 뛰어난 성과를 달성하는 사람들일 뿐이다.

제이슨 골드버거Jason Goldberger도 그런 사람 중 한 명이다. 그는 대학을 졸업하고 6년 후, 즉 아마존이 상장한 2년 후인 1999년, 수석 바이어로 아마존에 합류했다. 이후 8년 동안 그는 사업부 프로덕트매니저, 수석 카테고리 매니저를 거쳐 결국 총괄매니저가 되었다. 그는 아마존의 주가가 95퍼센트 급락했던 2000년부터 2002년까지의 닷컴버블 붕괴를 거쳤다. 아마존 특유의 애자일 시스템 진화 과정에도 참여했다. 그 시스템은 그가 그곳에 있는 동안 회사의 반등에 도움을 주었다. 매출을 20억 달러에서 150억 달러로, 직원을 7,600명에서 1만 7,000명으로, 주가를 2001년의 최저치에 비해 1,300퍼센트 상승한 수준으로 끌어올렸다.

골드버거도 다른 관찰자나 참가자들과 마찬가지로 아마존 시스템의 가장 놀라운 특성은 고객에 대한 집중이라는 것을 알게 되었다. 그는 다른 소매업체(페더레이티드 백화점, QVC, 린넨즈앤씽즈)에서도 일해보았기 때문에 '고객 중심'이라는 말의 통상적 의미는 알고 있었다. 하지만 아마존의 경우는 달랐다. 아마존은 고객에 푹 빠져서 완전히 미쳐 있었다. 고객의 문제를 해결하기 위해 경영진이 한밤중에 소프트웨어 엔지니어를 깨우는 일이 다반사였다. 그들은 고객에게 기쁨을 준다는 장기적인 목적을 위해 단기적인 이익을 기꺼이 포기했다. 아마존은 약 500개에 이르는 지표를 추적하는데 그중 80퍼센트 가량이 고객과 연관되어 있다. 베조스는 종종 회의 테이블에 '가장 중요한 사람'의 자리를 비워둔다.[2]

골드버거는 아마존이 '지구상에서 최고의 고객 중심 회사'가 되겠다는 회사의 미션을 다른 회사들이 상상하는 것보다 훨씬 진지하게 받아들인다고 말한다. 우리가 아는 모든 아마존의 경영진은 이 말에 동의한다.

아마존은 이런 고객 중심을 강화하기 위해 강력한 일련의 운영 원칙을 시행한다.[3] 원칙에는 다음과 같은 것들이 포함된다. 주인의식을 갖는다(회사 전체를 대표하여 장기적으로 생각한다.), 발명하고 단순화한다(어디에서나 새로운 아이디어를 찾는다.), 여러 측면에서 옳은 결정을 내린다(다양한 관점에서 강력한 판단력을 키운다.), 계속 배우고 호기심을 갖는다(개선을 지속한다.), 최고의 인재를 채용하고 육성한다(모든 채용 및 승진시 성과 기준을 높인다.), 최고의 기준을 추구한다(다른 사람들은 비합리적으로 높다고 생각하더라도), 크게 생각한다(대담한 방향으로 이끈다.), 신속하게 판단하고 행동한다(속도가 중요하다.), 절약한다(더 적은 것으로 더 많은 것을 달성한다.), 신뢰를 얻는다(강력한 자기 비판의 태도를 갖는다.), 깊게 고민한다(세부 사항과의 연결을 유지한다.), 근성을 갖는다(정중하게 이의를 제기하고 타협을 피한다.), 결과를 낸다(결코 안주하지 않는다.).[4]

대부분의 기업들은 진부한 원칙을 가지고 있으며, 대부분의 직원들은 그런 원칙에 별 의미가 없다는 것을 빠르게 알아차린다. 하지만 우리와 이야기를 나눈 경영진들은 아마존은 그렇지 않다고 말한다. 이런 원칙들은 아마존이 빌더builder(아마존이 말하는 인재상. 호기심이 많은 탐험가)를 고용하는 기준이며 그들이 사업을 구축하는 기준이다. 그 원칙들이 회사가 사업을 운영하는 방법이다. 좋든 싫든 아마존에서는 사는 것도 죽는 것도 이 원칙에 따라야 한다.

진정한 고객 중심은 민첩성의 강력한 토대를 마련한다. 하지만 고객에 대한 집착만으로 애자일 기업이 만들어지지는 않는다. 강력한 역량이 구축되어야 한다.

골드버거의 이야기로 돌아가보자. 그는 바이어였다. 하지만 기술과 공급망에 대해 더 많이 학습하지 않으면 아마존이 기대하는 방식으로 고객을 관리할 수 없다는 것을 빠르게 깨달았다. 따라서 그는 운영 전문가와 함께 작업했다. 완전히 이해하지 못한 논의 주제는 조사했다. 이전 직장에서는 보지 못했던 이질적인 기능을 이해하고 그 진가를 알아보게 되었다. 골드버거는 이런 학습 과정이 아마존 직원들 사이에서는 흔하다고 설명한다.

아마존의 직원이 9,000명이던 2000년부터, 골드버거는 회사가 자사의 기술적 역량을 새로운 방식으로 생각하기 시작했다는 것을 알아차렸다. 대규모의 획일적 시스템을 마이크로서비스라는 보다 작은 서비스 모듈로 해체하기 시작한 것이다. 각 마이크로서비스는 독립적이고 유연하며, 재사용 가능하고 대체 가능한 하위 시스템이다. 이들 마이크로서비스는 API Application Programming Interface 로 알려진 표준 연결을 통해 다른 마이크로서비스와 연결된다. 이런 접근법은 효율을 향상시켰다. 작은 모듈의 구축으로 자율 팀들은 자신들의 서비스를 더 빠르고 쉽게 개발, 테스트, 배치, 확장할 수 있게 되었다. 동시에 적절하게 움직이지 않는 마이크로서비스는 빠르게 확인, 중단, 대체시키는 능력도 향상되었다. 마이크로서비스는 광범위한 협력을 어렵게 만들 수 있는 장애물들에 대한 평행추 역할을 한다. 그들은 크로스평셔널팀의 협력 및 실험이 가진 위험을 크게 줄여준다.

이런 서비스 지향적 아키텍처는 아마존 애자일 시스템의 핵심 구성 요소였고 지금도 그렇다. 골드버거의 말이다.

"대부분의 사람들은 서비스 지향적 아키텍처의 가장 큰 가치가 혁신을 빠르게 하는 능력에 있다고 생각합니다. 물론 그 말은 맞습니다. 하지만 비효과적인 혁신을 빠르게 중단시키는 것도 중요합니다. '실수 없이 혁신하라'고 지시하는 것은 혁신을 막는 것과 같습니다. 하지만 '실수는 곧 되돌릴 수 있으니 두려워 말고 혁신하라'고 지시한다면, 직원들은 보다 애자일적인 방식으로 자유롭게 테스트하고 학습할 수 있을 것입니다. 제프는 양방향 문에 대해 이야기합니다. 반대편에서 찾은 것이 마음에 들지 않으면 언제든 되돌아올 수 있는 문이죠. 서비스 지향적인 아키텍처는 수천 개의 양방향 문을 가능케 합니다."

이런 아키텍처 철학이 도입된 초기 사례 중 하나가 아마존마켓 플레이스Amazon Marketplace이다. 이것은 외부 판매자들이 아마존 웹사이트에서 상품을 판매할 수 있도록 한 플랫폼이다. 아마존은 이전에도 이베이와 경쟁할 대안을 내놓기 위해 아마존옥션Amazon Auctions과 지숍zShops으로 도전했지만 둘 다 실패작이었다. 하지만 서비스 지향적인 아키텍처 덕분에 아마존은 외부 판매자를 아마존의 핵심 쇼핑 경험으로 매끄럽게 끌어들이는 단일 상세 페이지를 만들 수 있었다. 현재 아마존은 자신들을 모방한 아이디어를 우수 판매자로 바꾸었다. 오늘날 아마존의 플랫폼에는 500만 이상의 마켓플레이스 판매자가 있으며 이들의 판매량이 소매 매출의 53퍼센트를 차지하고 있다.

그리고 이 철학은 아마존웹서비스의 창안으로 이어졌다. 2003년 아마존 웹사이트 엔지니어링팀의 벤저민 블랙Benjamin Black과 크리스 핑크암Chris Pinkham은 회사의 빠른 성장 속도에 맞춰 기술 인프라를 보다 빠르고 효율적으로 확장할 방법을 찾기 시작했다. 그들은 클라우드 기반 아키텍처에 대한 설명과 가상서버를 서비스로 판매했을 때의 가능성에 대한 분석을 담은 제안서를 메모로 썼다. 아마존의 이사회는 이 아이디어가 회사의 핵심 기조와 너무 멀다는 우려를 보였다. 하지만 베조스는 그 방법을 활용하면 기숙사에 있는 학생까지도 새로운 사업을 시작하도록 도울 수 있다는 점이 마음에 들었다. 아마존은 2006년 아마존웹서비스를 공식적으로 재론칭했다. 그 이후 아마존웹서비스는 아마존의 새로운 전략 엔진을 이루면서 회사에는 매출과 이윤의 큰 성장을, 세상에는 클라우드 컴퓨팅의 핵심적인 돌파구를 선사했다.

아마존 전체에 스며든 기업가적 가치관과 원칙에도 불구하고 아마존의 조직구조는 오랫동안 대부분의 기업과 대단히 비슷한 상태를 유지했다. 2002년 초 베조스는 조직구조를 변화시키기로 결정했다. 그는 공식적으로 애자일팀의 확장을 제안했다. 그는 이 팀들을 투피자팀two-pizza team이라고 불렀고, 그들이 사용한 구체적인 방법과 체계에는 대체로 무관심했다. 그의 아이디어는 보다 애자일적인 방식 안에서 큰 문제를 지속적으로 다룰 소규모 자율 팀을 중심으로 회사 전체를 재구성하는 것이었다. 각 팀의 구성원은 10명, 즉 팀원들이 늦게까지 일할 때 피자 두 판으로 간식을 해결할 정도의 규모를 넘지 않아야 했다. 이 팀들은 서로 자유롭게 경쟁했다. 각 팀은 적합성 함수, 즉 그들과 다른 사람들(특히 베조스)이 진전도를 가늠해볼 수 있게 해주는 방정식을 만들었다.

골드버거는 사람들이 투피자팀에서 일하기를 고대했다고 회상했다.

"투피자팀은 아주 성공적입니다. 그들은 불필요한 위계질서를 없애고, 업무와 가장 밀접한 사람이 서로 또는 고객과 직접 협력했습니다. 제가 아는 대부분의 사람들이 투피자팀에 합류해보고 싶어 했죠. 투피자팀에 도전한 사람들은 온라인 디렉토리에 있는 이름 옆에 피자 아이콘을 달았어요. 명예의 훈장이었죠."

기술 부문처럼 혁신적인 부서에서는 투피자팀이 출범해 자리를 잡았지만 회계같이 일상적인 운영에는 적용되지 못했다. 적합성 함수는 어디에서도 많은 관심을 얻지 못했고 대부분 무시되었다. 아마존은 결국 투피자팀을 중심으로 회사 전체를 재구성하지 못했다. 하지만 이들은 혁신적인 아이디어들을 공략하는 주된 기제가 되었다. 아마존은 수천 개의 피자팀을 운영하고 있으며 투피자팀들은 아마존 문화의 핵심적인 부분이 되었다.

창립 10주년을 맞은 2004년, 아마존은 또한 혁신 이니셔티브에 대한 예산조달 및 제안 논의의 운영에 대한 접근법을 바꾸었다. 현재 모든 계획과 제안, 특히 투피자팀의 계획과 제안들은 6페이지 분량의 메모에서 시작된다. 이 제안서의 서두에는 해당 이니셔티브를 통해 고객이 얻을 이점을 다룬 한두 페이지 분량의 가상 보도자료가 자리한다. 애자일 백로그의 유저 스토리가 그랬듯이 가상 보도자료는 타깃 고객, 그들이 찾는 이점, 그들이 이전의 솔루션에서 경험한 불만, 아마존이 새로이 제시할 장점 등을 설명한다. 이 제안서에는 4~5페이지의 자주 묻는 질문도 포함된다. 이 혁신이 어떻게 효과를 내는지 설명하는 이 부분은 가장 어려운 질문으로 시작한다. 종종 이 제안서에는 고객이 솔루션을 사용하는 그림이나 대강의 도면 등이 포함된다. 처음에는 6페이지 제안서_{six-page memo}라 불렸지만 지금은 많은 임원들이 'PR/FAQ'라고 부르는 현재의 제안서는 대부분 15페이지 분량이다.

골드버거는 자신의 첫 6페이지 제안서를 아직도 기억하고 있다. 그는 파워포인트 프레젠테이션을 준비했지만 발표 1주일 전에 6페이지 제안서를 준비해야 한다는 사실을 알게 되었다.

"아주 어수선하고 험난한 회의였습니다. 모두가 제 제안서를 읽는 30~60분 동안 자리에 앉아 있는 것은 꽤나 어색한 일입니다. 그런 다음 무작위로 질문이 날아들기 시작합니다. 사안에 대해 잘 알지 못하면 몇 분 안에 들키고 맙니다. 베조스는 미리 준비된 답인지 아닌지 단번에 알아냅니다. 단순히 유능한 발표자가 아니라 전문가가 되어야 합니다."

골드버거가 가장 높이 사는 6페이지 제안서의 장점은 고객에 대한 집중이라는 아마존의 미션을 강화한다는 점이다.

"그 제안서들이 저에게 어떤 느낌을 주었는지 생생히 기억납니다. 그 제안서들은 우리가 정말로 하려는 것이 무엇인지 생각할 수 있게 해주었습니다. 고객 입장에서부터 역방향으로 일하면 모든 활동을 고객에 대한 서비스로 생각하게 됩니다. 많은 제안이 내부 비즈니스 프로세스와 기술을 개선하는 데 집중하고 있기 때문에, 자연스레 함께 일하는 모든 사람을 고객으로 생각하게 됩니다. 그리고 저는 그들에 대한 진정한 책임감을 갖게 되었습니다. 그들에 대한 깊은 헌신의 마음도 생겨났습니다."

나디아 쇼라브라Nadia Shouraboura를 비롯한 다른 임원들도 골드버거와 생각을 같이한다. 2004년부터 2012년까지 아마존의 임원이었던 쇼라브라는 우리에게 이렇게 말했다.

"아마존 시스템의 각 부분은 시스템의 다른 부분들과 균형을 이루고, 다른 부분들을 강화시킵니다. 시스템의 핵심은 고객에 대한 집중입니다. 아마존은 지나치게 세부적인 부분까지 관리한다는 비난을 받기도 하는데, 보통은 고객에 대한 열정 때문입니다. 저는 개인적으로 무관심보다는 이런 열정을 선호합니다. 임원들은 직원들에게 무슨 일을 하라고 지시하지 않습니다. 임원들은 '여러분은 이런 고객에 대한 책임을 맡고 있습니다. 이 고객은 이런 문제를 갖고 있습니다. 여기에 대해 어떤 일을 하겠습니까?'라고 말합니다. 6페이지 제안서로 인해 고객 입장에서부터 출발하여 반대 방향으로 일하게 되면서 혁신을 위한 자원을 확보하게 됩니다. 아마존에 있는 동안, 저는 수백 개의 6페이지 제안서를 쓰고 수천 개의 제안서를 읽었습니다. 토론 시간에는 발표자가 무엇을 말하려는지 파악하느라 시간을 낭비하지 않습니다. 그들은 모든 시간을 고객의 경험을 재발명하는 데 쏟습니다. 이후 투피자팀들은 고객을 위해 창의적인 솔루션을 개발할 방법에 집중합니다. 투피자팀들은 자족적이며 헌신적이고 자율적입니다. 아마존은 각 팀을 '단일 스레드single-threaded'라고 표현합니다. 다중 작업을 하지 않는다는 의미입니다. 하나의 팀은 한 가지 문제만 다룹니다. 서비스 지향적 아키텍처 덕분에 이들은 상위 조직의 승인을 기다리지 않고 어디서나 고객 데이터를 수집하고 솔루션을 테스트합니다. 이 시스템은 모두를 발전시킵니다."

아마존은 애자일의 확장과 개선을 위한 도구들을 계속 늘리고 다듬는다. 아마존이 미래에도 성공을 이어갈 수 있을까? 그것은 누구도 알지 못한다. 2018년 11월 제프 베조스는 직원들에게 이렇게 말했다.

"아마존은 무너지기에는 너무 크지 않냐고요? 그렇지 않습니다. … 사실 저는 아마존이 언젠가 무너질 것이라고 봅니다. 아마존은 파산할 것입니다. 오늘날 대기업들의 수명은 35년 정도 됩니다. 100년 이상 이어가는 기업이 없습니다."

그런 종말을 미룰 열쇠는 고객에 집중하고 내부로 향하는 시선을 돌리는 데 있다.

"우리가 고객이 아닌 자신에게 집중하기 시작할 때, 그때가 종말의 시작입니다. 우리는 가능한 한 그날을 미루기 위해 노력해야 합니다."[5]

실제로 복잡한 시스템은 위험하다. 아마존 역시 마찬가지이다. 규제의 변화로 인해 어쩔 수 없이 해체해야 할 수도 있다. 성장이 느려져 주가나 성과가 높은 스타플레이어에 대한 보상에 영향을 끼칠 수도 있다. 세부적인 부분까지 관여하는 경영 태도와 관료주의가 강화되면서 혁신을 억누를 수도 있다. 최근 나타난 고객 만족 부분에서의 하락세가 장기적인 추세로 전환될 수도 있다. 하지만 계속해서 시스템의 조화와 균형을 이루고 예측 불가능한 시장에 적용하기 위해, 아마존보다 더 노력하고 있는 기업을 찾기 힘든 것만은 사실이다.

성공하는 애자일 변환의 4가지 원칙

아마존과 이 책에서 언급한 다른 기업들을 비롯해 애자일에 성공한 대부분의 기업들은 보기 드문 일련의 역량을 개발했다. 그 덕분에 그들은 애자일에 실패한 다른 기업들을 괴롭힌 함정과 일시적 유행에 빠지지 않을 수 있었다. 그중 애자일 변환의 규칙으로 꼽을 만한 네 가지 기술과 자질을 소개한다.

애자일 팀을 이해하고 자신만의 애자일팀을 만든다

애자일 실행이 불가능하다면 확장 가능한 애자일의 실행은 생각할 수도 없다. 앞에서 언급했듯이 애자일팀은 무엇을 어떻게 산출해야 할지 모호하고 예측 불가능할 때 혁신적인 솔루션을 개발하기 위해 사용되는 도구이다. 그들의 주된 목적은 혁신을 통해 기업을 변화시키는 것이다. 새로운 제품과 서비스, 고객 경험(외부 고객을 위한)을 개발하고, 운영 인력이 외부 고객에게 솔루션을 제시하는 데 도움을 주기 위해 프로세스를 개선하고, 그런 프로세스의 기반이 되는 기술을 개선하는 것이다. 팀은 애자일의 중심이다.

애자일팀을 지원하거나 애자일에 참여하는 사람들은 애자일 방식에 익숙하기만 하면 되는 것이 아니라, 팀이 왜 그 모든 일들을 하는지 이해해야 한다. 애자일팀은 자치적이다. 자율적인 환경에서 동기 부여가 잘 되기 때문이다. 결정권은 고객과 운영에 가장 가까운 사람들에게 주어지고, 리더들은 그들만이 할 수 있는 기업 전략에 집중할 시간을 얻는다. 애자일팀은 규모가 작으며 여러 전문 분야를 아우른다. 작은 규모는 커뮤니케이션의 효율과 생산성을 높인다. 다양한 분야를 포괄하게 되면 창의성이 높아지고, 다른 팀과의 상호의존성이 낮아지며, 의사결정의 속도가 빨라진다. 애자일팀은 하나의 과제에 헌신한다. 다중 작업은 사람들을 둔하게 만들고, 개발 사이클을 늦추고, 진행 중인 작업을 늘리기 때문이다. 효율적인 애자일팀은 맹목적으로 규칙을 따르지 않는다. 자신들이 왜 그 일을 하고 있는지 이해하며, 끊임없이 더 나은 방법을 찾고 다른 팀들과 식견을 공유한다.

애자일은 어디에 배치되든 반박할 수 없는 성과를 만들어야 한다. 뛰어난 성과는 애자일의 규모와 범위를 확장하려는 열의로 이어진다. 뛰어난 성과는 또 다른 스타플레이어를 끌어들인다. 많은 사람이 애자일팀에 합류할수록 자신감은 커진다. 그들은 우선순위 설정의 가치를 배운다. 그들은 예측을 뒷받침하는 가정에 이의를 제기하기 시작한다. 그들은 관리자가 아닌 고객들로부터 직접 피드백을 수집하고, 진행 중인 작업의 수를 제한하고, 의사결정의 속도를 높인다. 그들은 가치가 낮은 작업을 제거하는 방법, 지속적으로 나름의 작업 방식을 개선하는 방법을 알아낸다. 이후 그들은 이런 자신감을 자신의 기능부서로 전달한다. 애자일팀은 속도와 성공을 방해하는 장애물을 확인하는 법을 배우고, 리더십팀은 이런 장애를 제거하는 방법을 배운다. 애자일팀이 조직으로 밀려드는 것이 아니라, 조직이 애자일팀을 끌어들이는 것이다.

애자일팀을 이해하게 되면 애자일 원칙에 따라 헌신적으로 협력하는 애자일팀을 직접 꾸리고 싶어질 것이다. 당신이 최고책임자급의 임원이라면 이 애자일팀은 고위 리더십팀이 되거나 당신이 지휘하는 사업 부문이나 기능부서의 수석 관리자들이 될 것이다. 당신이 중간관리자라면 부서 구성원들로 이루어진 그룹이 될 것이다. 보다 전형적인 방식으로 현재 혁신 프로젝트를 진행하고 있는 팀일지도 모른다. 어쩌면 비슷한 일을 하지만 애자일팀이 되어 함께 일하는 것은 생각해본 적 없는 사람들의 그룹일 수도 있다.

우선은 함께 이 책을 읽고 토론하는 것으로 시작하는 것이 좋겠다. 애자일 개념들에 대해 토론하는 것이다. 그런 다음 애자일 방법의 다양한 측면에 대해 팀원들과 연구하고 실험한다. 또 회사의 어딘가에 관찰해볼 만한 효과적인 애자일팀이 있는지 찾아보고, 그들에게 애자일 접근법에서 마음에 드는 부분과 그렇지 않은 부분에 대해 솔직한 답을 듣는다. 교육 프로그램에 함께 참여해서 역량의 공통적인 토대를 구축한다. 지속가능한 애자일 방식을 만들기 위해 협력하고, 자기 팀만의 애자일 성명을 만들어보기를 권한다.

대럴은 처음 애자일 원칙과 방식에 대해 배우면서 그것들을 직접 실행해 봐야겠다고 생각했다. 그는 애자일 성명 내의 각 가치관에 관련된 간단한 행동 변화를 하나 선택한 다음 그 행동을 촉발할 유도 장치를 설정했다. 예를 들면 이런 것들이다.

- 인간을 행복하고 성공적으로 만드는 방법으로 일한다: 스트레스를 받을 때면, 한 사람 이상에게 작업에 대해 진심어린 감사를 표현하기로 했다.
- 큰 과제는 작은 단계들로 나누고 작업 모델을 통해 솔루션을 테스트한다: 자신과 다른 의견에 부딪혔을 때, '우리가 그것을 어떻게 테스트할 수 있을까?'라는 질문을 하기로 했다.
- 가장 가치 있는 고객 이익에 집중하기 위해 활동을 단순화하고 순서를 배열한다: 고객에게 가치가 적거나 없는 일을 하도록 요구받았을 때, 그것 대신 할 일이 무엇인지 설명하고 그것이 지연됐을 때 놓치게 될 대단한 가치에 대해 설명하기로 했다.
- 배움의 기회를 환영하고 축하한다: 자신의 예측이나 의견이 틀린 것으로 판명되었을 때, 다른 사람들에게 실수를 드러내고 방향의 변화를 모색하기로 다짐했다.

어떤 일이 일어났을까? 그는 다음과 같이 말한다.

"가장 유쾌한 변화는 첫 번째였습니다. 감사를 표현하자 저는 더 행복해졌고 팀워크도 좋아졌습니다. 가장 어려운 변화는 마지막 것이었습니다. 저는 1년 넘게 제 가설과 예측을 적어 놓고 브라이어Brier 점수를 이용해 정확도를 추적했는데, 놀랍게도 생각한 것보다 오류가 훨씬 더 많았습니다. 겸손한 태도를 가질 수 있게 되었고, 다른 사람들의 의견을 고려하는 것이 그리 위험한 일이 아니라는 것을 깨달았습니다. 여러 사람 앞에서 많은 실수를 드러내면 신뢰가 깨지지 않을까 걱정했는데, 오히려 가설과 더 나은 결과, 그리고 더 큰 자신감을 개발하는 협력적인 방법으로 이어졌습니다."

이런 행동들이 점차 쉬워지자, 그는 다른 행동들을 추가하기 시작했다. 그는 더 행복해지고 더 많은 자제력을 얻게 되었다. 그는 팀을 위해 더 좋은 사례를 만들고 관료주의적 행동으로 되돌아가지 않을 평생의 습관을 개발했다.

확장 가능한 애자일을 마스터하면서 애자일 기업을 구상한다

확장 가능한 애자일은 애자일 원칙이 기업의 다른 부분에 퍼지지 않았는데도 애자일팀이 광범위하게 확산된 것을 의미한다. 가장 확연한 이점은 혁신의 양과 질이 늘어난다는 점이다. 확장 가능한 애자일이 적용되면 기업에 테스트와 학습의 분위기가 퍼져가고, 직원들은 자신들의 모든 업무에서 개선할 기회를 찾는다. 더욱이 확장 가능한 애자일은 추가 비용 없이 혁신을 증가시킬 수 있다. 기존의 혁신 활동을 조사하는 리더는 프로젝트가 얼마나 존재하는지, 그 프로젝트가 어디 있는지, 그들이 하고 있는 것과 하지 않고 있는 것이 무엇인지, 누가 그것들을 하고 있는지(그리고 그 사람들이 하고 있는 다른 것들은 무엇인지), 그들이 얼마나 효과적으로

편성되어 있는지, 그들이 혁신을 얼마나 이뤄내고 있는지 확인하고 충격을 받는 경우가 종종 있다. 보통 그들 중 3분의 1은 내일 당장 운영을 중단해도 전혀 아쉽지 않기 때문이다. 이런 프로젝트의 중단은 보다 가치 있는 기회를 위한 가능성과 자원을 만들어낸다. 다른 3분의 2 중에는 꼭 필요한 작업을 하고 있지만 어려움에 직면해 좌절하고 있는 팀이 있을 것이다. 이들이야말로 애자일 변환의 좋은 후보이다. 때로 리더들은 팀을 재구성해 적절한 기술과 사고방식을 추가해야 한다. 이에 따른 비용과 결과의 개선은 놀라운 성공 스토리와 열성적인 지지자를 탄생시킬 것이다.

이보다 더 중요한 애자일 확장의 이점이 또 하나 있다. 팀이 확산되면 애자일 상위 팀이 매트릭스 조직이나 계층같이 익숙한 관료주의 구조 안에서 어떻게 일해야 할지 알게 된다는 것이다. 크로스펑셔널 애자일팀들은 정의상 매트릭스 조직과 같다. 팀원들의 직속 상사가 애자일 사고방식과 방법을 이해하는 한, 공동 책임은 성과를 해치지 않는다. 직급 구조에서도 마찬가지이다. 애자일 상위 팀과 그 상위 팀은 직급 구조와 매우 비슷한 보고 체계를 갖는다. 하지만 프로덕트오너들은 기존의 상사들과 다르다. 그들은 팀의 일을 예측하거나 지시, 통제하지 않는다. 개인에게 과제를 할당하거나 마감시한을 정하지도 않는다. 이런 일들은 팀이 함께 한다. 직급 구조에 대한 많은 비판에도 불구하고 그들은 애자일 사고방식과 방법으로도 잘 작동한다. 확장 가능한 애자일을 마스터하면 혁신이 향상될 뿐 아니라 운영부서들이 보다 인간적인 방식으로 일하게 된다.

확장 가능한 애자일을 마스터하기 위해서는 리더들이 애자일이 뜻하는 것을 정의할 정도로 충분한 지식을 가지고 있어야 한다. 2장에서 언급했듯이 애자일 체계에는 수십 가지가 있다. 우리의 클라이언트들은 대부분 옵션을 검토할 때 보통 2~3개의 체계(예를 들어 스크럼, 칸반, 그리고 스크럼앳스케일나 SAFe와 같은 확장 체계)를 선택한다. 이후 이런 체계들을 자기 회사의 문화에 맞게 조정하고, 핵심 개념과 전문 용어를 조화시키고, 팀이 적응하도록 격려한다.

확장 가능한 애자일은 좋은 출발점이지만, 올바른 애자일은 궁극적으로 애자일팀과 애자일 시스템, 즉 애자일 기업을 필요로 한다. 둘 다 애자일 실행을 포함하고 있기 때문에 혼동하기 쉽다. 하지만 그 차이가 중요하다.

확장 가능한 애자일 하에서는 관료주의와 혁신이 공존하면서 애자일팀의 성과를 개선할 수 있다. 애자일 기업은 애자일 비즈니스 시스템을 만들고, 관료주의와 혁신을 공생적 동반자로 전환시켜 서로 힘을 합해 우월한 성과를 실현하도록 한다.

애자일 기업이라는 개념을 상세히 살펴보자.

애자일 기업은 고객 기회의 변화에 효율적으로 적응해 우월한 성과를 실현하는 균형 잡힌 시스템을 만든다.

단어 하나하나에 의미가 담겨 있다. 시스템에 대한 이야기부터 시작해보자. 애자일 기업에서, 경영진은 개별 팀의 성과를 최적화하는 것이 아니라 전체 비즈니스 시스템의 성과를 개선하는 데 초점을 맞춘다. 그런 시스템은 '균형적'이다. 즉 운영도 안정적이고 효율적으로 진행하면서 변화를 활용해 혁신을 이룬다는 뜻이다. 안정적인 운영과 유연한 혁신은 적이 아니다. 이 두 가지는 생존을 위해 서로를 필요로 하는 상호보완적이고 상호의존적이며, 상호 이익이 되는 역량이다.

또한 애자일 시스템은 '효율적으로 적응'한다. 성공적인 진화의 비결은 잘 작동하는 특성은 보존하고 변화가 필요한 것은 민첩하고 유연하게 효율적으로 바꾸는 것이다. 신속한 피드백 체계를 통한 반복적인 테스트는 고통스럽고 예기치 못한 결과 없이 적응하는 유일한 방법이다. 그런데 시스템은 무엇에 적응해야 하는가? '변화하는 고객 기회'이다. 애자일 기업은 단순히 고객 관심의 변화를 알아내고 반응하기 위해 고객 환경을 연구하는 것이 아니다. 아마존의 사례와 같이 애자일 기업은 환경을 주도적으로 변화시킨다. 그들은 고객을 만족시키는 목표를 달성하고, 경쟁자들을 따돌리거나 도태되게 만드는 솔루션을 발견하고, 만들고, 활용하는 데 집중한다. 이런 프로세스에는 급진적인 혁신이 포함될 수 있고, 때로는 포함되어야 한다. 급진적인 혁신이란 기존 고객은 곧바로 가치를 알아보지 못하지만 다른 사람들은 가치를 인정할 제품이나 서비스를 가리킨다.

마지막으로 애자일 기업은 '우월한 성과를 창출한다'. 민첩성을 향상시키는 유일한 그리고 유효한 목적은 고객 입장에서의 성과(구매 행동, 시장점유율), 재무적 성과(매출 성장, 현금흐름), 직원 입장에서의 성과(직원의 역량, 효과성), 사회적 성과(인권, 환경적 지속가능성) 등을 개선하는 것이다. 애자일이 본질적으로 우월한 것은 아니고, 관료주의가 본질적으로 유해한 것도 아니다. 그들은 성과 달성을 위한 도구에 불과하다.

당장은 애자일 기업으로 전환할 계획이 없더라도, 몇 주간 그런 전환이 어떤 모습일지 탐색해보는 시간을 가져보기를 추천한다. 우리는 얼마나 많은 애자일팀을 둘 수 있을까? 그들은 어떤 일을 하고 누구에게 보고를 하게 될까? 애자일 기업이 추가적으로 창출할 가치는 얼마나 될까? 혁신과 관료주의를 어떻게 하면 잘 조화시킬 수 있을까? 그런 비전을 달성하는 데 가장 큰 장애물과 위험 요소는 무엇일까? 우리는 현실적으로 어디까지 갈 수 있으며, 얼마나 빨리 거기에 도착하도록 계획할 수 있을까? 이런 식으로 애자일 시스템을 구상하는 것은 전체주의적, 통합적 사고를 이끌어낸다. 그것은 가치를 추정하고, 최종 목표에 대한 조정을 강화해 전략적 결정을 하도록 이끈다.

다른 이점도 있다. 애자일 기업을 구상하다 보면 실천으로 옮길 용기와 에너지, 신념이 강해진다. 그러면 조직이 궁극적으로 기업의 민첩성 향상을 저해하는 일은 일어나지 않는다. 또한 조직이 어느 정도의 애자일 기업을 원하는지, 거기에 얼마나 빠르게 이르길 원하는지, 행동 단계들을 어떤 순서로 배열할지에 대한 논의를 촉진한다. 이는 경영진이 답해야 할 질문, 해결이 필요한 위험 요소, 결정을 바꿀 테스트를 찾아내는 데 도움을 준다.

이 모든 것이 위험한 양극단의 상황으로 이어질 수도 있다. 그 한쪽 끝은 '나는 당장 모든 것을 원해.'이고 다른 한쪽 끝은 '생각만 해도 질려.'이다.

동시적이고 일괄적인 애자일 전환의 위험성에 대해서는 이미 이야기한 바 있다. 당장 모든 것을 이루기 원하는 경영진은 보통 관료주의적 변환팀을 이용해 애자일을 조직에 강요한다. 그들은 대개 다른 기업의 애자일 모델을 모방하며 거기에 모든 답이 있다고 굳게 믿고 덤벼든다. 성과가 좋은 경우는 찾기 힘들다. 기업과 같은 복잡한 시스템에서는 인과관계가 종종 모호해지고 의도치 않은 결과로 이어질 수도 있다. 금주법을 생각해보라. 알코올 판매 금지라는 미국의 법 개정이 범죄 조직의 부와 힘을 늘릴 것이라고 누가 생각이나 했을까? 독한 약물과 위험한 사제 맥주의 사용을 늘리고, 세수를 낮추고, 법을 지키던 수백만의 선량한 시민들을 범죄자로 만들고, 당국에 대한 신뢰를 떨어뜨리고, 법 체계에 과도한 부담을 주게 되리라고 예상한 사람이 얼마나 있었을까? 미국이 이 상황을 다시 되돌리는 데까지 13년이란 시간이 필요했다.

다른 극단에는 애자일 기업의 복잡한 구조에 압도되어버린 경영진이 있다. 도를 넘은 관료주의로 인한 고통이 극심한 것도, 애자일 기업의 비전이 유혹적인 것도 인정한다. 하지만 어디에서부터 손을 대야 할까? 변화시켜야 할 것이 너무나 많다. 완벽하게 해내지 못하면 지금보다도 못한 위치에 서게 될 것이다. 상실에 대한 두려움이 밀려든다. 그렇게 여러 해가 특별한 일 없이 지나간다. 그러던 어느 날 갑자기 경영진은 자신들이 큰 문제에 빠져 있다는 것을 깨닫는다. 이제는 지연이나 테스트, 학습에 쓸 시간이 없다. "당장 모든 것이 필요해." 마치 요요현상을 맞은 다이어터처럼 기업들은 한쪽 극단에서 다른 극단 사이를 오간다.

민첩하고 유연한 전환으로 성공적인 여정을 만든다

애자일 여정을 시작할 때 많은 경영진이 가장 받아들이기 힘들어하는 진실은 어디로 가야 할지 거기에는 어떻게 도달할지 파악할 수 없다는 점이다. 숙련된 애자일 실무자들도 비즈니스 시스템이 결국 어느 정도나 민첩해져야 할지, 거기까지 어떻게 도달해야 할지 자신 있게 예측하지 못한다. 이처럼 예측이 곤란하기 때문에 많은 리더들은 어떻게 가치를 더할 것인가 하는 가장 기본적인 전제에 도전해야 한다. 잭 웰치는 이렇게 말했다.

"좋은 리더는 비전을 만들고, 그 비전을 명확하게 표현하고, 그 가치를 인정하고, 그것을 끈질기게 완성해낸다."[6]

달리 말해 리더는 예측하고 지시하고 통제한다는 것이다. 이런 그의 철학에 감히 반기를 들 수 있는 사람이 있을까? 문제는 모호하고 불확실한 상황에서는 예측과 지시, 통제의 효과가 없다는 점이다. 아마르 바히데는 기업가 정신이 강한 업체들을 연구하면서 이들의 3분의 2가 성공을 달성하기 전에 회사의 초기 비전을 어느 정도, 혹은 크게 바꾸었다는 것을 발견했다. 그는 이렇게 말한다.

"기업가들은 예기치 못한 문제와 기회에 대한 일련의 실험과 적응 반응을 통해 가설을 빠르게 수정한다."[7]

유니언 스퀘어 벤처스Union Square Ventures의 공동창립자인 유명 벤처캐피털리스트 프레드 윌슨Fred Wilson도 비슷한 패턴을 발견했다.

"제가 맡았던 기업 목록에서 목표를 달성한 26개 사 중 17개 사는 우리가 투자를 시작해 매각하기까지의 기간 중에 부분적 혹은 전면적 변환을 시행했습니다. 이는 벤처캐피털 투자를 받아들인 때부터 사업을 매도하기까지의 기간 동안 사업을 눈에 띄게 개조해야 할 확률이 60퍼센트가 넘는다는 뜻입니다."

윌슨은 그가 실패라고 판단한 투자의 80퍼센트가 변환에 실패했다는 것도 알게 되었다.[8]

앞서 언급했듯이 대니얼 카너먼과 같은 학자들은 리더들이 하는 예측의 정확도가 동전 던지기와 비슷하다고 말한다.[9] 그렇다면 지시와 통제의 시도에 대해 여러 가지 의문이 생길 수밖에 없다. 내 예측이 고객과 가까운 사람들이나 고객에게 서비스하는 운영 부서의 예측보다 나을 것이 없다면 어떻게 해야 할까? 고객과 함께 한 테스트와 학습을 통해 이끌어낸 결정이 내가 내린 것보다 더 빠르고 더 나은 것이라면? 내가 스케줄을 빼서 결정을 내리는 데 걸리는 시간이 사이클 타임이나 리드타임lead time을 2~3배나 늘린다면?

꼭 기억하라. 애자일은 무엇을 전달할지, 어떻게 전달할지 모호하고 예측 불가능한 상황에서 혁신적인 솔루션을 만들기 위해 고안되었다.

이 말은 과도한 관료주의에서 애자일 기업으로 향하는 여정을 완벽하게 묘사해준다. 첫 단계에서 다른 애자일팀과 똑같이 운영되는 애자일 리더십팀을 만들어야 한다고 주장하는 이유도 여기에 있다. 애자일 리더십팀에는 전체적인 결과를 책임지는 이니셔티브 책임자뿐 아니라 팀원들을 코칭해주고 모두가 적극적으로 참여하도록 돕는 퍼실리테이터도 있어야 한다. 리더들은 개별적인 기능부서를 간섭하는 데 쓰는 시간을 줄여야 한다. 리더들은 비즈니스 목표, 재무실적, 고객 만족, 직원 사기 향상 등의 목표를 달성하기 위한 전략을 지원하는 애자일 시스템 개발에 더 많은 시간을 써야 한다. 그들은 복잡한 문제를 실행 가능한 단계들로 나누고 조직적으로 공략하여 조직이 타성에 빠지는 것을 막아야 한다. 그들은 일을 부하직원에게 전가하는 대신 문제 해결에 뛰어들고 장애물을 제거해야 한다.

애자일팀에게 가장 중요한 도구는 기회들을 담고 있는 견고하고 적응력 강한 백로그이다. 팀원들이 함께 처리할 기회들을 담고 있는 백로그는 얼마만큼의 가치 창출이 가능할지, 작업은 어떤 순서로 공략할지를 항목별로 구분한 현실적이고 실증적인 비전이다. 백로그의 달성을 위해 힘을 합쳐 서로에게 헌신하면 팀 공동의 성공 가능성이 높아진다. 처음에는 백로그가 그럴듯한 할 일 목록과 다를 게 없어 보일 수도 있다. 하지만 세 가지 방식에서 차이가 있다.

첫째, 각 항목은 완료해야 할 과제가 아니라 중요한 고객 니즈나 기회의 형태로 적는다. 둘째, 각 항목은 동시에 다수의 작업이 진행되는 것을 막고 모든 자원을 가장 가치 있는 작업에 투입할 수 있는 순서로 엄격하게 배열한다. 셋째, 백로그는 가치와 자원 요구에 대한 최신의 정보를 반영하도록 지속적으로 업데이트하고 재배열한다.

백로그는 애자일팀이 고객 및 적응력에 집중하게 해줄 뿐 아니라, 가치가 낮은 활동을 거절할 용기도 준다. 컨스텔레이션 와인즈Constellation Wines의 센트럴코스트 와이너리 담당 수석 부사장 에릭 마텔라Erik Martella는 애자일을 실행하기 시작한 뒤 이메일을 한 통 받았다. 컨스텔레이션 본사의 상사가 자신이 개인적 관심을 두고 있는 일의 추진을 권하는 내용이었다. 이전이라면 '네, 바로 추진하겠습니다.'라는 답장을 보냈겠지만, 마텔라는 '현재 애자일 원칙을 따르고 있다.'고 답했다. 상사의 아이디어는 잠재적 기회 목록에 추가되어 우선순위가 정해질 것이라는 말도 덧붙였다. 임원은 그런 접근법을 좋아했다. 그가 상사의 제안이 낮은 순위를 받았다고 알렸을 때에도 상사는 기꺼이 결정을 받아들였다.

백로그에는 이와 관련된 이점이 하나 더 있다. 아마존의 골드버거가 비효율적인 혁신을 빨리 중단할 수 있다는 장점에 대해 얘기했던 것을 기억하는가? 실패하고 있는 팀의 구성원들은 바쁘고 자신감 있게 보이기 위해 매우 열심히 일한다. 패배자로 낙인찍혀 한직으로 밀려나거나 해고를 당할까봐 두렵기 때문이다. 모두에게 좋은 것은 빨리 포기를 선언하고 보다 유망한 과제를 추구하는 것이다. 견실한 백로그는 그런 결단을 촉구하며, 확연히 우월한 기회들로 가득 찬 매력적인 메뉴들을 끊임없이 제시한다. 백로그는 이렇게 속삭인다. "실망스런 결과를 내는 지루한 프로젝트를 계속하겠나? 아니면 회사에서 가장 우선순위가 높고 활기찬 프로젝트로 도약하겠나?" 더 나은 선택지가 있다면 누구도 실패를 선택하지 않을 것이다.

시간이 흐르면 애자일 리더십팀(다른 모든 애자일팀과 마찬가지로)은 진척 상황을 측정해야 한다. 애자일 커뮤니티에서 요즘 흔히 들려오는 말이 있다. "아웃풋이 아닌 최종결과를 측정하라!" 의도는 알겠지만, 사실 효과적인 시스템을 만들려면 리더들은 최종결과와 아웃풋, 활동, 인풋, 목표도 측정해야 한다. 즉 그 말의 요점은 열심히 일해서 많은 신제품을 내놓아도 고객 만족도와 재무실적 개선이 뒤따르지 않는 경우는 있지만, 열심히 일하지도 않고 다양한 신제품도 만들지 않으면 절대 고객 만족도나 재무실적을 높일 수 없다는 것이다.

토요타 인더스트리즈Toyota Industries의 창립자이며 애자일 혁신 방법의 선구자인 사키시 토요타Sakishi Toyoda는 최종결과를 개선하고 싶다면 그런 성과를 창출하는 프로세스와 시스템을 개선해야 한다고 가르쳤다.

그는 최종결과가 예상했던 것과 다르면 직원들에게 근본 원인을 깊이 파고들라고 격려했고, 그 기법을 파이브와이five whys라고 불렀다.

파이브와이는 이렇게 진행된다. 문제를 확인하고 프로세스가 그것에 이르게 된 이유를 묻는다. 프로세스에 결함이 있다면, 그 이유를 묻는다. 문제의 근원을 찾을 때까지 이런 과정을 계속한다. 이런 과정은 보통 다섯 번 정도 반복된다. 그러면 문제를 개선할 방법을 찾을 수 있다.

여기에서도 최종결과의 측정만으로는 충분치 않다. 문제를 유발한 시스템 내의 과정을 이해하고 고치지 않으면 최종결과를 바꿀 수 없다. 지표를 이용해 프로세스를 모니터하면 다섯 번의 '왜'라는 질문에 답하는 데 도움이 된다. 또한 통계적 프로세스 관리를 통해 현재는 최종결과가 괜찮아 보이지만 추후에 발생할 수 있는 문제를 막을 수도 있다. 현재의 재무 상태는 견실해 보일지 몰라도, 신제품 개발의 후보들이 부족하거나 최고의 혁신가들이 떠나간다면 프로세스에 문제가 생길 것이고 이는 곧 최종결과로 이어진다.

리더들은 이런 것들을 실천하면서 스스로의 생산성과 사기를 높일 수 있다. 그들은 팀에 자율권을 부여하고 팀원들의 언어로 이야기하는 법을 배운다. 공통의 문제를 경험하고 극복하는 방법을 배운다. 그들은 애자일팀을 방해하는 행동을 인식하고 중단한다. 일을 단순화하고 일에 집중하는 법을 배운다. 결과가 개선되면서 조직 전체로 확신과 참여가 확대된다.

재미있고 보람 있게 만든다

애자일 접근법으로 전환하여 효과를 얻기 위해서는 급진적인 추진과 고통스러운 과정이 필요할 것이라고 이야기하며 실제로 그렇게 믿는 변화 관리 전문가들이 너무나 많다. 이런 상황은 무척 당혹스럽다. 그들은 한 고비만 넘으면 유토피아가 펼쳐질 거라 생각하면서 혼란스러운 조직 속에서 떠들고 있는 것처럼 보인다. 엘리자베스 퀴블러로스Elisabeth Kübler-Ross의 슬픔의 5단계 곡선을 떠올리는 모습이지만 그것은 올바른 애자일과 공통점이 거의 없다. 올바른 애자일은 사람들을 더 행복하게, 더 혁신적으로, 더 성공적으로 만드는 팀에서 일하는 더 나은 방법을 찾는 일이다.

우리는 이렇게 조언하고 싶다. 변화 프로세스가 당신이나 직원을 행복하게 만들지 못한다면 당장 중단하라! 꺼림칙한 일은 하지 말라. 마지못해 받아들이는 직원들의 점진적인 체념을 다소 이상한 작업 방식이라고 착각하지 말라. 사실 애자일 과정은 처음부터 좋은 느낌으로 받아들여져야 한다. 애자일에 노력이 필요하지 않다는 것이 아니다. 러너스 하이runner's high (운동을 통해 건전한 마음과 몸을 향한 눈에 보이는 진전을 만들면서 느끼는 좋은 기분)와 같은 것을 낳아야 한다는 말이다. 많은 연구들이 행복과 혁신은 불가분하게 연결되어 있다는 것을 보여준다. 행복이 혁신을 만드는지 혁신이 행복을 만드는지는 중요치 않다. 하나를 개선하면, 두 가지 모두를 지속적으로 개선해갈 사이클이 시작된다. 성공은 습관 형성이다. 우리 두뇌는 성공적인 달성을 이루면 기분이 좋아지는 신경 화학물질을 생산한다. 설정한 목표를 달성하면 두뇌는 도파민을 분비한다. 즐거움을 가져다주는 일을 계속 하도록 하는 보상 호르몬이다. 다른 사람들과 유대감을 형성하고 신뢰를 강화하면 옥시토신을 분비한다. 이는 충성심을 높이며 사교성을 키워준다. 어려운 문제를 극복하면 엔돌핀을 분비해 기분 좋게 만들고 피로감을 낮춘다. 굳건한 목적 의식을 강화하는 활동에 참여할 때에는 세로토닌을 생성하여 자신감과 안정감을 느끼게 한다. 이처럼 여러 화학물질이 바람직한 행동을 촉진하고 팀으로서의 혁신 능력과 행복감을 높인다.

일을 할 때 행복하지 않다면, 보람 있는 일을 하고 있지 않거나 두뇌가 일을 즐겁게 만드는 화학물질을 충분히 만들고 있지 않은 것이다. 이렇게 되면 일에 열의를 갖지 못할 뿐 아니라 일종의 신경 화학물질 금단 현상을 겪게 된다. 좋은 애자일 리더들은 혁신을 재미있고 보람 있는 일로 만들어서 성과를 높이는 방법을 배워야 한다. 그들은 팀이 목표를 설정하고 달성하며, 다른 사람들과 연대하고, 어려운 도전을 극복하고, 목적의식을 다지고, 성공적인 성과로 즐거워지도록 할 방법을 찾아야 한다.

수많은 노력을 재미있는 것으로 만드는 한 가지 전술은 작은 승리를 자주 만들어 축하하는 것이다. 애자일팀을 비판하는 사람들은 애자일이 스프린트를 이용해 촉박한 마감시한으로 사람들을 압박해 진을 빼고, 쉴 시간이나 심지어는 생각할 시간도 주지 않는다고 불평한다. 인정한다. 잘못된 애자일에서는 그럴 가능성이 높다. 하지만 올바른 애자일은 스프린트를 완전히 다른 목적으로 사용한다. 애자일은 크고 복잡한 문제를 관리가 가능하도록 보다 작은 과제들로 나누는 과정을 통해 더 어려운 과제와도 맞붙을 자신감을 키운다. 빠르게 프로토타입을 개발하고 테스트할 창의적인 방법을 찾기 위해, 애자일팀은 예측 불가능한 사건에 빠르고 쉽게 적응할 수 있는 짧고 빠듯한 피드백 시스템을 채용한다. 스프린트의 최대 이점은 보다 자주 승리를 만들고 축하할 기회를 만든다는 데 있다. 테레사 애머빌Teresa Amabile과 스티븐 크레이머Steven Kramer는 〈하버드 비즈니스 리뷰〉에 발표한 '작은 승리의 힘The Power of Small Wins'에서 이렇게 표현하고 있다.

> 일을 하면서 기분과 의욕과 통찰력을 북돋울 수 있는 가장 좋은 방법은 의미 있는 작업에서 진전을 이루는 것이다. 진전을 자주 경험할수록 창의력과 생산성이 오래 지속될 가능성이 커진다. 대단한 과학적 미스터리를 풀고 있든, 품질 좋은 제품이나 서비스를 만들고 있든, 모든 진전은 아주 작은 것이라도 그들이 느끼고 수행하는 방법에 큰 차이를 만들 수 있다.[10]

적절히 관리된 스프린트는 매주, 혹은 2주마다 의미 있는 목표를 향한 만족스러운 진전을 이룰 기회를 만든다. 모든 배움은 축하할 일이 된다. 그 때문에 팀이 전제에 변화를 주거나 다른 솔루션으로 방향을 전환하거나 새로운 기회로 뛰어들어야 한다 해도 마찬가지이다. 애자일 리더는 팀이 보다 자주 성취감을 느끼도록 하고, 진전을 방해하는 장애물을 제거해야 한다. 리더에게는 진전을 강조하고, 그런 과정을 열렬히 축하할 의무가 있다. 그렇게 할 때 팀의 사기와 혁신 능력이 향상된다.

일을 재미있게 만들어주는 또 하나의 팁은 다른 사람을 가르치고 코칭하는 것이다. 가르치는 것, 그리고 다른 사람들이 배우는 모습을 보는 것은 인간의 노력 중에 가장 보상이 크고 만족감이 큰 일이다.

양자전기역학에 대한 연구로 노벨물리학상을 수상한 리처드 파인만Richard Feynman은 어떤 새로운 기술을 숙련하는 가장 좋은 방법은 초심자에게 그것을 가르치는 것이라고 말했다. 그는 전문가들이 종종 전문용어와 난해한 단어들 뒤에 숨어서 자신의 무지를 가리는 경우가 있다고 생각했다. 애자일 역량을 개발하는 과정에 있다면 그것을 초심자에게 가르쳐보기 바란다. 그 과정에서 놀랄 만큼 많은 배움을 얻게 될 것이다. 초심자들의 질문은 불완전한 사고와 숨겨진 전제를 드러내줄 것이다. 당신이 가르친 사람들은 애자일 원칙과 방식을 배우고 적용하여 성과를 높이고, 또 다른 직원들이 성과를 높이도록 도울 것이다. 당신은 멘토링을 제공하고 유대를 맺으면서 사업 성과에 그런 의미 있는 기여를 한 것에 대해 큰 만족감을 느끼게 될 것이다.

이 책을 시작하면서 말했던 것처럼 당신과 당신의 팀이 애자일에서 즐거움을 느끼지 못한다면 당신은 애자일을 올바르게 실행하고 있는 것이 아니다.

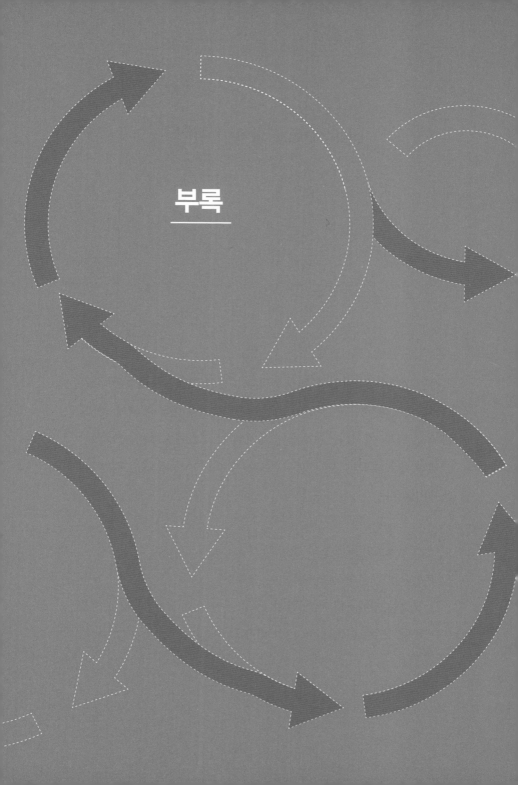

부록

리더십팀의 애자일 성명

2001년 자칭 '조직적 무정부주의자'라는 17명의 사람들이 3일 간 모여 보다 적응력이 강한 소프트웨어 개발 방법에 대해 논의하는 자리를 가졌다. 여기에서 애자일 소프트웨어 개발에 대한 성명이 발표되었다. 이 성명은 가장 가치를 두어야 하는 관행들을 설명한다.

- 프로세스와 도구보다 개인과 상호작용
- 지나친 문서화보다 실행하는 솔루션
- 철저한 계약보다 고객 참여
- 계획 고수보다 변화에 대한 대응

애자일 기업으로 이행하는 클라이언트들에게 서비스를 제공할 때 우리는 종종 그들의 애자일 리더십팀과 비슷한 논의를 거쳐 그들 고유의 애자일 성명을 만들고 수행하도록 돕는다. 논의가 마무리될 때쯤 리더십팀은 자신들의 애자일 가치관에 대해 간단한 성명을 만들고, 팀원들은 개인적 행동을 바꾸어 그런 가치관을 강화하기로 한다. 또한 서로 행동을 모니터하고 부적절한 조치를 수정하는 데 도움을 주기로 합의한다. [도표 A-1]에서 성명의 대표적 사례를 볼 수 있다.

각 글머리 기호 뒤에는 각 행동을 자세히 설명하는 구체적인 가치관과 관행이 나와 있다. 오랜 시간 동안 우리는 많은 성명 개발에 도움을 주었다. 조직마다 그 성명에는 특유의 성격이 있지만 아래의 내용들은 공통적인 논의 주제와 약속들이다.

프로세스와 도구보다 개인과 상호작용

우리는 명확한 비전(무엇을, 왜)과 성공에 대한 지표를 정하고 그 방법(어떻게)은 팀에 위임한다.

- 우리는 회사의 전략과 우선순위(무엇)에 따른 사안을 중심으로 강력한 리더십을 구축한다.
- 우리는 설득력 있고 명확한 목적(왜)을 만들고 소통한다.
- 우리는 초점을 놓치지 않기 위해 정기적인 비즈니스 리뷰를 실

시한다.

- 우리는 흥미로운 데이터 포인트의 긴 목록이 아닌 성공에 대한 몇 가지 필수적인 지표를 설정한다.
- 우리는 이정표에 대해 상세히 추적하는 대신, 적극적이고 직접적인 참여와 시범을 통해 진전을 추적한다.

우리는 팀에게 자율권을 부여하고 적절한 답이 우리가 아닌 팀 안에 있다고 믿는다.

- 말하는 것을 멈추고 팀원의 말에 귀를 기울인다. 솔루션에 대한 스스로의 무지를 인정한다.
- 우리는 우리의 전략과 이정표를 솔루션이 아닌 해결해야 할 문제라고 표현한다.
- 우리는 고객과 운영, 프로세스에 가장 가까운 사람들에게 결정을 맡긴다.
- 우리는 모든 사람이 대화에 참여하도록 격려한다.
- 우리는 팀에게 결과에 대한 책임을 묻는다.
- 우리는 팀과 서로를 파트너로 대하고, 답을 주는 대신 묻는다. "추천하고 싶은 것은 무엇입니까?", "그것을 어떻게 테스트할 수 있을까요?"
- 답이 그들에게 있음을 믿고 있다는 것을 보여주기 위해 정기적으로 스크럼팀 의식을 갖는다.
- 기존의 아이디어를 확인해줄 사람을 찾기보다는 다양한 의견을

적극적으로 모색한다.

지나친 문서화보다 실행하는 솔루션

우리는 완벽을 요구하기보다 좋은 실행 솔루션을 만드는 데 몰두한다.

- 우리는 팀에게 초기 상태의 아이디어와 프로토타입을 공유하고 통합 가능한 피드백을 제시해주도록 요청한다.
- 우리는 초기 프로토타입을 따로 떼어놓지 않고, 고객들이 프로토타입을 이용해 혁신을 만들어가도록 한다.

우리는 팀을 보호하여 구성원들이 중요한 장애물에 집중하여 빠르게 처리할 수 있게 한다.

- 우리는 우선순위에 따른 장애물 목록을 만들고 그것의 제거를 최우선과제로 삼는다.
- 우리는 단호하게 회의를 취소하거나 줄이고 대신 조정회의coordination meeting(일간 혹은 주간)에 참석해서 우리가 도울 방법이 없는지 확인한다.
- 우리는 진척 상황에 대한 보고 의무를 줄이고 대신 투명성을 이용해, 팀으로 돌아가 작업 중인 제품과 결과의 시연을 보고 피드백을 제공한다.
- 우리는 까다로운 경영진 승인 과정이 수반되는 전형적인 운영

위원회를 제거한다.

우리는 팀이 복잡한 문제를 나누고 매 스프린트마다 작동 솔루션을 산출하도록 지원한다.

- 우리는 팀이 큰 문제를 여러 개로 나누어 작은 문제들을 해결할 방법을 찾도록 돕는다.
- 우리는 솔루션을 설명하는 슬라이드를 거부하고 실제 작동 프로토타입을 보여줄 것을 요청한다.
- 우리는 피드백을 제공하고 고객들의 반응을 보기 위해 팀 시연에 참가한다.

철저한 계약보다 고객 참여

우리는 팀이 다양한 고객들로부터 피드백을 모색하도록 권장하고 고객 피드백에 빠르게 적응하는 문화를 촉진한다.

- 우리는 누가 우리의 고객인지 명확히 규정하며, 무언가 만들기 전에 고객에게 귀를 기울인다.
- 우리는 실제 고객으로부터 얻은 실제 실험 결과가 없는 설득을 금지한다.
- 우리는 사람들이 사무실 밖에서 더 많은 시간을 보내도록 격려

한다. 나가서 부딪쳐라.

- 우리는 가짜 고객은 피한다.
- 직접 고객에게 가서 피드백을 구한다.
- 우리는 고객과 어떻게 테스트를 하고 있는지에 대한 설명과 가설을 정기적으로 요청한다.
- 우리는 전적인 내부 핵심성과지표KPI, Key Performance Indicator 들보다는 고객 관련 핵심성과지표에 더 많은 비중을 둔다.
- 우리는 고객들을 프로젝트팀과 회의에 참여시킨다.
- 우리는 고객의 피드백을 구할 팀을 외부에 상주시키는 것이 아니라 내부에 팀을 구성한다.
- 우리는 모든 회의에 고객 피드백 질문을 던지는 무브먼트 메이커movement maker를 만든다.
- 우리는 팀이 활동 시간의 대부분을 고객과 유대관계를 형성하는 데 쓰도록 회의를 구성한다.

우리는 무슨 일이든 언제나 개선의 여지가 있다고 믿는다.

- 우리는 제품의 완성을 우선순위로 삼지 않으며, 항상 "더 낫게 만들 방법이 없을까?" 하는 질문을 던진다.
- 우리는 고객들이 필요로 하는 것이 무엇인지 내다보고, 혁신을 추진하기 위해 시장이 어떻게 진화하고 있는지에 관심을 기울인다.

계획 고수보다 변화에 대한 대응

우리는 배움을 축하하며, 팀이 신중하게 위험을 감수하고 전형에서 벗어난 가설을 테스트하기에 안전한 환경을 조성한다.

- 우리는 '왜?'라는 질문 대신 '안 될 거 없잖아!'라는 태도로 파일럿 테스트, 프로토타입, 실험의 기회를 만든다.
- 우리는 실험의 여지를 제공한다. 특히 실험에 필요한 여러 직급의 승인을 최소화한다.
- 우리는 성공을 널리 알린다. 회사 행사에서 성공 스토리를 전하고, 미래를 내다보고 기회를 포착하는 사람들의 공로를 인정한다.
- 우리는 실패를 드러낸다. 실패를 공유할 때 심리적 안정감을 느끼게 한다.
- 우리는 고객, 동료들과의 불편한 대화를 피하지 않는다.
- 우리는 새롭거나 전형에서 벗어난 아이디어를 제공하는 모든 직급, 모든 기능부서의 구성원들에게 보상을 한다.
- 우리는 실패로부터의 배움에 보상을 한다.
- 리더로서 우리는 스스로의 실패를 공개적으로 인정한다.

우리는 끈기 있고 엄격하게 우선순위를 결정하며 정해진 시간 안에 충분한 배움과 결과를 내지 못하는 활동은 중단한다.

- 우리는 우리의 최우선순위의 과제에 엄격하게 집중한다. 그리

고 다음 순위의 업무를 다루기 전에 완수한다.

- 우리는 모든 우선순위, 작업 항목, 문제가 모두의 눈에 뚜렷이 보이게 만든다.
- 우리는 내외부의 피드백을 기반으로 회사 백로그의 우선순위를 계속 조정하는 리더십팀을 만든다.
- 우리는 충분한 실적을 내지 못하고 있다고 판단되면 투자를 중단한다.

우리는 항상 애자일 작업 방식을 본보기로 삼는다.

- 우리는 미팅 시간을 반으로 줄여 고객이나 일선 근로자와 보내는 시간, 조직의 우선순위와 방향에 대해 고려하는 시간을 갖는다.
- 우리는 고위 리더십 회의의 구성방식을 바꾼다. 테이블에 앉아서 슬라이드를 이용한 발표를 듣는 대신 사무실을 찾아다니며 우선순위에 대한 이야기를 나누고, 실제 작동하는 프로토타입에 대해 반응을 보이고, 우선순위가 정해진 조치들의 목록을 만들고, 우리의 가장 큰 장애물을 해결한다.
- 우리는 변환 프로세스에서 촉매제 역할을 맡는다.
- 우리는 상징적 변화를 수용한다. 구석진 사무실을 버리고 모두가 접근할 수 있는 건물 중앙에 공동 테이블을 마련한다. 지정 주차구역을 고객의 몫으로 돌린다. 매주 사내 카페에 모여 업무 상황을 업데이트하고, 질문하고, 잘된 일과 더 신경써야 일을

공개적으로 받아들인다.

- 우리는 스스로의 행동 변화에 대한 노력을 알리고, 자기계발 어젠다를 공유할 것이다.
- 변화를 위한 코칭과 피드백 측면에서 도움을 구한다.

이런 긴 약속의 목록이 보여주듯이, 애자일 전환을 이끄는 데에는 많은 작업이 필요하다. 애자일 전환 프로세스는 값비싼 방해물이 아니다. 애자일 전환 프로세스는 사업이 운영되는 방식이다. 애자일 리더십팀은 내외부 고객에게 서비스하는 애자일팀의 운영 방식을 배워야 한다.

도표 A-1 애자일 리더십 팀의 성명

프로세스와 도구보다 개인과 상호작용

- 우리는 명확한 포부(무엇을, 왜)와 성공에 대한 지표를 정하되, 그 방법(어떻게)은 팀에 위임한다.
- 우리는 팀에게 자율권을 부여하고 적절한 답이 우리가 아닌 팀 안에 있다고 믿는다.

지나친 문서화보다 실행하는 솔루션

- 우리는 완벽을 요구하기보다는 충분히 좋은 실행 솔루션을 만드는 데 몰두한다.
- 우리는 팀을 보호하여 구성원들이 중요한 장애물에 집중하여 빠르게 처리할 수 있게 한다.
- 우리는 팀이 복잡한 문제를 나누고 매 스프린트마다 작동 솔루션을 산출하도록 지원한다.

철저한 계약보다 고객 참여

- 우리는 팀이 다양한 고객들로부터 피드백을 모색하도록 권장하고 고객 피드백에 빠르게 적응하는 문화를 촉진한다.
- 우리는 무슨 일이든 언제나 개선의 여지가 있다고 믿는다.

계획 고수보다 변화에 대한 대응

- 우리는 배움을 축하하며, 팀이 신중하게 위험을 감수하고 전형에서 벗어난 가설을 테스트하기에 안전한 환경을 조성한다.
- 우리는 끈기 있고 엄격하게 우선순위를 결정하며 정해진 시간 안에 충분한 배움과 결과를 내지 못하는 활동은 중단한다.

우리는 항상 애자일 작업방식을 본보기로 삼는다

애자일 운영모델 구성 요소의 정의

목표와 가치관

애자일 기업의 목표는 지속적으로 영향력을 행사하는 미션이다. 애자일 기업의 가치관은 애자일 기업의 결정과 우선순위의 지침이 되는 공동의 장기적 믿음이다.

전략

애자일 기업 전략은 조직 가치관의 원천, 역량을 펼칠 장소, 승리하는 방법, 지속적인 목표 달성에 요구되는 역량을 정의한다.

리더십과 문화

애자일 기업에서는 리더와 더 넓은 조직 둘 다 애자일 가치관을 받아들여, 보다 고객 중심적이고 협력적이며 적용하기 쉬운 작업 방식으로 바꾼다.

- 리더십: 리더십의 사고방식과 행동은 예측과 통제가 아닌 신뢰와 코칭으로 바뀌며, 경영진은 애자일 전략팀이 되어 협력한다.
- 문화: 애자일 가치관은 사람들의 사고방식, 행동, 일상을 통해 조직 전체에 스며들어 협력과 혁신의 문화를 형성한다.

기획·예산편성·리뷰

애자일 기업은 보다 자주, 보다 유연한 경영 시스템을 이용해 가장 가치 있는 기회에 자원을 역동적으로 집중시킨다. 사이클은 전략적 우선순위를 규정하는 데에서 시작된다. 인력과 예산을 시급한 과제에 투입한 다음, 재무와 고객, 직원에 대한 영향을 기반으로 결과를 측정한다. 결과 지표는 전략적 우선순위를 결정하는 데 피드백 역할을 하여 작업을 지속하거나 방향을 바꾸거나 중단할 지점이 어디인지에 대한 정보를 제공한다.

- 기획: 애자일 기업은 역동적 프로세스에서 조직이 테스트하기에 가장 좋은 기회에 대한 가설을 만들어 그것을 언제 어떻게 추진하는 것이 최선일지 결정한다.
- 예산편성: 애자일 기업은 전략 우선순위에 대한 예산조달에 유연한 벤처캐피털 방식의 접근법을 이용한다. 테스트하고 학습

하고 가장 큰 영향을 줄 수 있는 곳에 돈을 재배치한다.

- 리뷰: 애자일 기업은 피드백 시스템을 만들고 성과에 대한 솔직한 대화를 가진다. 그들은 단순하고 투명한 지표를 사용하며 그런 지표를 단계적으로 조직 전체에 확산시켜 예상 성과와 실제 성과를 추정하고 접근법을 조정한다.

구조와 책임성

애자일 기업의 구조와 책임성은 사업부의 한계 및 역할, 팀 구성 및 개별 결정권에 대한 보다 세부적인 관점 모두를 반영한다.

- 조직 단위: 애자일 기업은 사업부를 조직 내 가치의 원천에 맞추어 조정하며, 사업부, 기능부서, 중앙으로 이루어진 매트릭스 전체에 명확한 소유권을 규정한다.
- 팀과 업무: 애자일 기업은 고객의 니즈를 충족시키기 위해 완료해야 하는 일을 면밀히 계획하고 전담 크로스평셔널 애자일팀을 배치하여 기업을 변화시킨다. 애자일 기업은 명확히 규정된 의사결정권을 갖고 빠른 진전을 이룰 수 있는 업무를 창출한다.

인재 동력

애자일 기업의 인재 동력은 빠르게 움직이는 성과 지향 인재 시스템을 통해 어떤 인재가 필요한지(전략적 우선순위에 따른 사안을 뒷받침할 역량과 기술), 인재 전략을 어떻게 달성할 수 있을지 규정한다.

- 인재 전략: 애자일 기업은 최고의 인재를 채용하고 유지하는 방법을 기준으로 인사 업무의 우선순위를 설정한다. 인재 전략은 사업 목표를 달성하는 데 필요한 기술 및 역량을 규정하고, 성과를 가장 잘 이끌어낼 내외부 자원의 균형을 규정한다.
- 인재 시스템: 애자일 기업은 성과 중심 프로세스를 이용해 인재를 어떻게 영입하고, 활용하고, 평가하고, 발전시키고, 보상하고, 영감을 줄지 결정하고, 지속적으로 인사관리에 대한 시스템과 접근법을 개선한다.

비즈니스 프로세스

애자일 기업은 비즈니스 프로세스를 지원장치로 이용해서 뛰어난 고객 솔루션을 산출한다. 비즈니스 프로세스는 단순하며 지속적으로 개선된다. 비즈니스 프로세스는 개인, 팀, 데이터, 기술을 통합해 기능부서 전체에 걸쳐 필요한 곳마다 파괴적 혁신이나 반복성을 제공한다.

기술과 데이터

애자일 기업의 기술과 데이터에는 모듈형 아키텍처, 지속적인 달성 프로세스, 데이터 품질과 같은 하드와이어링은 물론, 사업과 기술에 걸쳐 빠른 의사결정과 협력을 가능케 하는 작업방식과 역량 같은 소프트와이어링이 포함된다.

- 기술: 애자일 기업은 지속적으로 성과를 달성할 수 있도록 하는 자동화와 효과적인 데브옵스를 비롯한 모듈형의 유연한 서비스 지향 아키텍처, 그리고 효과적인 협력을 지원하기 위한 작업방식과 도구를 수용한다.
- 데이터: 애자일 기업은 의사결정의 속도와 품질, 비용을 개선할 고부가가치의 데이터를 만들고 포착한다. 또한 데이터에 대한 접근권을 제공하는 현대적 아키텍처를 설치하기도 한다.

연구 기록 요약

애자일은 한눈에도 매력적으로 보인다. 하지만 그것이 애자일을 받아들여야 하는 이유가 될 수는 없다. 애자일은 경험주의, 즉 모든 가설을 경험적 증거로 테스트해야 하는 철학을 근거로 움직인다. 애자일 시도를 고민하는 기업이라면 영감을 주는 사례를 넘어 애자일이 효과가 있는지, 어떻게 하면 성공의 확률을 높일지 등에 대한 편견 없고 광범위한 근거를 살펴야 한다. 애자일 파일럿 운영에 성공한 기업은 더 많은 애자일 확장이 실적을 높일지 아니면 떨어뜨릴지에 대한 근거를 조사해야 한다. 애자일로 효과를 내기 위해 노력하고 있는 기업이라면 이런 궁금증이 생길 것이다. "우리에게 문제가 있는 것일까, 아니면 다른 기업도 애자일 접근법에서 비슷한 문제를 겪고 있을까?"

베인앤드컴퍼니는 다섯 가지 핵심적인 질문에 객관적이고 자신 있는 답을 내놓기 위해 애자일 접근법에 대한 데이터를 오랫동안 수집하고 분석했다.

1. 혁신을 확장, 개선하는 것이 실제로 비즈니스 실적을 개선하는가?
2. 애자일 혁신은 전형적인 혁신 방법들보다 더 나은 성과를 창출하는가?
3. 애자일이 여러 팀으로 확장되어도 이점이 지속될까?
4. 애자일이 기술 분야 이외에 적용되어도 이점이 지속될까?
5. 애자일 기업은 실적 개선이 이루어지는가?

우리는 매체의 기사, 책, 정부 문건, 학술논문, 컨퍼런스 보고서, 컨설팅 연구, 기업 연구 등에서 70개의 제3자 연구보고서를 수집했다. 이런 연구에는 기간이 제한적인 설문조사는 물론이고 대단히 엄정하고 지속적인 연구와 메타연구까지 포함된다. 우리는 혁신과 비즈니스 실적 간의 관계에 대한 각 보고서의 연구결과를 분석했다. 그런 다음 위의 다섯 가지 개념에 대한 결과들을 '관계 발견', '관계 없음', '결론에 이르지 못함'으로 분류했다. 관련 연구를 발견하면 계속해서 추가적인 연구 보고서로 데이터베이스를 확장하고 업데이트할 것이다.

우리는 테스트한 다섯 가지 개념 전체에 걸쳐 혁신과 비즈니스 실적 사이의 강한 연관성을 발견했으며, '혁신이 비즈니스 실적을 크게 개선했다'와 '애자일 기업은 실적개선이 이루어진다'는 부분에서는 매우 강한 연관성을 발견했다.

1. 92퍼센트의 보고서는 혁신이 비즈니스 실적을 크게 향상시켰다는 것을 보여주었다. 보고서의 8퍼센트는 결론에 이르지 못했다.
2. 76퍼센트의 보고서는 애자일 혁신이 일반 혁신보다 낫다는 것을 보여주었으며, 10퍼센트의 보고서는 이에 동의하지 않았고, 14퍼센트의 보고서는 결론에 이르지 못했다.
3. 67퍼센트의 보고서는 애자일이 여러 팀으로 확장될 경우 이점이 지속된다는 것을 보여주었으며, 4퍼센트의 보고서는 이에 동의하지 않았고, 29퍼센트의 보고서는 결론에 이르지 못했다.
4. 81퍼센트의 보고서는 애자일이 IT 외의 분야에 적용될 때에도 이점이 지속된다는 것을 보여주었으며, 19퍼센트의 보고서는 결론에 이르지 못했다.
5. 100퍼센트의 보고서는 애자일 기업이 실적 개선이 이루어진다는 것을 보여주었다. 다만 증거의 기반은 대부분 학술적인 것이 아니었다. 이것은 새롭게 부상하는 이 영역이 연구 초기 단계임을 반영한다.

지금까지의 경험적인 데이터는 상당히 고무적이다. 그럼에도 불구하고 100퍼센트 긍정적이지는 않으며 바뀔 수도 있다. 데이터를 직접 검토해보기 바란다. 많은 기업이 여러 장소에서 다양한 방식으로 장기간 애자일 접근법을 이용하고 있으니, 연구의 세부 사항을 조사하고 방법론을 이해하고, 연구 범위 이상까지 실적을 추적해보기 바란다. 아래에서 다섯 가지 핵심 질문을 다루는 기존 73개 보고서와 각 보고서의 연구결과를 볼 수 있다.

인용 연구

혁신이 사업 실적을 광범위하게 개선시킨다

관계 발견

Atalay, Murat, Nilgün Anafarta, and Fulya Sarvan. "The Relationship between Innovation and Firm Performance: An Empirical Evidence from Turkish Automotive Supplier Industry." Procedia— Social and Behavioral Sciences 75 (April 3, 2013): 226–235. https://doi.org/10.1016/j.sbspro.2013.04.026.

제품과 프로세스 혁신은 회사의 성과에 눈에 띄는 긍정적인 영향을 미친다.

Australian Bureau of Statistics. "Innovation in Australian Business, 2016–17." Australian Bureau of Statistics. Updated July 19, 2018. http://www.abs.gov.au/ausstats/abs@.nsf/0/06B08353E0EABA-96CA25712A00161216?Opendocument.

혁신 기업은 매출의 향상을 보고했고, 경쟁 우위를 확보했다고 느꼈으며, 고객 서비스를 개선했다.

Cho, Hee-Jae, and Vladimir Pucik. "Relationship between Innovativeness, Quality, Growth, Protability, and Market Value." Strategic Management Journal 26 (April 11, 2005): 555–575. https://doi.org/10.1002/smj.461.

결과는 혁신성이 품질과 성장 사이의 관계를 중재하고, 품질은 혁신성과 수익성 사이의 관계를 중재하고, 혁신성과 품질 모두가 시장 가치에 매개 효과를 갖는다는 것을 보여준다.

Jiménez-Jiménez, Daniel, and Raquel Sanz-Valle. "Innovation, Organizational Learning, and Performance." Journal of Business Research 64, no.4 (April 2011): 408–417. https://doi.org/10.1016/j.jbusres.2010.09.010.

연구는 조직적 학습과 혁신이 비즈니스 성과에 긍정적으로 기여한다는 것을 보여준다.

Kelly, Bryan, Dimitris Papanikolaou, Amit Seru, and Matt Taddy. "Measuring Technological Innovation over the Long Run." NBER Working Paper No. 25266, National Bureau of Economic Research, Inc., Cambridge, MA (November2018). https://www.nber.org/papers/w25266.

획기적인 혁신은 기간, 산업, 기업 전반의 생산성 향상과 대응된다.

Linder, Jane C. "Does Innovation Drive Profitable Growth? New Metrics for a Complete Picture" Journal of Business Strategy 27, no. 5(September 1, 2006); 38–44. https://doi.org/10.1108/02756660610692699.

재무 데이터를 근거로 한 순위는 조직이 얼마나 혁신적인지에 대한 경영진의 자기 보고 정보와 부합된다.

Minor, Dylan, Paul Brook, and Josh Bernoff. "Are Innovative Companies More Protable?" MIT Sloan Management Review, December 28, 2017. http://sloanreview . mit.edu/article/are-innovative-companies-more-profitable/.

연구를 통해 기업에서의 관념화와 수익이나 순수입의 증가 사이의 유의미한 상관관계가 발견되었다.

Nieves, Julia. "Outcomes of Management Innovation: An Empirical Analysis in the Services Industry." European Management Review 13 (March 21, 2016): 125–136. https://doi.org/10.1111/emre.12071.

경영 혁신은 제품 혁신에 긍정적인 영향을 주며, 제품 혁신은 재무 실적에 상당한 영향을 준다.

Rajapathirana, R. P. Jayani, and Yan Hui. "Relationship between Innovation Capability, Innovation Type, and Firm Performance." Journal of Innovation & Knowledge 3, no.1 (January – April 2018): 44–55. https://doi.org/10.1016/j.jik.2017.06.002.

연구는 높은 혁신 역량을 가진 기업은 긍정적이고 매우 강한 영향을 끼친다는 주장을 지지한다.

Shanker, Roy, Ramudu Bhanugopan, Beatrice I. J. M. van der Heijden, and Mark Farrell. "Organizational Climate for Innovation and Organizational Performance: The Mediating Effect of Innovative Work Behavior." Journal of Vocational Behavior 100 (June 2017): 67–77. https://doi.org/10.1016/j.jvb.2017.02.004.

연구는 조직 환경과 조직 성과 간의 관계가 중요하다는 것을 보여준다.

결론에 이르지 못함

Youtie, Jan, Philip Shapira, and Stephen Roper. "Exploring Links between Innovation and Profitability in Georgia Manufacturers." Economic Development Quarterly 32, no.4 (September 3, 2018): 271–287. https://doi.org/10.1177/0891242418786430.

2005년 설문조사에서는 조지아 제조업계의 수익성과 혁신 사이에 긍정적인 관계가 나타났으나 2010년과 2016년 설문에서는 혁신과 기업 성과 사이에 관계가 없었다.

애자일 혁신이 기존의 혁신보다 더 효과적이다

관계 발견

Ambler, Scott W. "2013 IT Project Success Rates Survey Results." Ambysoft, January 2014. http://www.ambysoft.com/surveys/success2013.html.

애자일, 린, 반복 전략은 평균적으로 전형적이고 임시적인 전략들보다 우월하다.

CollabNet VersionOne. 13th Annual State of Agile Report. State of Agile, May7, 2019. https://www.stateofagile.com/?ga=2.258734218.1293249604. 1571223036-453094266.1571223036#ufh-c-473508-state-of-agile-report.

보고된 애자일의 이점에는 변화하는 우선순위, 프로젝트 가시성, 비즈니스 및 IT 조정, 출시 속도, 생산성 향상, 프로젝트 위험 감소를 관리할 수 있는 능력 등이 포함된다.

Fitzgerald, Brian, Gerard Hartnett, and Kieran Conboy. "Customising Agile Methods to Software Practices at Intel Shannon." European Journal of Information Systems 15, no.2 (January 9, 2006): 200–213. https://doi.org/10.1057/palgrave.ejis.3000605.

이 연구는 인텔섀넌에서 애자일 방법과 익스트림프로그래밍, 그리고 스크럼의 맞춤화에 대해 조사했다. 코드 결함 밀도의 7배 감소와 프로젝트 달성 속도 향상의 성과가 있었다.

Freeform Dynamics. How Agile and DevOps Enable Digital Readiness and Transformation. Freeform Dynamics, February 2018. https://freeformdynamics.com/software-delivery/agile-devops-enable-digital-readiness-transformation/.

평균적으로 애자일 마스터들은 매출의 60퍼센트 성장을 보고했으며, 이들은 동료들에 비해 20퍼센트 이상 성장할 확률이 2.4배 높았다.

Johnson, Suzette, Richard Cheng, Stosh Misiazek, Stephanie Greytak, and James Boston. The Business Case for Agile Methods. Arlington, VA: Association for Enterprise Information, 2011. http://docplayer.net/5838794-The-business-case-for-agile-methods.html.

패트리어트 엑스칼리버의 소프트웨어 출시 사이클은 18개월에서 22주로 감소했다. 애자일의 BMC 채택은 개별 팀 생산성을 20~50퍼센트 상승하도록 이끌었다. 애자일 채택으로 미국통계국은 직원들이 이전에 쏟던 노력의 3분의 1을 사용해서 50퍼센트 빠르게 규정된 요구조건을 달성할 수 있게 되었다.

Kakar, AdarshK. "What Motivates Team Members and Users of Agile Projects?" Proceedings of the Southern Association for Information Systems Conference Atlanta: Association for Information Systems(AIS), 2013. http://aisel.aisnet.org/sais2013/17.

애자일 방법은 프로젝트 팀원이 프로젝트 완성을 향해 일하도록 의욕을 고취시켜 완성 효과를 높인다.

Lo Giudice, Diego, Christopher Mines, Amanda LeClair, Luis Deya, and Andrew Reese. The State of Agile 2017: Agile at Scale. Forrester, December 14, 2017. https://www.forrester.com/report/The+State+Of+Agile+2017+Agile+At+Scale/-/E-RES140411.

애자일의 이점에는 출시 빈도의 향상, 고객 경험 개선, 더 나은 비즈니스 및 IT 조정, 기능부서의 품질 향상, 팀 사기 향상 등이 있다.

Przybilla, Leonard, Manuel Wiesche, and Helmut Krcmar. "The Inuence of Agile Practices on Performance in Software Engineering Teams: A Subgroup Perspective." In Proceedings of the 2018 ACM SIGMIS Conference on Computers and People Research, 33–40. New York: Association for Computing Machinery, June2018. https://doi.org/10.1145/3209626.3209703.

매일의 스탠드업 미팅과 반성은 충돌의 수준을 낮추고 성과와 만족감을 높였다.

Reifer, DonaldJ. "How Good Are Agile Methods?" IEEE Software 19, no.4

(2002): 16–18. https://doi.org/10.1109/MS.2002.1020280.

생산성 향상(15~23퍼센트), 비용 절감(5~7퍼센트), 출시 시간 단축(25~50퍼센트) 등의 이점이 있다.

Rico, DavidF. "What Is the Return on Investment (ROI) of Agile Methods?" Semantic Scholar. Accessed December 17, 2019. https://pdfs.semanticscholar.org/8e3d/ c7208bc743037716f327ba98a7fcb1a69502.pdf.

검토한 문헌을 근거로 볼 때 애자일 방법론의 사용은 비용 효율 향상, 생산성 향상, 품질 향상, 사이클 타임 감소, 고객 만족도 증가를 가져온다.

Scrum Alliance. State of Scrum 2017–18 Report. ScrumAlliance. Accessed December 17, 2019. https://www.scrumalliance.org/learn-about-scrum/ state-of-scrum.

참가자의 97퍼센트는 앞으로도 계속해서 스크럼을 사용할 것이다. 애자일을 채택하면 전달된 결과에 대한 만족도 향상, 시장 출시 속도 향상, 품질 향상, 직원 사기 개선, IT에서의 투자 수익 증가 등의 이점을 얻을 수 있다.

Serrador, Pedro, Andrew Gemino, and BlaizeH. Reich. "Creating a Climate for Project Success. Journal of Modern Project Management 6 (2018): 38-47. https://doi.org/10.19255/JMP01604.

고위 경영진의 지원, 이해관계인의 참여, 전담팀, 애자일 방법의 지원, 프로덕트 오너와의 잦은 회의, 바람직한 팀 태도가 프로젝트의 성공과 관련된다.

Serrador, Pedro, and Jeffrey K. Pinto. "Does Agile Work? A Quantitative Analysis of Agile Project Success." International Journal of Project Management 33, no. 5 (July 1, 2015): 1040–1051. https://doi.org/10.1016/j.ijproman.2015.01.006.

애자일 방법들은 효율성과 전체 주주 만족도에 긍정적인 영향을 미친다.

Standish Group. CHAOS Report: Decision Latency Theory: It's All about the Interval. Boston: Lulu.com, 2018. https://www.standishgroup.com/

store/.

애자일 프로젝트의 성공 확률은 5분의 3(42.5퍼센트 : 26퍼센트)이고 실패 확률
은 3분의 1이다(8퍼센트 : 21퍼센트).

관계 없음

Budzier, Alexander, and Bent Flyvbjerg. "Making Sense of the Impact and
Importance of Outliers in Project Management through the Use of Power
Laws." In Proceedings of International Research Network on Organizing
by Projects at Oslo 11 (June1, 2013). New York: SSRN, 2016. https://ssrn.
com/abstract=2289549.

애자일 방법론을 더 많이 채택한 그룹은 비용 중간값, 스케줄, 성과 이익에 큰 차
이가 없었다.

Magazinius, Ana, and Robert Feldt. "Confirming Distortional Behaviors in
Software Cost Estimation Practice." In Proceedings of the 37th EUROMI-
CRO Conference on Software Engineering and Advanced Applications,
411–418. Institute of Electronics and Electronics Engineers, November 3,
2011. https://doi.org/10.1109/SEAA.2011. 61.

애자일 기업과 비애자일 기업 사이의 차이를 비교한 결과, 회의 시간과 예산 목
표에서의 성공 및 실패 원인이 두 방법론 사이에 큰 차이가 없음을 발견했다.

결론에 이르지 못함

Dybå, Tore, and Torgeir Dingsøyr. "Empirical Studies of Agile Software
Development: A Systematic Review." Information and Software Technol-
ogy 50, nos. 9–10 (August 2008): 833–859. https://doi.org/10.1016/j.inf-
sof.2008.01.006.

4개의 연구는 애자일팀이 전형적인 팀보다 42퍼센트 높은 생산성을 보여주었으

나, 해당 연구들의 품질이 낮다.

Eveleens, Johan, and Chris Verhoef. "The Rise and Fall of the Chaos Report Figures." IEEE Software 27, no. 1 (January-February 2010): 30-36. http://doi.org./10.1109/MS.2009.154.

애자일의 이점에 대해 자주 인용되는 스탠디쉬의 카오스보고서 방법론을 비판한다.

Lindvall, Mikael, Vic Basili, Barry Boehm, Patricia Costa, Kathleen Dangle, Forrest Shull, Roseanne Tesoriero, et al. "Empirical Findings in Agile Methods." In Extreme Programming and Agile Methods— XP/Agile Universe 2002, 197-207. Berlin: Springer, 2002. https://doi.org/10.1007/3-540-45672-4_19.

애자일 채택은 고객 협력, 결함 취급, 추정 등의 개선이라는 이점이 있다. 한계에는 페어 프로그래밍의 비효율, 설계와 아키텍처 문제에 대한 주의 부족이 포함되었다.

애자일이 여러 팀으로 확장되어도 이점이 지속된다

관계 발견

Atlas, Alan. "Accidental Adoption: The Story of Scrum at Amazon.com." In Agile 2009 Conference, 135–140. Institute of Electronics and Electronics Engineers, September 25, 2009. https://doi.org/10.1109/AGILE.2009.10.

2004년부터 2009년까지 스크럼은 아마존 소프트웨어 개발팀 대부분에 확산되었다. 채택 성공의 핵심 요인에는 문화, 팀의 작은 규모, 내부 지지자들, 교육 등이 포함되었다.

Brown, Alan W. "A Case Study in Agile-at-Scale Delivery." In Agile Processes in Software Engineering and Extreme Programming. XP 2011. Lecture Notes in Business Information Processing 77, 266–291. Berlin: Springer, 2011. https://doi.org /10.1007/978-3-642-20677-1_19.

은행에서의 애자일 확장에 대해 설명한다. 초기 8개 파일럿 실행은 생산성과 품질의 개선을 보여주었다.

Fry, Chris, and Steve Greene. "Large Scale Agile Transformation in an On-Demand World." In AGILE 2007, 136–142. Institute of Electronics and Electronics Engineers, August27, 2007. https://doi.org/10.1109/AG-ILE.2007.38.

확장 가능한 애자일을 채택한 세일즈포스닷컴의 사례를 설명한다. 조직 내 설문 조사에서, 80퍼센트가 새로운 개발 방법론이 팀을 보다 효과적으로 만들고 있다고 생각하는 것으로 나타났다.

Furuhjelm, Jörgen, Johan Segertoft, Joe Justice, and J. J. Sutherland. "Owning the Sky with Agile." Global Scrum Gathering, San Diego, California, April 10–12, 2017. https://www.scruminc.com/wp-content/uploads/2015/09/Release-version_Owning-the-Sky-with-Agile.pdf.

사브 디펜스는 애자일 확장을 통해 보다 빠른 속도와 보다 낮은 비용으로 훨씬 좋은 품질의 항공기를 생산했다.

Jørgensen, Magne. "Do Agile Methods Work for Large Software Projects?" In Agile Processes in Software Engineering and Extreme Programming. XP 2018. Lecture Notes in Business Information Processing 314: 179–190. Cham, Switzerland: Springer, 2018. https://doi.org/10.1007/978-3-319-91602-6_12.

중·대규모의 소프트웨어 프로젝트의 경우, 애자일 방법들을 사용하는 프로젝트들은 평균적으로 비애자일 방법을 사용하는 프로젝트들에 비해 훨씬 나은 성과를 냈다.

Kalenda, Martin, Petr Hyna, and Bruno Rossi. "Scaling Agile in Large Organizations: Practices, Challenges, and Success Factors. Journal of Software: Evolution and Process 30, no.10 (May16, 2018). https://doi.org/10.1002/smr.1954.

세계적인 소프트웨어 기업이 프로세스를 기업의 니즈에 맞추고, 애자일 사고방식을 유지하고, 숙련된 애자일팀 구성원을 보유하여 애자일 확장에 성공했다.

Knaster, R., and D. Lefngwell. SAFe 4.0 Distilled: Applying the Scaled Agile Framework for Lean Software and Systems Engineering. Boston: Addison-Wesley, 2017.

스케일드애자일프레임워크를 채택해 애자일을 확장하여, 품질과 생산성, 직원 참여, 출시 기간 단축, 프로그램 실행, 조정, 투명성 등에서 개선을 이룬 여러 기업을 예로 든다.

Korhonen, Kirsi. "Evaluating the Impact of an Agile Transformation: A Longitudinal Case Study in a Distributed Context." Software Quality Journal 21 (November 1, 2012): 599–624. https://doi.org/10.1007/s11219-012-9189-4.

노키아 지멘스 네트워크는 가시성, 요구 사항의 변화에 대응하는 능력, 소프트웨어 개발의 품질 등을 개선하고 직원의 사기를 높였다.

Lagerberg, Lina, Tor Skude, Pär Emanuelsson, Kristian Sandahl, and Daniel Ståhl. "The Impact of Agile Principles and Practices on Large-Scale Software Development Projects: A Multiple- Case Study of Two Projects at Ericsson." In 2013 ACM / IEEE International Symposium on Empirical Software Engineering and Measurement, 348–356. Institute of Electronics and Electronics Engineers, December 12, 2013. https://doi.org/10.1109/ESEM.2013.53.

애자일의 수행은 지식 공유에 기여하고 향상된 프로젝트 가시성이나 조정 효과, 생산성 향상과 상관관계가 있는 것으로 밝혀졌다.

"Large-Scale Agile Transformation at Ericsson: A Case Study." Empirical Software Engineering 23 (January11, 2018): 2550–2596. https://doi.

org/10.1007/s10664-017-9555-8.

에릭슨이 새로운 연구개발 제품개발 프로그램에 애자일을 도입하면서 동시에 공격적으로 확장을 진행한 방법에 대해 설명한다. 핵심 성공 요인에는 애자일 사고방식, 점진적인 변화, 회사에 맞춘 확장 방법 등이 포함된다.

Schnitter, Joachim, and Olaf Mackert. "Large-Scale Agile Software Development at SAP AG." In Evaluation of Novel Approaches to Software Engineering. Communications in Computer and Information Science, 209–220. 2011. https://doi.org/10.1007/978-3-642-23391-3_15.

SAP는 애자일을 세계 12개 지역의 1만 8,000명 엔지니어에게로 확장했다. 실행은 쉽지 않았지만, 애자일은 투명성과 비공식적인 커뮤니케이션을 눈에 띄게 향상시켰다.

Vaidya, Aashish. "Does DAD Know Best, Is It Better to Do LeSS or Just Be SAFe? Adapting Scaling Agile Practices into the Enterprise." Presented at the Pacific Northwest Software Quality Conference, Portland, OR, October 20–22, 2014. http://www.uploads.pnsqc.org/2014/Papers/t-033Vaidyapaper.pdf.

캄비아 헬스 솔루션은 40개 이상의 팀에 스크럼을 비롯한 애자일 방식을 시작했다. 그 이점으로는 산출 프로세스와 품질을 위한 관행의 개선을 든다.

결론에 이르지 못함

Bjarnason, Elizabeth, Krzysztof Wnuk, and Björn Regnell. "A Case Study on Benefits and Side-Effects of Agile Practices in Large-Scale Requirements Engineering." In Proceedings of the 1st Agile Requirements Engineering Workshop, 1–5. New York: ACM, 2011. https://doi.org/10.1145/2068783.2068786.

결과는 부분적이라도 애자일 방식이 대규모 소프트웨어 개발에서 전통적인 엔지니어링 요구 조건과 관련하여 발생하는 여러 문제와 사안을 해결한다는 것을 보여준다. 하지만 새로운 문제를 제기하기도 한다.

Conboy, Kieran, and Noel Carroll. "Implementing Large-Scale Agile Frameworks: Challenges and Recommendations." IEEE Software 36, no. 2 (March–April 2019): 44–50. https://doi.org/10.1109/MS.2018.2884865.
애자일 확장의 여러 문제를 설명하고 문제를 줄일 수 있는 조언을 제시한다.

Dikert, Kim, Maria Paasivaara, and Casper Lassenius. "Challenges and Success Factors for Large-Scale Agile Transformations: A Systematic Literature Journal of Systems and Software 119 (September 2016): 87-108. https://doi.org/10.1016/j.jss.2016.06.013.
대규모 애자일 변환에서의 문제와 성공 요인을 확인한다.

Moe, Nils, Bjørn Dahl, Viktoria Karlsen, and Stine Schjødt-Osmo. "Team Autonomy in Large-Scale Agile." ScholarSpace, January 8, https://doi.org/10.24251/HICSS.2019.839.
애자일 확장시 팀 자율권에 대한 장애물들을 찾고 장애물을 제거할 수 있는 방법들을 제안한다.

Paasivaara, Maria. "Adopting SAFe to Scale Agile in a Globally Distributed Organization." In Proceedings of 2017 IEEE 12th International Conference on Global Software Engineerings, 36-40. Institute of Electronics and Electronics Engineers, July 17, 2017. https://doi.org/10.1109/ICGSE.2017.15.
전 세계를 무대로 활동하는 소프트웨어 개발업체인 컴프텔이 두 사업 부문에 SAFe를 채택한 방법에 대해 설명한다. 두 번째 사업 부문은 첫 번째 사업 부문에서 얻은 교훈으로 더 큰 성공을 거두었다.

Paasivaara, Maria, and Casper Lassenius. "Scaling Scrum in a Large Globally Distributed Organization: A Case Study." In 2016 IEEE 11th International Conference on Global Software Engineering, 74–83. Institute of Electronics and Electronics Engineers, September 29, 2016. https://doi.

org/10.1109/ICGSE.2016.34.

애자일 변환으로 상업적인 성공을 거두었지만, 팀에는 애자일 사고방식이 부족했고 LeSS 체계가 제안하는 모든 중요한 방식을 채택하지 않았으며 팀 내 조정이 불충분했다.

Paasivaara, Maria, Casper Lassenius, and VilleT. Heikkilä. "Inter-Team Coordination in Large-Scale Globally Distributed Scrum: Do Scrum-of-Scrums Really Work?" In Proceedings of the 2012 ACM- IEEE International Symposium on Empirical Software Engineering and Measurement, 236–238. New York: ACM, 2012. https://doi.org/10.1145/2372251.2372294.

모든 팀의 대표들이 포함되는 상위 스크럼 회의에 심각한 문제가 있었다. 참가자들이 공통의 목표와 관심을 가지고 있는 팀 내 회의가 더 효과적이었다.

애자일은 IT 외의 분야에도 효과가 있다

관계 발견

CMG Partners. Sixth Annual CMO's Agenda: The Agile Advantage. CMOs Agenda, 2013. https://cmosagenda.com/always-always-agile.

마케팅에 대한 애자일 채택의 이점에는 속도, 적응력, 생산성, 우선순위 결정, 고객 중심 최종결과 산출 능력 등에서의 개선이 포함된다.

Fryrear, Andrea. "State of Agile Marketing." AgileSherpas. Accessed December 18, 2019. https://www.agilesherpas.com/state-of-agile-marketing-2019/.

참가자의 32퍼센트는 마케팅에 애자일 방법론을 채택하고 있다(일부라도). 50퍼센트는 다음 해 애자일 채택을 계획하고 있다. 적응력 향상, 품질 개선, 속도 증가 등의 이점이 있다.

Furuhjelm, Jörgen, Johan Segertoft, Joe Justice, and J. J. Sutherland. "Owning the Sky with Agile." Global Scrum Gathering, San Diego, California, April 10–12, 2017. https://www.scruminc.com/wp-content/uploads/2015/09/Release-version_Owning-th e-Sky-with-Agile.pdf.

사브 디펜스는 새로운 크로스펑셔널 타격 전투기, JAS 39E 사브 그리펜 생산에서 하드웨어팀과 소프트웨어팀의 문제를 해결하기 위해 애자일 프로세스를 채택했다. 낮은 비용, 향상된 속도, 향상된 품질의 제품이 생산되었다.

McFarland, KeithR. "Should You Build Strategy Like You Build Software?" MIT Sloan Management Review 49, no.3 (2009): 69–74. https://sloanreview.mit.edu/articl e/should-you-build-strategy-like-you-build-software/.

식품유통업체 샴록 푸드는 전략 기획에 대한 애자일 접근법, 나선형 계획 모델을 성공적으로 실행했다.

Petrini, Stefano, and Jorge MunizJr. "Scrum Management Approach Applied in Aerospace Sector." Presented at the IIE Annual Conference, Montreal, Canada, May 31–June 3, 2014.

항공기 부품 테스트 시스템에서의 스크럼 채택은 효율, 적응성, 가시성, 직원 사기의 향상으로 이어졌다.

Raubenolt, Amy. "An Analysis of Collaborative Problem-Solving Mechanisms in Sponsored Projects: Applying the 5-Day Sprint Model." Journal of Research Administration 47, no.2 (2016): 94–111. https://les.eric.ed.gov/fulltext/EJ1152255.pdf.

국립어린이병원 연구소의 재무 및 지원 프로젝트 사무국은 5일간의 설계 스프린트 세션을 시행해보고 프로세스를 재설계했다. 스프린트 피드백은 압도적으로 긍정적이었다. 모든 팀이 앞으로의 문제 해결에 스프린트 모델을 추천할 것이라고 말했다.

Scheuermann, Constantin, Stephan Verclas, and Bernd Bruegge. "Agile Factory-An Example of an Industry 4.0 Manufacturing Process." In 3rd International Cyber- Physical Systems, Networks, and Applications, 43–47.

Institute of Electronics and Electronics Engineers, September 21, 2015. https://doi.org/10.1109/CPSNA.2015.17.

애자일 소프트웨어 엔지니어링 기법을 제조 영역으로 이전하는 애자일 팩토리 프로토타입의 성공적인 개발에 대해 설명한다.

Serrador, Pedro, and Jeffrey K. Pinto. "Does Agile Work?— A Quantitative Analysis of Agile Project Success." International Journal of Project Management 33, no. 5 (July 2015): 1040–1051. https://doi.org/10.1016/j.ijproman.2015.01.006.

다양한 업계와 국가 및 다양한 프로젝트 유형에 걸쳐 수집한 1,002개 프로젝트의 데이터 샘플에 의하면 더 나은 애자일 반복 접근법이 보고될수록 보고된 프로젝트의 성공률이 높았다.

Skinner, Ryan, Mary Pilecki, Melissa Parrish, Lori Wizdo, Jessica Liu, Chahiti Asarpta, and Christine Turley. Agile Methodology Embeds Customer in Marketing. Forrester, July 1, 2019. https://www.forrester.com/report/ Agile+Me thodology+Embeds+thodology+Embeds+Customer+Obsession+In+Marketing+Obsession+In+Marketing/-E-RES139938.

애자일 원칙과 방식을 마케팅에 채택한 기업들의 예를 보여준다. 집중도, 출시 속도, 변화 대응 능력, 팀 역량에 대한 사실적 평가의 향상 등 이점이 있었다.

Sommer, Anita Friis, Christian Hedegaard, Iskra Dukovska- Popovska, and Kenn Steger-Jensen. "Improved Product Development Performance through Agile/Stage- Gate Hybrids: The Next-Generation Stage-Gate Process?" Research-Technology Management 58 (December 28, 2015): 34–45. https:// doi.org/10.5437/08956308X5801236.

애자일/스테이지-게이트 혼종을 실행한 5개 기업은 효율 향상, 프로세스 반복의 감소, 가시성 개선, 목표의 더 나은 규정, 고객 불만의 감소, 팀원의 주인의식과 사기 진작 등의 상당히 긍정적인 영향을 보고했다.

Sutherland, Jeff, and J. J. Sutherland. Scrum: The Art of Doing Twice the

Work in Half the Time. New York: Crown Business, 2014.

다양한 기능부서와 업계에 걸쳐 스크럼을 성공적으로 채택한 기업들의 사례를 제공한다. 예를 들어 스크럼은 네덜란드의 학교들에서 활용되어 시험 성적의 10퍼센트 향상이라는 결과를 낳았다.

Van Solingen, Rini, Jeff Sutherland, and Denny de Waard. "Scrum in Sales: How to Improve Account Management and Sales Processes." In Agile 2011 Conference, 284–288. Institute of Electronics and Electronics Engineers, August 20, 2011. https://doi.org/10.1109/AGILE.2011.12.

영업과 회계관리에서 스크럼 채택한 경우 매출 증가, 팀의 자기 동기 부여, 매출의 예측 가능성 등의 이점이 있었다.

Willeke, Marian H. H. "Agile in Academics: Applying Agile to Instructional Design." In Agile 2011 Conference, 246–251. Institute of Electronics and Electronics Engineers, August 30, 2011. https://doi.org/10.1109/AGILE.2011.17.

커리큘럼 설계에 대한 애자일 적용은 생산성과 직원 사기를 끌어올린다.

결론에 이르지 못함

Ahmed-Kristensen, Saeema, and Jaap Daalhuizen. "Pioneering the Combined Use of Agile and Stage-Gate Models in New Product Development—Cases from the Manufacturing Industry." Proceedings of Innovation & Product Development Management Conference, Copenhangen, Denmark, June 14-16, 2015. https://pdfs.se manticscholar.org/a53d/1f7909c-01c8626b8da9dfa5ae7214f6e658b.pdf.

애자일은 요구 조건 변경의 니즈를 보다 빠르게 확인시켜주며 비공식적인 지식 공유를 개선한다. 엄격한 규정을 따르면서 애자일을 유지하고 설계 요구 조건에서의 변화를 받아들일 방법을 이해하는 데 문제가 있었다.

애자일 기업은 성과를 향상시킬 수 있다

관계 발견

Appelbaum, Steven, Rafael Calla, Dany Desautels, and Lisa N. Hasan. "The Challenges of Organizational Agility: Part 2." Industrial and Commercial Training 49, no. 2 (February 6, 2017): 69–74. https://doi.org/10.1109/ICT-05-2016-0028.

조직의 민첩성은 직원들이 예기치 못한 환경 변화에 주도적으로 반응할 수 있게 하지만, 쉽지는 않은 일이다. 여기에는 리더십, 의사결정 역학, 기술, 대인관계에서의 변화가 필요하다.

Business Agility Institute. 2019 Business Agility Report: Raising the B.A.R., 2nd ed. Business Agility Institute. https://businessagility.institute/learn/2019-business-agility-report-raising-the-bar/.

비즈니스 민첩성의 보고된 이점으로는 고객 만족도 상승, 직원 만족감 향상, 시장 성과 개선 등이 있다.

Denning, S. The Age of Agile: How Smart Companies Are Transforming the Way Work Gets Done. New York: AMACOM, 2018.

애자일 기업(혹은 애자일 기업으로 가는 길에 있는 기업들)의 사례와 품질, 혁신, 출시 속도의 개선으로 인한 성공 사례들을 제시한다.

Glenn, Marie. Organisational Agility: How Business Can Survive and Thrive in Turbulent Times. Economist Intelligence Unit, CFO Innovation, March 1, 2010. https://www.cfoinnovation.com/organisational-agili-ty-how-business-can-survive-and
-thrive-turbulent-times.

설문에 응한 경영진의 거의 90퍼센트는 조직의 민첩성이 사업 성공에 필수적이라고 믿고 있다. 애자일 기업들이 비애자일 기업보다 37퍼센트 빠른 속도로 매출 성장을 이루고 30퍼센트 높은 수익을 창출한다고 이야기하는 연구를 인용한다.

Project Management Institute. "Achieving Greater Agility: The People and Process Drivers that Accelerate Results." Project Management Institute, September 2017. https://www.pmi.org/learning/thought-leadership/pulse/agile-project.

민첩성이 높은 조직들은 원래의 목표와 사업 의도를 충족시킨 프로젝트가 더 많은 것으로 보고하고 있다. 매출 성장의 경험도 더 많아서 75퍼센트는 연간 5퍼센트 이상의 매출 성장률을 나타낸다. 따라서 중요한 인력과 프로세스에 대해 더 많이 실행할 가능성이 더 높다.

Saha, Nibedita, Ales Gregar, and Petr Sáha. "Organizational Agility and HRM Strategy: Do They Really Enhance Firms' Competitiveness?" Journal of Organizational Leadership 6 (2017): 323–334. https://doi.org/10.33844/ijol.2017.60454.

연구에 따르면 인식의 향상(감지 민첩성), 반응성(의사결정민첩성), 조직 신속성(행동 민첩성)이 개별 역량과 조직 학습, 조직 혁신성을 증진한다고 한다.

Sutherland, J. J. The Scrum Fieldbook: A Master Class on Accelerating Performance, Getting Results, and Defining the Future. New York: Currency, 2019.

르네상스 기업, 즉 조직 전체에 스크럼을 확장하는 기업의 사례와 이점을 설명한다.

Yang, Chyan, and Hsian- Ming Liu. "Boosting Firm Performance via EnterpriseAgility and Network Structure." Management Decision 50 (June 22, 2012): 1022–1044. https://doi.org/10.1108/00251741211238319.

결과는 회사의 민첩성 역량과 네트워크 구조가 건실한 성과를 이루는 데 필수적이라는 것을 보여준다. 또한 우월한 기업 민첩성을 가진 회사가 네트워크 구조를 활용하는 능력이 더 좋다.

결론에 이르지 못함

Ries, Eric. The Startup Way: How Modern Companies Use Entrepreneurial Management to Transform Culture and Drive Long-Term Growth. New York: Currency, 2017.

조직 전체에 걸쳐 애자일과 기업가적 원칙을 채택해 매출을 높이고 혁신을 주도한 기업들의 사례를 보여준다. 하지만 이 책의 가장 유명한 사례인 GE는 린스타트업 방식을 채용한 이래 역사적인 주식 하락에 직면해왔다.

프롤로그

1 조사 대상 소프트웨어 개발자 10만 1,592명 중 85.9퍼센트가 업무에 애자일을 사용한다고 밝혔다. 'Developer Survey Results, 2018', Stack Overflow, https://insights.stackoverflow.com/survey/2018#development-practices (2019. 12. 9 기준)

2 Sears Holdings, 'Sears Holdings Outlines Next Phase of Its Strategic Transformation' 언론보도(2017. 2. 10), https://searsholdings.com/press-releases/pr/2030.

3 See Weber's classic work The Protestant Ethic and the Spirit of Capitalism. One recent edition was published by Routledge Classics (Oxford and NewYork, 2001).

4 Frederick Winslow Taylor, 《The Principles of Scientifc Management》 (NewYork : Harper & Brothers, 1911). Also available from Project Gutenberg.

5 See Dominic Barton, Dennis Carey, and Ram Charan, 'One Bank's Agile Team Experiment', 〈Harvard Business Review〉, 2018 3-4월호, 59–61.

6 Anthony Mersino, 'Agile Project Success Rates 2X Higher than Traditional Projects (2019)', Vitality Chicago, 2018. 4. 1, https://vitalitychicago.com/blog/agile-projects-are-more-successful-traditional-projects/.

1장 애자일 원리, 애자일은 어떻게 작동하는가?

1 Hirotaka Takeuchi and Ikujiro Nonaka, 'The New New Product Development Game', 〈Harvard Business Review〉, 1986 1-2월호, 137–146.

2 Takeuchi and Nonaka, 'The New New Product Development Game', 137.

3 James O. Coplien, 'Borland Software Craftsmanship: A New Look at Process, Quality and Productivity', in Proceedings of the 5th Annual Borland International Conference, Orlando, Florida, 1994. 6. 5, https://pdfs.semanticscholar.org/3a09/1c3f265de024b18ccbf88a6aead223133e39.pdf.

4   Steven L. Goldman, Roger N. Nagel, and Kenneth Preiss, 《Agile Competitors
     and Virtual Organizations: Strategies for Enriching the Customer》 (New York :
     John Wiley, 1994).
5   The agile manifesto is available at https://agilemanifesto.org/ (2019. 11. 30 기준)
6   Darrell K. Rigby, Jeff Sutherland, and Hirotaka Takeuchi, 'Embracing Agile:
     How to Master the Process That's Transforming Management', 〈Harvard Busi-
     ness Review〉, 2016 5월호, 40–50.

2장 애자일 기업을 향한 확장

1   Sebastian Wagner, personal interview, 2017.
2   F. Scott Fitzgerald, 'The Crack-Up', originally published in Esquire, 1936 1~3월
     호.
3   Bart Schlatmann and Peter Jacobs, 'ING's Agile Transformation', interview by
     Deepak Mahadevan, McKinsey Quarterly, 2017. 1, https://www.mckinsey.com/
     industries/fnancial-services/our-insights/ings-agile-transformation?
4   Tammy Sparrow, phone interviews(2017.11. 17 & 2017.11.27.
5   See CollabNet VersionOne, 13th Annual State of Agile Report, 2019. 5. 7,
     https://www.stateofagile.com/?_ga=2.211020822.2043163775.1579308446-
     1467289744.1577216170#ufh-i-521251909-13th-annual-state-of-agile-re-
     port/473508.
6   Henrik Kniberg and Anders Ivarsson, 'Scaling Agile @ Spotify with Tribes,
     Squads, Chapters & Guilds', 2012. 10, https://blog.crisp.se/wp-content/up-
     loads/2012/11/SpotifyScaling.pdf.

3장 얼마나 민첩해질 것인가?

1   Mark Allen, 'Mark Allen Interview on Heart Rate Training and Racing', inter-
     view by Floris Gierman, Extramilest, 2015. 6. 12, https://extramilest.com/blog/
     mark-allen-interview-on-training-and-racing/.
2   Allen, 'Mark Allen Interview'.
3   Susan Lacke, 'Mark Allen Voted Greatest American Triathlete of All Time',
     2018. 5. 7, Ironman, https://www.ironman.com/news_article/show/1042292.
4   Michael Sheetz, 'Technology Killing Off Corporate America: Average Life

Span of Companies under 20 Years', CNBC, 2017. 8. 24, https://www.cnbc.com/2017/08/24/technology-killing-off-corporations-average-lifespan-of-company-under-20-years.html; https://www.innosight.com/insight/creative-destruction/.

5   Max Marmer and Ertan Dogrultan, 'Startup Genome Report Extra on Premature Scaling', 2012. 3, https://s3.amazonaws.com/startupcompass-public/StartupGenomeReport2_Why_Startups_Fail_v2.pdf.

6   예를 들어, Kate Taylor and Benjamin Goggin, '49 of the BiggestScandals in Uber's History', 〈Business Insider〉, 2019. 5. 10, https://www.businessinsider.com/uber-company-scandals-and-controversies-2017-11; Sam Levin, 'Uber's Scandals, Blunders and PR Disasters: The Full List', 〈Guardian〉, 2017. 6. 27, https://www.theguardian.com/technology/2017/jun/18/uber-travis-kalanick-scandal-pr-disaster-timeline.

7   Cadie Thompson, 'Elon Musk on Missing Model 3 Production Deadlines', 〈Business Insider〉, 2018. 11. 9, https://www.businessinsider.com/elon-musk-blames-missed-model-3-production-targets-stupidity-2018-12?nr_email_referer=1&utm_source=Sailthru&utm_medium=email&utm_content=Tech_select.

8   Dan Lovallo and Daniel Kahneman, 'Delusions of Success: How Optimism Undermines Executives' Decisions', 〈Harvard Business Review〉, 2003 6월호, 56–63.

9   Dan Gardner and Philip E. Tetlock, 《Superforecasting: The Art and Science of Prediction》(New York: Broadway Books, 2016).

10   The mission appears on the company's website: https://www.warbyparker.com/history (2020. 1. 20기준).

11   'Barnes & Noble Mission Statement and/or Vision Statement', http://www.makingafortune.biz/list-of-companies-b/barnes-&-noble.htm (2019. 11. 10 기준). 2019년 반스앤노블의 웹사이트는 이 미션 선언을 업데이트하고 단순화하는 것처럼 보였다. '반스앤노블의 미션은 미국에서 최고의 옴니채널 전문 소매 사업을 운영하는 것이며, 이는 고객과 도서 판매자 모두가 우리가 서비스하는 지역사회에 공헌하는 동시에 그들의 포부에 도달할 수 있도록 돕는 것입니다.' https://www.barnesandnobleinc.com/about-bn/ (2020. 1. 2).

12   Listing can be found on Wikipedia, s.v. 'Ironman World Championship'(2019. 10. 19 최종수정), https://en.wikipedia.org/wiki/Ironman_World_Championship.

13   Data from Allen, 'Mark Allen Interview'.

4장 애자일 리더십, 어떤 리더가 될 것인가?

1   Daniela Kraemer, phone interview, 2019. 4. 1.

2   Henk Becker, phone interview, 2019. 5. 2

3   See Douglas McGregor, 《The Human Side of Enterprise》(New York : McGraw-Hill, 1985). Originally published in 1960.

4   Amar V. Bhidé, 《The Origin and Evolution of New Businesses》(New York : Oxford University Press, 2000).

5   Douglas McGregor, 《The Professional Manager》(New York: McGraw-Hill,1967), 163.

6   David Ricardo, 《On the Principles of Political Economy and Taxation》(Mineola, NY : Dover, 2004).

7   Anne Kathrin Gebhardt, personal and multiple phone interviews beginning April 15, 2019.

5장 계획은 유연하게, 실행은 민첩하게

1   The agile manifesto is available at https://agilemanifesto.org/ (2019. 11. 30 기준)

2   Jeff Bezos, '2016 Letter to Shareholders', https://blog.aboutamazon.com/company-news/2016-letter-to-shareholders (2020. 1. 3. 기준)

3   Darrell K. Rigby, Jeff Sutherland, and Andy Noble, 'Agile at Scale', 《Harvard Business Review》, 2018 5-6월호, 95.

7   Rigby, Sutherland, and Takeuchi, 'Embracing Agile', 42.

6장 애자일 기업의 조직구조와 운영모델

1   Alfred D. Chandler Jr., 《Strategy and Structure: Chapters in the History of the Industrial Enterprises》(Cambridge, Mass. : MIT Press, 1962), 314.

2   Daniela Kraemer, phone interview, April 1, 2019.

3   'Help Increase the GDP of the Internet', Stripe, https://stripe.com/jobs(2020. 1. 3 기준)

4   'A Quick Guide to Stripe's Culture', Stripe, https://stripe.com/jobs/culture (2020. 1. 6 기준)

5   Michael Mankins and Eric Garton, 《Time, Talent, Energy》(Boston : Harvard

Business Review Press, 2017).

6 Henk Becker, phone interview, 2019. 5. 2.
7 Becker, phone interview.
8 Anne Lis, phone interview, 2019. 5. 2.
9 Mankins and Garton, 《Time, Talent, Energy》, 127.
10 Mankins and Garton, 《Time, Talent, Energy》, 120.

7장 애자일 프로세스와 기술 혁신

1 Les Matheson, interview, Edinburgh, 2019. 11. 17.
2 Matheson, interview.
3 Frans Woelders, interview, Edinburgh, 2019. 11. 5.
4 Elizabeth Swan and Tracy O'Rourke, 《The ProblemSolver's Toolkit: A Surprisingly Simple Guide to Your Lean Six Sigma Journey》 (Seattle: Amazon Digital Services, 2018).
5 Hongyi Chen and Ryan Taylor, 'Exploring the Impact of Lean Management on Innovation Capability', in Proceedings of PICMET '09—Technology Management in the Age of Fundamental Change, Portland International Center for Management of Engineering and Technology (New York: Institute of Electrical and Electronics Engineers, 2009), 816–824.
6 Steve Blank, "When Startups Scrapped the Business Plan," interview by Curt Nickisch, 〈Harvard Business Review〉, 2017. 8. 23, https://hbr.org/ideacast/2017/08/when-startups-scrapped-the-business-plan.html.
7 Eric Ries, 《The Lean Startup: How Today's Entrepreneurs Use Continuous Innovation to Create Radically Successful Businesses》 (New York : Crown Publishing, 2011), Kindle edition, 4.
8 Marty Cagan, 《Inspired: How to Create Tech Products Customers Love》 (New York : Wiley, 2017), Kindle edition, 49.

8장 올바른 애자일은 모두를 위한 것이다

1 채텀하우스룰에 따라 회의 등을 개최했을 때 참석한 사람은 안건에 대해 알게된 정보를 자유롭게 이용할 수 있지만, 발언자가 누구인지, 그 외에 참석자가 누구인지를 밝힐 수는 없다. 아래에서 확인할 수 있다. 'Chatham House Rule', https://www.cha-

thamhouse.org/chatham-house-rule (2019. 11. 30 기준).

2　George Anders, 'Inside Amazon's Idea Machine: How Bezos Decodes Cus-
tomers', 〈Forbes〉, 2012. 4. 23, https://www.forbes.com/sites/georgean-
ders/2012/04/04/inside-amazon/#1058738b6199.

3　그 미션은 아마존 웹사이트에 나와 있다. 'Come Build the Future with Us', https://
www.amazon.jobs/en/working/working-amazon (2019. 11. 30 기준).

4　그 원칙은 아마존 웹사이트에 나와 있다. 'Leadership Principles', https://www.ama-
zon.jobs/en/principles (2019. 11. 30 기준).

5　Eugene Kim, 'Jeff Bezos to Employees: 'One Day, Amazon Will Fail,' but Our
Job Is to Delay It as Long as Possible', CNBC, 2018. 11. 15, https://www.cnbc.
com/2018/11/15/bezos-tells-employees-one-day-amazon-will-fail-and-to-stay-
hungry.html.

6　Jack Welch, 'Speed, Simplicity, Self-Confdence: An Interview with Jack Welch',
interviewed by Noel Tichy and Ram Charan, 〈Harvard Business Review〉, 1989.
9-10월호, 113.

7　Amar V. Bhidé, 《The Origin and Evolution of New Businesses》(New York :
Oxford University Press, 2000), 61.

8　Fred Wilson, 'Why Early Stage Venture Investments Fail', Union SquareVentures
(USV), 2007. 11. 30, 2007, https://www.usv.com/writing/2007/11/why-early-
stage-venture-investments-fail/.

9　Daniel Kahneman, 《Thinking, Fast and Slow》(New York : Farrar, Straus and
Giroux, 2013), Kindle edition, 207.

10　Teresa Amabile and Steven J. Kramer, 'The Power of Small Wins', 〈Harvard
Business Review〉, 2011 5월호, https://hbr.org/2011/05/the-power-of-small-wins.

애자일에서 가장 중요한 것은 협력적인 팀워크입니다. 이 책은 어떻게 하면 가치 있고 영감을 주며, 재미있는 진짜 팀워크가 가능한지 보여주었습니다.

베인앤드컴퍼니의 많은 파트너와 동료 여러분의 너그러운 지원에 감사드립니다. 시간과 연구와 개인적인 경험을 공유해주신 모든 분을 하나하나 언급하며 감사 인사를 드린다는 것은 불가능한 일입니다. 하지만, 타레크 바르토, 맷 크루피, 이미엔 이봉, 아룬 간티, 조쉬 힌켈, 대런 존슨, 필 클레웨노, 마이클 맨킨스, 프라사드 술루르 나라시먼, 앤디 노블, 에두아르도 로마, 댄 슈워츠, 허먼 스프루츠, 제스 탠, 척 휘튼, 크리스 주크의 기여만은 반드시 언급하고 싶습니다. 지식과 엄청난 분석을 통해 우리 작업을 지원하고 때로는 이의를 제기해주신 실무 분야의 모든 분들과 연구 전문가들, 특히 애니 하워드, 루도비카 모투라, 크리스틴 로난 소프께 감사드리고 싶습니다. 내부 편집위원회의 제임스 앨런, 마이크 백스터, 에릭 가튼, 패트릭 리터, 윌 포인덱스터, 에리카 세로우께도 감사드립니다. 이분들은 바쁜 가운데에도 시간을 내 초고를 읽고 더 낫게 만들어주셨습니다. 던 포메로이 브릭스가 이끄는 베인 디자인팀의 작업에도 감사 인사를 전해야 합니다. 베인의 편집팀, 특히 많은 시간을 쏟아 우리의 생각과 글에 명료함과 정확성을 더하게 도와주신 존 케이스, 폴 저지, 매기 로처에게 특별한 감사의 인사를 전합니다.

〈하버드 비즈니스 리뷰〉의 편집자로 이 책을 쓰도록 격려해주시고, 애자일 전문가들로부터의 피드백을 수집하는 데 도움을 주시고, 원고를 다듬는 데 귀중한 지도를 해주신 제프 케호와 멜린다 메리노께 감사드립니다. 이 출판사의 디자인 전문가 스테파니 핑크스의 도움에도 감사드립니다.

우리는 이 책의 본문과 사례를 위해 너그럽게 터놓고 솔직하게 경험을 나누어준 수백의 애자일 전문가들에게 큰 빚을 지고 있습니다. 클라이언트에 대한 비밀 유지 의무와 지면의 제약 때문에 모든 분들의 이름을 일일이 댈 수 없어 아쉬운 마음입니다. 애자일 커뮤니티는 열정적인 사람들이 모인 특별한 그룹입니다. 그들은 애자일 방식을 실천하고 다른 사람들의 실천을 도움으로써 애자일 방식으로 일하는 더 나은 방법을 밝혀냅니다. 곧 애자일 성명의 이상을 보여주는 귀감입니다. 베인의 애자일 기업 익스체인지에 참여해주신 분들께도 감사드립니다. 이 그룹에는 다양한 분야와 지역에 있는 고위 경영진이 참여하고 있습니다. 그들은 정기적으로 만남을 갖고, 서로 지속적으로 네트워킹을 하며, 성공과 문제에 관한 식견을 솔직하게 공유합니다. 이런 대화는 애자일이 가치 있고 지속가능한 트렌드가 되게 하는 데 도움을 주고 있습니다. 그들의 집단 지성이 이 책을 만들어냈습니다. 너그러운 마음으로 서로, 그리고 다른 사람이 올바른 애자일을 실천하도록 돕고 있는 구성원 여러분께 진심어린 감사를 전합니다.

마지막으로 이 과정에서 인내와 지원을 아끼지 않은 베레즈, 엘크, 릭비의 가족들 모두에게 감사드려야 하겠습니다. 저희가 늦은 밤이나 주말에도 리서치와 저술에 몰두하는 은둔 생활을 하는 동안, 가족들은 저희에 대한 격려와 사랑을 아끼지 않았습니다. 우리 가족이라는 팀들보다 소중하고 훌륭한 팀은 없을 것입니다.

지은이

사라 엘크 Sarah Elk 베인앤드컴퍼니 글로벌 운영모델 실무책임자. 여러 상징적 기업의 혁신적 변화를 주도하며 컨설팅 경력을 쌓아왔다. 기업의 변화를 통해 인간의 잠재력을 끌어낼 수 있다는 가능성을 믿으며 열정을 다하고 있다.

스티브 베레즈 Steve Berez 베인앤드컴퍼니 엔터프라이즈 테크놀로지 창립 멤버이자 북미 지역을 총괄하고 있다. 전 세계 수십 개 기업이 기술 기반 혁신의 속도, 민첩성, 효과를 개선하는 데 공헌하였다.

옮긴이 **이영래**

이화여대 법학과를 졸업하고 리츠칼튼 서울에서 리셉셔니스트로, 이수그룹 비서팀에서 근무했으며, 현재 번역에이전시 엔터스코리아에서 전문 번역가로 활동하고 있다. 옮긴 책으로《제프 베조스, 발명과 방황》,《파타고니아, 파도가 칠 때는 서핑을》,《싱크 어게인》,《세계미래보고서 2050》등이 있다.

조직을 유연하고 민첩하게 바꾸는
애자일 전략

1판 1쇄 발행 2021년 6월 10일
1판 6쇄 발행 2022년 5월 3일

지은이 대럴 럭비, 사라 엘크, 스티브 베레즈
감수 안희재 **옮긴이** 이영래

발행인 양원석 **편집장** 정효진
디자인 남미현, 김미선 **영업마케팅** 양정길, 윤송, 김지현

펴낸 곳 ㈜알에이치코리아
주소 서울시 금천구 가산디지털2로 53, 20층 (가산동, 한라시그마밸리)
편집문의 02-6443-8847 **도서문의** 02-6443-8800
홈페이지 http://rhk.co.kr **등록** 2004년 1월 15일 제2-3726호

ISBN 978-89-255-8857-5 (03320)